KB160777

행복의 정치

헌법 제10조 시대를 위한 구상

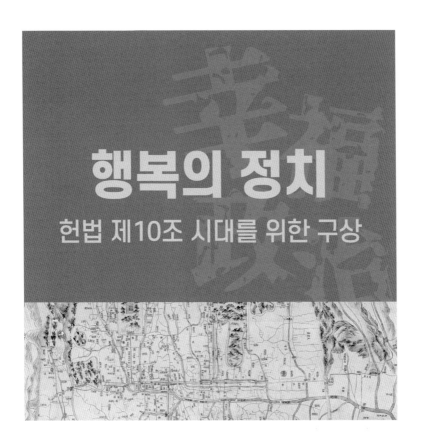

행복의 정치

헌법 제10조 시대를 위한 구상

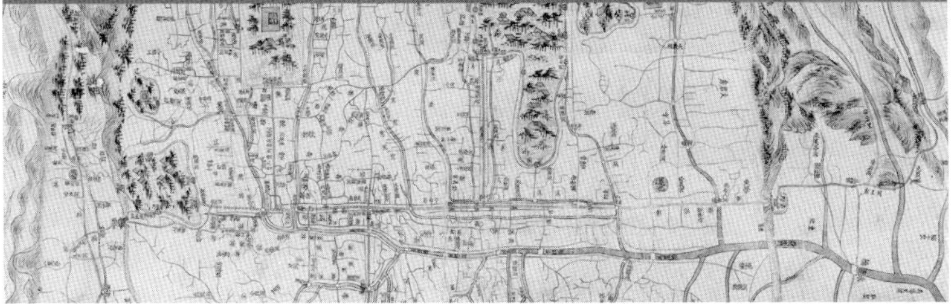

국정과제협의회 정책기획시리즈 **05**

김진욱
임 현
최영준
권 진

차 례

표 차례

그림 차례

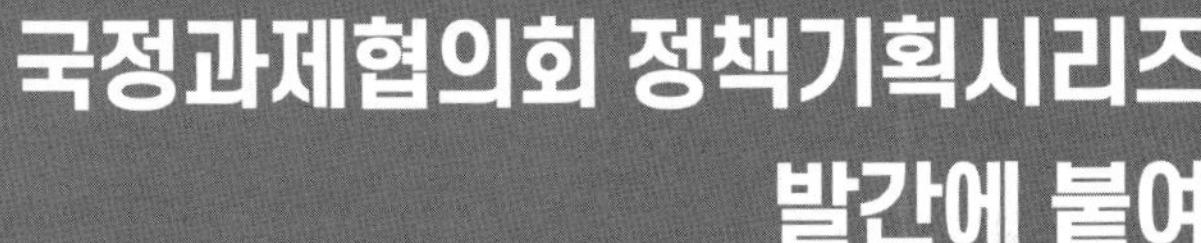

국정과제협의회 정책기획시리즈 발간에 붙여

국정과제협의회 정책기획시리즈 발간에 붙여

대통령직속 정책기획위원회
위원장 **조대엽**

1. 문재인 정부 4년, 정책기획위원회 4년을 돌아보며

문재인 정부가 출범한 지 4년을 훌쩍 넘어섰습니다. 돌이켜 보면, 전국의 거리를 밝힌 거대한 촛불의 물결과 전임 대통령의 탄핵, 새 정부의 출범에 이르는 과정은 '촛불혁명'이라고 할만했습니다. 지난 촛불혁명은 법과 제도의 틀에서 전개된 특별한 혁명이었습니다. 1,700만 명의 군중이 모여 촛불의 바다를 이루었지만 법의 선을 넘지 않았습니다. 전임 대통령의 탄핵과 새 대통령의 선출이 법과 정치적 절차의 훼손 없이 제도적으로 진행되었습니다. '제도혁명'이라고도 부를 수 있는 참으로 특별한 정치 과정이 아닐 수 없습니다. 세계적으로 대의 민주주의의 위기와 한계가 뚜렷한 가운데 2017년 문재인 정부의 출범과정은 현대 민주주의의 범위와 내용을 제도적으로 확장한 정치사적 성과라고도 할 수 있습니다.

현대 민주주의의 괄목할만한 진화를 이끌고 제도혁명으로 집권한 문재인 정부가 5년차를 맞았습니다. 선거 후 바로 대통령 취임과 함께 국정기획자문위원회가 출발해 100대 국정과제를 선별하면서 문재인 정부의 정치 일정이 시작되었습니다. 집권 5년차를 맞으며 인수위도 없이 출발한 집권 초기의 긴박한 과정을 떠올리면 문재인 정부는 임기 마지막까지 국정의 긴장을 늦출 수 없는 운명을 가졌습니다. 어쩌면 문재인 정부는 '제도혁명정부'라는 특별한 성격을 갖는다는 점에서 거의 모든 정부가 예외 없이 겪었던 임기 후반의 '레임덕'이라는 표현은 정치적 사치일 수 있습니다. 문재인 정부의 남은 시간 동안 지난 4년의 국정 성과에 이어 마지막까지 성과를 만들어냄으로써 국정의 긴장과 동력을 잃지 않는 일이 무엇보다도 중요한 시점입니다. 그것이 문재인 정부의 역사적 소명이기도 합니다.

정책기획위원회는 지난 4년간 대통령 직속기구로서 폭넓은 국정자문 활동을 했습니다. 정책기획위원회의 주된 일은 국정과제 전반을 점검하고 대통령에게 필요한 내용들을 보고하는 일입니다. 지난 4년 정책기획위원회의 역할을 구분해 보면 정책 콘텐츠 관리와 정책 네트워크 관리, 정책소통 관리라는 세 가지로 요약할 수 있습니다.

먼저, 정책 콘텐츠 관리는 국가 중장기 발전전략 및 정책방향 수립과 함께 100대 국정과제의 추진과 조정, 국정과제 관련 보고회의 지원, 국정분야별 정책 및 현안과제 연구, 대통령이 요구하는 국가 주요 정책 연구 등을 포괄합니다. 둘째로 정책 네트워크 관리는 청와대, 총리실, 정부부처, 정부출연 연구기관, 정당 등과의 협업 및 교류가 중요하며, 학계, 전문가 집단, 시민단체 등과의 네트워크 확장을 포함합니다. 특히 정책기획위원회는 대통령 소속 위원회를 통괄하는 기능을 갖기도 합니다. 대통령 소속의 9개 주요 위원회로 구성된 '국정과제협의회'의 의장위원회로서 대통령 위원회의 소통과 협업의 구심 역할을 했습니다. 셋째로 정책소통 관리는 정부부처 간의 소통과 협력을 매개하는 역할이나 정책쟁점이나 정책성과에 대해 국민들이 공감할 수 있도록 정책담론을 생산하고 확산하는 일을 포괄합니다. 연구용역이나 주요 정책TF 운용의 결과를 다양한 형태의 간담회, 학술회의, 토론회, 언론 기고, 자체 온라인 방송채널을 통해 공유하기도 했습니다.

정책기획위원회의 1기는 정부 출범 시 '국정기획자문위원회'가 만든 100대 국정과제의 관리와 '미래비전 2045'를 만드는 데 중점이 두어졌습니다. 말하자면 정책 콘텐츠 관리에 중점을 둔 셈입니다. 정책기획위원회의 2기는 위기적 정책환경에 대응하는 정책 콘텐츠 생산과 집권 후반부의 성과관리라는 측면에서 과제가 큰 폭으로 늘었습니다. 주지하듯이 문재인 정부의 후반부는 세계사적이고 문명사적인 아주 특별한 시대적 위기를 맞고 있습니다. 코로나19 팬데믹이라는 문명사적 위기는 정책기획위원회 2기의 정책 환경을 완전히 바꾸었습니다. 정책기획위원회는 코로나 발생 이후 포스트 코로나시대에 새롭게 부가되는 국정과제를 100대 과제와 조정 보완하는 작업, 감염병 대응과 보건의료체제 혁신을 위한 종합대책의 마련, 코로나 이후 거대 전환의 사회변동에 대한 전망, 한국판 뉴딜의 보완과 국정자문단의 운영 등을 새로운 과제로 진행했습니다.

정책기획위원회의 2기는 코로나 팬데믹으로 인한 방역위기와 경제위기를 뚫고 나아가는 국가 혁신전략들을 지원하는 일과 함께, 무엇보다도 문재인 정부의 국정성과를 정리하고 국정백서를 집필하는 일이 남아 있습니다. 우리 위원회는 성과관리를 단순히 정부의 치적을 정리하는 수준이 아니라 국정성과를 국민의 성과로 간주하고 국민과 공유해야 한다는 차원에서 정책소통의 한 축으로 간주하고 있습니다.

우리 위원회는 문재인 정부가 촛불혁명의 정부로서 그리고 제도혁명의 정부로서 지향했던 비전의 진화 경로를 종합적 조감도로 그렸고 이 비전 진화의 경로를 따라 축적된 지난 4년의 성과를 포괄적으로 정리하기도 했습니다. 다양한 정책성과 관련 담론들을 세부적으로 만드는 과정이 이어지는 가운데, 우리 위원회는 그간의 위원회 활동 결과로 생산된 다양한 정책담론들을 단행본으로 만들어 대중적으로 공유하면 좋겠다는 데에 뜻을 모았습니다. 이러한 취지는 정책기획위원회뿐 아니라 국정과제협의회 소속의 다른 대통령 위원회도 공유함으로써 단행본 발간에 동참하게 되었습니다. '국정과제협의회 정책기획시리즈'가 탄생했고 각 단행본의 주제와 필진 선정, 그리고 출판은 각 위원회가 주관해서 진행하는 것으로 했습니다.

정책기획위원회가 출간하는 이번 단행본들은 정부의 중점 정책이나 대표 정책을 다루는 것이 아닙니다. 또 단행본의 주제들은 특별한 기준에 따라 선별된 것도 아닙니다. 이번에 출간하는 단행본 시리즈의 내용들은 정부 정책이나 법안에 반영된 것도 있고 그렇지 않은 것도 포함되어 있습니다. 따라서 이 책의 내용들은 정부나 정책기획위원회의 공식 입장이라고 할 수 없습니다. 정책기획위원회에서 지난 4년간 다양한 방식으로 논의된 정책담론들 가운데 비교적 단행본으로 엮어내기에 수월한 것들을 모아 필진들이 수정하는 수고를 더한 것입니다. 문재인 정부의 정책기획위원회에 모인 백여 명의 정책기획위원들이 다양한 분야에서 국가의 미래를 고민했던 흔적을 담아보자는 취지라고 할 수 있습니다.

2. 문재인 정부 4년의 국정비전과 국정성과에 대하여

문재인 정부는 촛불시민의 염원을 담아 '나라다운 나라, 새로운 대한민국'을 약속하며 출발했습니다. 지난 4년은 우리 정부가 국민과 약속한 나라를 만들기 위해 진지하고도 일관된 노력을 기울인 시간이었습니다. 지난 4년, 국민의 눈높이에 미흡하고 부족한 부분이 있었습니다. 그러나 예상하지 못한 거대한 위기가 거듭되는 가운데서도 정부는 국민과 함께 다양한 국정성과를 만들었습니다.

어떤 정부든 공과 과가 있기 마련입니다. 한 정부의 공은 공대로 평가되어야 하고 과는 과대로 평가되어야 합니다. 아무리 미흡한 부분이 있더라도 한 정부의 국정성과는 국민이 함께 만든 것이기 때문에 국민적으로 공유되어야 하고, 국민적 자부심으로 축적되어야 합니다. 국정의 성과가 국민적 자부심과 자신감으로 축적되어야 새로운 미래가 있습니다. 정부가 국정 성과에 대해 오만하거나 공치사를 하는 것은 경계해야 할 일이지만 적어도 우리가 한 일에 대한 자신감과 자부심 없이는 대한민국의 미래 또한 밝을 수 없습니다. 정책기획위원회는 이 같은 취지로 2021년 4월, 『문재인 정부 국정비전의 진화와 국정성과』라는 제목의 보고서를 만들었고, 이 보고서를 바탕으로 5월에는 문재인 정부 4주년을 기념하는 컨퍼런스도 개최했습니다.

문재인 정부는 2017년 출범 후, '국민의 나라, 정의로운 대한민국'을 국가비전으로 제시하고 5대 국정목표, 20대 국정전략, 100대 국정과제를 제시했습니다. '국민의 나라, 정의로운 대한민국'이라는 국정의 총괄 비전은 "대한민국의 모든 권력은 국민으로부터 나온다"라고 하는 헌법 제1조의 정신입니다. 여기에 '공정'과 '정의'에 대한 문재인 대통령의 통치철학을 담았습니다. 정의로운 질서는 사회적 기회의 윤리인 '공정', 사회적 결과의 윤리인 '책임', 사회적 통합의 윤리인 '협력'이라는 실천윤리가 어울려 완성됩니다. 문재인 정부 4년은 공정국가, 책임국가, 협력국가를 향한 일관된 여정이었습니다. 그리고 문재인 정부의 국정성과는 공정국가, 책임국가, 협력국가를 향한 일관된 정책의 효과였습니다.

돌이켜보면 문재인 정부 4년은 중첩된 위기의 시간이었습니다. 집권 초기 북핵위기에 이은 한일통상위기, 그리고 코로나 팬데믹 위기라는 예측하지 못한 3대 위기에 문재인 정부는 놀라운 위기대응 능력을 보였습니다. 2017년 북핵위기는 평창올림픽과 다자외교, 국방력 강화를 통한 한반도 평화 프로세스로 위기극복의 성과를 만들었습니다. 2019년의 한일통상위기는 우리 정부와 기업이 소부장산업 글로벌 공급망을 재편하고 소부장산업 특별법 제정 등 모든 수단을 동원해 제조업의 경쟁력을 강화함으로써 위기를 극복했습니다. 일본과의 무역마찰을 극복하는 이 과정에서 '아무도 흔들 수 없는 나라'를 만들겠다는 대통령의 약속이 있었고 마침내 우리는 일본과 경쟁할 만하다는 국민적 자신감을 갖게 되었습니다. 이제는 핵심 산업에서 우리 경제가 일본을 추월하게 되었지만 우리 국민이 갖게 된 일본에 대한 자신감이야말로 무엇보다 큰 국민적 성과가 아닐 수 없습니다.

2020년 이후의 코로나19 위기는 지구적 생명권의 위기이자 인류 삶의 근본을 뒤흔드는 문명사적 위기라 할 수 있습니다. 우리는 개방, 투명, 민주방역, 과학적이고 창의적 방역으로 전면적 봉쇄 없이 팬데믹을 억제한 유일한 나라가 되었습니다. K-방역의 성공은 K-경제의 성과로도 확인됩니다. K-경제의 주요 지표들은 우리 경제가 코로나19

이전으로 회복되었을 뿐 아니라 성공적 방역으로 우리 경제가 새롭게 도약하고 있다는 사실을 보여주고 있습니다.

문재인 정부 4년 간 겪었던 3대 거대 위기는 인류의 문명사에 대한 재러드 다이아몬드식 설명에 비유하면 '총·균·쇠'의 위기라 할 수 있습니다. 인류 문명을 관통하는 총·균·쇠의 역사는 제국주의로 극대화된 정복과 침략의 문명사였습니다. 그러나 문재인 정부가 지난 4년 총·균·쇠에 대응한 방식은 평화와 협력, 상생의 패러다임으로 인류의 신문명을 선도하는 것이었습니다. 세계가 이 같은 총·균·쇠의 새로운 패러다임에 주목하고 있습니다. 문재인 정부가 총·균·쇠의 역사를 다시 쓰고 인류문명을 새롭게 이끌고 있다고 감히 말할 수 있습니다.

문재인 정부는 지난 4년, 3대 위기를 극복함으로써 '위기에 강한 정부'의 성과를 얻었습니다. 또 한국판 뉴딜과 탄소중립선언, 4차 산업혁명과 혁신성장, 문화강국과 자치분권의 확장을 주도해 '미래를 여는 정부'의 성과를 만들었습니다. 돌봄과 무상교육, 건강공공성, 노동복지 등에서 '복지를 확장한 정부'의 성과도 주목할 만합니다. 국정원과 검찰과 경찰개혁, 공수처 출범 및 시장권력의 개혁과 같은 '권력을 개혁한 정부'의 성과에도 주목해야 합니다. 나아가 문재인 정부는 한반도 평화유지와 국방력 강화를 통해 '평화시대를 연 정부'의 성과도 거두고 있습니다. 위기대응, 미래대응, 복지확장, 권력개혁, 한반도 평화유지의 성과를 통해 강한 국가, 든든한 나라로 거듭나는 정부라는 점에 주목하면 우리는 '문재인 정부 국정성과로 보는 5대 강국론'을 강조할 수 있습니다. 이 같은 '5대 강국론'을 포함해 주요 입법성과를 중심으로 '대한민국을 바꾼 문재인 정부 100대 입법성과'를 담론화하고, 또 문재인 정부 들어 눈에 띄게 달라진 주요 국제지표를 중심으로 '세계가 주목하는 문재인 정부 20대 국제지표'도 담론화하고 있습니다.

2021년 4월 26일 국정성과를 보고하는 비공개 회의에서 문재인 대통령은 "모든 위기극복의 성과에 국민과 기업의 참여와 협력이 있었다"는 말씀을 몇 차례 반복했습니다. 지난 4년, 국정의 성과는 오로지 국민이 만든 국민의 성과입니다. 그래서 문재인 정부 4년의 성과는 오롯이 우리 국민의 자부심의 역사이자 자신감의 역사입니다. 문재인 정부 4년의 성과는 국민과 함께 한 일관되고 연속적인 국정비전의 진화를 통해 축적되었습니다. '국민의 나라, 정의로운 대한민국'이라는 국가비전이 구체화되고 세분화되어 진화하는 과정에서 '소득주도성장·혁신성장·공정경제'의 비전이 제시되었고, 이러한 경제운용의 방향은 '혁신적 포용국가'라는 국정비전으로 포괄되었습니다.

3대 위기과정을 극복하는 과정에서 문재인 정부는 '아무도 흔들 수 없는 나라', '위기에 강한 나라'라는 비전을 진화시켰고, 코로나 팬데믹 위기에서 '포용적 회복과 도약'의 비전이 모든 국정방향을 포괄하는 비전으로 강조되었습니다. 코로나 팬데믹으로 인한 방역위기와 경제위기를 극복하는 과정에서 대한민국은 새로운 세계표준이 되었습니다. 또 최근 탄소중립시대와 디지털 경제로의 대전환을 준비하는 한국판 뉴딜의 국가혁신전략은 '세계선도국가'의 비전으로 포괄되었습니다.

이 모든 국정비전의 진화와 성과에는 국민과 기업의 기대와 참여가 있었습니다. 그러나 우리는 문재인 정부의 임기가 그리 많이 남지 않은 시점에서 국민의 기대와 애초의 약속에 미치지 못한 많은 부분들은 남겨놓고 있습니다. 혁신적이고 종합적인 새로운 그림이 필요한 부분도 있고 강력한 실천과 합의가 필요한 부분도 있습니다. 무엇보다도 민주주의에 대한 새로운 기획이 필요합니다. 문재인 정부는 촛불혁명이라는 제도혁명을 통해 민주주의를 진화시킨 정치사적 성과를 얻었으나 정작 민주주의에 대한 새로운 전망을 제시하는 데는 미치지 못했습니다. 문재인 정부는 헌법 제1조의 민주주의를 실현하고자 했으나 문재인 정부 이후의 민주주의는 국민의 행복추구와 관련된 헌법 제10조의 민주주의로 진화해야 할지 모릅니다. 민주정부 4기로 이어지는 새로운 민주주의의 디자인이 필요합니다.

둘째는 공정과 평등을 구성하는 새로운 정책비전의 제시와 합의가 요구됩니다. 대부분의 국가는 정의로운 공동체를 추구합니다. 정의로운 질서는 불평등과 불공정, 부패를 넘어 실현됩니다. 이 같은 질서에는 공정과 책임, 협력의 실천윤리가 요구되지만 우리 시대에 들어 이러한 실천윤리에 접근하는 방식은 세대와 집단별로 큰 차이를 보입니다. 신자유주의 시대에 성장한 청년세대는 능력주의와 시장경쟁력을 공정의 근본으로 인식하는 반면 기성세대는 달리 인식합니다. 공정과 평등에 대한 '공화적 합의'가 필요합니다. 소득과 자산의 분배, 성장과 복지의 운용, 일자리와 노동을 둘러싼 공정과 평등의 가치에 합의함으로써 '공화적 협력'에 관한 새로운 그림이 제시되어야 합니다.

셋째는 지역을 살리는 그랜드 비전이 새롭게 제시되어야 합니다. 공공기관 이전을 통한 중앙정부 주도의 혁신도시정책을 넘어 지역 주도의 메가시티 디자인과 한국판 뉴딜의 지역균형뉴딜, 혁신도시 시즌 2 정책이 보다 큰 그림으로 결합되어 지역을 살리는 새로운 그랜드 비전으로 제시될 필요가 있습니다.

넷째는 고등교육 혁신정책과 새로운 산업전환에 요구되는 인력양성 프로그램이 결합된 교육혁신의 그랜드 플랜이 만들어져야 합니다.

다섯째는 커뮤니티 케어에 관한 혁신적이고 복합적인 정책디자인이 준비되어야 합니다. 지역기반의 교육시스템과 지역거점 공공병원, 여기에 결합된 지역 돌봄시스템이 복합적이고 혁신적으로 기획되어야 합니다.

이 같은 과제들은 더 큰 합의와 더 많은 시간이 필요합니다. 그러나 이러한 쟁점들이 다음 정부의 과제나 미래과제로 막연히 미루어져서는 안 됩니다. 문재인 정부의 국정성과들이 국민의 기대와 참여로 가능했듯이 이러한 과제들은 기존의 국정성과에 이어 문재인 정부의 마지막까지 국민과 함께 제안하고 추진함으로써 정책동력을 놓치지 않는 것이 중요합니다.

코로나19 변이종이 기승을 부리면서 여전히 코로나 팬데믹의 엄중한 위기가 진행되는 가운데 국민의 생명과 삶을 지켜야 하는 절체절명한 시간이 흐르고 있습니다. 문명 전환기의 미래를 빈틈없이 준비해야 하는 절대시간이기도 합니다. 여기에 대응하는 문재인 정부의 남은 시간이 그리 길지 않습니다. 그러나 인수위도 없이 서둘러 출발한 정부라는 점과 코로나 상황의 엄중함을 생각하면 문재인 정부에게 남은 책임의 시간은 길고 짧음을 잴 여유가 없습니다. 이 절대시간 동안 코로나19보다 위태롭고 무서운 것은 가짜뉴스나 프레임정치가 만드는 국론의 분열입니다. 세계가 주목하는 정부의 성과를 애써 외면하고 근거 없는 프레임을 공공연히 덧씌우는 일은 우리 공동체를 국민의 실패, 대한민국의 무능이라는 벼랑으로 몰아가는 것과 다르지 않습니다. 국민이 선택한 정부는 진보정부든 보수정부든 성공해야 합니다. 책임 있는 정부가 작동되는 데는 책임 있는 '정치'가 동반되어야 합니다.

정책기획위원회를 포함한 국정과제위원회들은 문재인 정부의 남은 기간 동안 국정성과를 국민과 공유하는 적극적 정책소통관리에 더 많온 의미를 두어야 합니다. 문재인 정부의 성과를 정확하게, 사실에 근거해서 평가하고 공유하는 데 더 많은 시간을 써야 합니다. 다른 무엇보다도 객관적이고 종합적인 국정성과에 기반을 둔 세 가지 국민소통 전략이 강조됩니다.

첫째는 정책환경과 정책대상의 상태를 살피고 문제를 찾아내는 '진단적 소통'입니다. 둘째는 국정성과에 대한 이해를 통해 민심과 정부 정책의 간극이나 긴장을 줄이고 조율하는 '설득적 소통'이 중요합니다. 셋째는 국민들이 삶의 현장에서 정책의 성과를 체감할 수 있게 하는 '체감적 소통'을 강조할 수 있습니다. 위기대응정부론, 미래대응정부론, 복지확장정부론, 권력개혁정부론, 평화유지정부론의 '5대 강국론'을 비롯한 다양한 국정성과 담론들이 이 같은 국민소통전략으로 공유될 수 있기를 바랍니다.

정책기획위원회의 눈으로 지난 4년을 돌이켜보면 문재인 정부의 시간은 '일하는 정부'의 시간, '일하는 대통령'의 시간이었습니다. 촛불혁명으로 집권한 제도혁명정부로서는 누적된 적폐의 청산과 산적한 과제의 해결이 국민의 명령이었기 때문에 옆도 뒤도 보지 않고 오로지 이 명령을 충실히 따라야 했습니다. 그 결과가 '일하는 정부', '일하는 대통령'의 시간으로 남게 된 셈입니다. 정부의 광화문청사에 있는 정책기획위원회 위원장실에는 한 쌍의 액자가 걸려 있습니다. 위원장 취임과 함께 우리 서예계의 대가 시중(時中) 변영문(邊英文) 선생님께 부탁해 받은 것으로 "선천하지우이우, 후천하지락이락"(先天下之憂而憂, 後天下之樂而樂)이라는 글씨입니다. 북송의 명문장가였던 범중엄(范仲淹)이 쓴 '악양루기'(岳陽樓記)의 마지막 구절입니다. "천하의 근심은 백성들이 걱정하기 전에 먼저 걱정하고, 천하의 즐거움은 모든 백성들이다 즐긴 후에 맨 마지막에 즐긴다"는 의미로 풀어볼 수 있습니다. 국민들보다 먼저 걱정하고 국민들보다 나중에 즐긴다는 말로 해석됩니다. 일하는 정부, 일하는 대통령의 시간과 닿아 있는 글귀입니다.

문재인 정부의 남은 시간이 길지 않지만, 일하는 정부의 시간으로 보면 짧지만도 않습니다. 결코 짧지 않은 문재인 정부의 시간을 마지막까지 일하는 시간으로 채우는 것이 제도혁명정부의 운명입니다. 촛불시민의 한 마음, 문재인 정부 출범 시의 절실했던 기억, 국민의 위대한 힘을 떠올리며 우리 모두 초심으로 돌아가야 합니다. 앞선 두 번의 정부가 국민적 상처를 남겼습니다. 진보와 보수를 떠나 국민이 선택한 정부가 세 번째 회한을 남기는 어리석은 역사를 거듭해서는 안 됩니다. 문재인 정부의 성공이 우리 당대, 우리 국민 모두의 시대적 과제입니다.

3. 한없는 고마움을 전하며

아무리 작은 일이라도 일이 마무리되고 결과를 얻는 데는 드러나지 않는 많은 분들의 기여와 관심이 있기 마련입니다. 정책기획위원회는 앞에서 밝힌 바와 같이 정책 콘텐츠 관리와 정책 네트워크 관리, 정책소통 관리에 포괄되는 광범한 활동을 수행하고 있습니다. 사실 이 책과 같은 단행본 출간사업은 정책기획위원회의 관례적인 활동과는 별개로 진행되는 여벌의 사업이라 할 수 있습니다. 이러한 부가적 사업이 가능한 것은 6개 분과 약 백여 명의 정책기획위원들이 위원회의 정규 사업들을 충실히 해낸 효과라 할 수 있습니다. 무엇보다도 정책기획위원회라는 큰 배를 위원장과 함께 운항해주신 두 분의 단장과 여섯 분의 분과위원장께 감사의 말씀을 드려야 합니다. 미래정책연구단장을 맡아 위원회에 따뜻한 애정을 쏟아주신 박태균 교수, 국정과제지원단장을 맡아 헌신적으로 일해주신 윤태범 교수께 각별한 마음을 전합니다. 김선혁 교수, 양종곤 교수, 문진영 교수, 소순창 교수, 추장민 박사, 구갑우 교수께서는 6개 분과를 늘 든든하게 이끌어 주셨습니다. 한없는 고마움을 전합니다. 단행본 사업에 흔쾌히 함께 해주신 정책기획위원뿐 아니라 비록 단행본 집필에는 참여하지 않았지만 지난 4년 정책기획위원회에서 문재인 정부의 다양한 정책담론을 다루어주신 1기와 2기 정책기획위원 모든 분께 이 자리를 빌려 그간 가슴 한 곳에 묻어두었던 고마운 마음을 전합니다.

위원들의 활동을 결실로 만들고 그 결실을 빛나게 만든 것은 정부부처의 파견 공무원과 공공기관의 파견 위원, 그리고 전문위원으로 구성된 위원회 직원들의 공이었습니다. 국정담론을 주제로 한 단행본들이 결실을 본 것 또한 직원들의 헌신 덕분입니다. 행정적 지원을 진두지휘한 김주이 기획운영국장, 정현용 국정과제국장, 백운광 국정연구국장, 김찬규 전략홍보실장께 각별한 감사를 드리며, 본래의 소속으로 복귀한 직원들을 포함해 정책기획위원회에서 함께 일한 직원들 한 분한 분께도 감사의 마음을 전합니다. 한국판 뉴딜을 정책소통의 차원에서 국민적으로 공유하기 위해 정책기획위원회는 '한국판 뉴딜 국정자문단'을 만들었고, 지역자문단도 순차적으로 구성한 바 있습니다. 한국판 뉴딜 국정자문단의 자문위원으로 함께 해 주신 모든 분들께도 이 자리를 빌려 감사드립니다.

문재인 정부의 핵심적 정책대응 방향은 '위기대응'과 '미래대응'이라는 두 축을 중심으로 작동했다는 점을 강조할 수 있습니다. 현재의 위기에 대응하고 미래의 불확실성에 대비하는 국정전략은 '국민의 나라, 정의로운 대한민국'이라는 국가비전을 일관된 축으로 삼아 위기와 불확실한 국정 환경을 돌파해 나가는 과정이었고 그 과정의 종합적 귀결이 '한국판 뉴딜'이라는 광범한 스펙트럼의 국가혁신전략이라 할 수 있습니다. 따라서 우리는 한국판 뉴딜의 스펙트럼 속에서 촛불정신을 담은 헌법 제1조의 민주주의가 국민 개인의 행복의 정치를 담은 헌법 제10조의 민주주의로 진화하는 선명한 방향을 찾을 수 있습니다.

우리는 산업화와 민주화를 이루어낸 국민적 경험과 집합적 기억을 현대 대한민국의 문화적 원천이자 자부심으로 삼고 있습니다. 경제개발계획이나 새마을 운동과 같은 당대의 국가 혁신전략이야말로 산업화와 근대화를 이루어낸 시대의 동력이었습니다. 시민사회의 성장과 저항, 민주주의 운동과 투쟁전략 또한 당대 민주화를 이루어낸 또 다른 시대의 동력이었습니다. 문재인 정부의 종합적 국가 혁신전략이라 할 수 있는 한국판 뉴딜 또한 코로나 팬데믹의 위기극복과 문명사적 전환의 전기를 만드는 또 하나의 시대적 동력이 되어야 합니다.

한국판 뉴딜이 보다 근본적이고 종합적인 대한민국 대전환의 동력이 되기 위해서는 끊임없이 진화해야 합니다. 뉴딜의 진화 목적은 우리 삶의 조건과 내용을 바꾸는 데 있고 그 궁극적 영역은 포용과 협력의 휴먼뉴딜이라 할 수 있습니다. 이 책의 주제인 '행복의 정치'는 휴먼 뉴딜의 궁극적 과제라고도 할 수 있습니다. 우리 시대가 헌법 제10조의 민주주의와 '행복의 정치'로 나아가는 문을 열 수 있기를 바라마지 않습니다.

끝으로, 이 책의 집필은 애초에 발주했던 용역과제에 참여한 연구진들이 맡았습니다. 서론과 2부는 김진욱 서강대 교수, 1부는 임현 고려대 교수, 3부는 권진 예명대학원대학교 교수, 4부는 최영준 연세대 교수가 맡았고, 결론은 김진욱 교수와 최영준 교수가 함께 집필했습니다. 용역과제 연구와 집필에 참여해주신 필진께 감사드립니다.

| 서론 |

경제성장과 국민행복

행복(happiness)은 개인의 삶이 추구하는 본원적 목적이다. 지속적으로 확장되어 온 현대 국가의 역할도 궁극적으로는 국민들의 행복한 삶을 보장해주는 것에 있다. 그렇다면 국민들의 행복 수준을 높이기 위하여 가장 필요한 것은 무엇일까? 지금까지의 주류적 시각은 행복을 높이기 위한 조건의 핵심이 물질적 풍요이며, 이를 누리기 위해서는 높은 경제성장을 달성하여 소득 수준을 높이는 것이라 믿었다.

인류 역사 전체를 조망할 때 거의 모든 사회 구성원이 의식주라는 기본적 욕구를 충족시킨 때가 없었기 때문에, 물질적 결핍을 극복하고 경제적 풍요를 누리는 것은 행복 그 자체로 간주되어 왔기 때문이다. 특히 가난한 신생 독립국가로 출발한 한국 사회에서, 경제성장은 그 자체로 국가 발전의 지상과제였을 뿐 아니라 국민 모두의 삶을 풍요롭게 해 줄 든든한 버팀목이 될 터였다. 실제로 압축적인 산업화와 경제성장에 성공하면서 대한민국은 국제무대에서 눈부신 성공 신화의 주인공이 되었다.

2021년 5월, 한미 정상회담에서 미국은 한국 대기업에 반도체와 배터리 분야의 대규모 투자를 요청하였고, K팝을 필두로 한 문화콘텐츠 산업은 영화·드라마·웹툰·게임으로 확장되어 세계 시장을 석권하고 있다. 그뿐 아니라 코로나 팬데믹 이후 경기회복 과정에서 자동차·조선·철강·화학 등 전통적 제조업 분야의 국제경쟁력도 군건히 유지되고 있다. 이러한 경제성장의 성과로 인하여 국민소득은 3만 달러를 돌파하는 한편, 2020년 국내총생산을 기준으로 G7의 일원인 이탈리아를 제쳤고, 2021년 7월 유엔무역개발회의(UNCTAD)에서 한국은 만장일치로 선진국으로 공인받기에 이르렀다.

그러나 이러한 눈부신 경제성장이 대한민국을 행복의 나라로, 우리 국민들을 행복한 삶으로 이끌었는가? 이 질문에 대한 우리의 반응은 그리 개운치 않다. OECD 국가 중 노인빈곤율이 가장 높고, 산업재해사망률은 세계 최고 수준이며, 국민들의 불행 수준을 대리하는 핵심 지표인 자살률도 가장 높다. 청년들의 절망, 계층이동 사다리의 상실, 세대 간의 갈등, 이념과 진영의 대립은 이 시대 언론을 장식하는 주요 키워드이다. 일-생활 균형과 양성평등은 확성기의 구호로 모두가 수긍하지만 실현되기에는 요원하다. 제 한 몸 건사하기 힘든 청년들이 비혼을 선택하고 아기를 낳지 않는 것은 지극히 합리적 선택이 되면서, 한국은 세계 최저의 출산율을 매년 경신하고 있다. 이러한 면면을 보면 물질적 풍요나 경제성장 자체가 행복한 삶으로 이끈다는 생각 자체에 문제가 있음을 알게 된다.

실제로 이스털린의 역설(Easterlin, 1974)로 촉발된 최근의 행복 연구들은 경제성장이 일정 수준까지 국민들의 행복과 정적인 상관관계를 갖지만, 그 이후에는 경제성장이 행복을 증진시키는데 한계가 있음을 지적하고 있다. 경제성장이 국민들의 소득증가를 가져오는 것은 사실이지만 ① 기업이나 일부 계층에게 그 혜택이 집중될 수 있고, ② 소득격차의 확대가 소득 증가에 따른 행복 증가 효과를 상쇄시킬 수 있을 뿐 아니라, ③ 설령 소득이 균일하게 증가된다 할지라도 일정 수준 이상의 경제 수준이 달성되면 행복과의 연관성이 체감되면서 건강, 가족, 자율성, 사회관계 등 비경제적 요인의 중요성이 더 커질 수 있다는 것이다(Bok, 2010). 즉 경제성장이 소득의 증가로 이어져 국민들의 행복수준을 증진시키는 것은 맞지만, 어느 정도의 경제수준에 도달하게 되면 추가적인 경제성장이 국민행복의 증가로 자동적으로 연결되지 않음을 의미한다.

이스털린의 역설은 고도성장기가 종식되고 저성장이 고착화된 한국 사회에 분명한 메시지를 던지고 있다. 즉 급속한 경제성장으로 인한 소득증가는 더 이상 가능하지 않을 뿐 아니라 이제 국민소득의 증가 자체가 한국인의 행복 수준을 향상시키는 직접적 요인이 될 수는 없다는 인식의 전환이 필요하다는 것이다. 이제 '경제성장'과 '발전'을 통한 '파이의 극대화' 또는 '낙수효과'의 신화는 통용되기 어렵다. 한국이 성취한 '경제성장'과 '발전'은 국민행복의 희생이라는 값비싼 대가를 치르며 달성한 것이다.

한국 사회의 행복 수준이 낮다는 것은 다양한 통계 자료들을 통하여 확인 가능하다. 대표적인 조사 자료로 세계가치조사(World Values Survey; WVS)는 매 5년마다 전 세계 국민의 행복(삶의 만족도)을 측정하여 발표한다. 제6차 조사결과(wave 6)에 따르면 2014년의 한국인 행복도는 조사 대상 79개국 중 59위로 나타났다. 또한 [2020 세계행복보고서]에 따르면 한국인의 평균 행복 수준은 10점 만점에 5.872점으로, 전체 조사 대상 153개국 중 61위에 랭크되었다. [세계행복보고서]에 나타난 한국의 행복 순위는 2015년 47위, 2018년 57위로 점차 떨어지고 있으며, 2020년 발표에서는 60위권 밖으로 밀려났다. 국내의 연구에서도 한국인의 행복수준이 최근 더욱 낮아지고 있다는 결과가 보고되고 있다. 대표적으로 최영준 외(2019)는 지난 20년간 꾸준히 행복수준이 증가하였지만 최근 5년간은 더 이상 좋아지고 있지 않아 이제 경제성장이 행복수준을 올리고 있지 못하는 상황으로 진단하였다.

더욱이 2020년 2월부터 본격화된 코로나19 팬데믹 사태는 우리 국민들의 행복수준에 더욱 악영향을 끼쳤을 가능성이 크다. 팬데믹 초기에는 마스크 대란 사태를 겪으며 국가적 위기 상황에서 나타나는 시장의 폐해를 전 국민이 몸소 체험하였다. 국가의 적극적 개입으로 마스크 대란은 곧 진정되었지만, 팬데믹과 경제적 충격이 복합적으로 작용하면서 사회경제적 격차에 따른 삶의 질 수준 차이가 극명하게 갈리는 상황을 마주하게 되었다. 재택근무가 가능하고 안정적이며 쾌적한 주거 여건을 가진 중산층들은 언택트 시대의 새로운 트렌드에 재빨리 적응하고 있는 반면, 주거취약 계층, 비정규직 노동자, 자영업자, 취업준비생 등 불안정한 경제적 여건에 있던 국민들은 전염병의 위협과 극심한 생활고라는 이중의 고통을 감내하고 있는 상황이다.

여기서 우리는 국가는 무엇을 위해 존재하는가? 라는 본질적 질문과 마주하게 된다. 대한민국이라는 국가의 존재 가치가 국민행복의 증진에 있는 것이라면, 이제 사회경제발전 패러다임을 근본적으로 전환하여야 할 시기이다. 이것은 고도성장기의 경제지상주의에서 벗어나 국민의 행복추구권을 인정하고 보장하는 것을 국가정책의 최우선 순위에 두어야 하는 것에서 출발한다. 무엇보다 국민행복을 위한 국가의 역할은 헌법에서 그 근거를 찾을 수 있다. 대한민국 헌법 제10조는 "모든 국민은 인간으로서의 존엄과 가치를 가지며, 행복을 추구할 권리를 가진다. 국가는 개인이 가지는 불가침의 기본적 인권을 확인하고 이를 보장할 의무를 진다"고 하여 대한민국 국민의 행복추구권을 천명하고 있다. 또한 문재인 정부는 문재인 대통령의 제75주년 광복절

경축사를 통해 헌법 제10조에 명시된 국민의 행복추구권을 정부가 실현하여야 할 목표로 천명했다. 구체적으로 국민 개개인의 인간다운 삶을 보장하고 격차와 불평등을 줄여나가는 방향을 제시하였다.

이 책은 '국민행복 추구'야말로 대한민국의 핵심 국정과제로 정립되어야 한다는 인식에 바탕을 두고 있다. 이에 대한민국 헌법 제10조의 '행복추구권'의 법률적·정책적 의미를 고찰하고, 한국인의 행복에 대한 이론적·실증적·정책적 분석을 진행함으로써 헌법 제10조 시대의 개막을 위한 행복정책의 방향을 제안하였다.

이 책의 구성은 서론과 4개의 부, 그리고 결론으로 구성되어 있다. 서론은 우리가 성취한 '경제성장'과 '발전'은 국민행복의 희생이라는 값비싼 대가를 치르며 달성한 것이라는 점을 설명하였다. 급속한 경제성장을 통한 소득증가는 더 이상 가능하지 않을 뿐 아니라 이제 국민소득의 증가 자체가 한국인의 행복 수준을 향상시키는 직접적 요인이 될 수는 없다는 인식 전환이 필요하다는 점을 강조한다.

제1부는 헌법 제10조에 규정된 인간의 존엄과 가치 및 행복추구권의 법적 의미를 규명하고, 이에 근거하여 헌법 제10조 시대의 의미와 적극적 시민과의 관련성을 검토하였다. 인간의 존엄과 가치는 인격적 자율성과 존엄에 있어서의 평등을 내용으로 하고, 인격적 자율성의 핵심은 자기결정권의 보장이다. 인간의 존엄과 가치에 근거한 행복추구권의 핵심은 일반적 행동의 자유와 자기결정권에 있다. 이러한 인간의 존엄과 가치 및 행복추구권의 법적 해석에 근거할 때, 헌법 제10조 시대는 국민의 기본권과 헌법 가치 및 민주주의가 실질적으로 실현되는 시대를 의미하며, 특히 국민의 인격적 자율성과 존엄에 있어서의 평

등, 행복추구가 보장되고 실현되는 시대를 뜻한다.

또한 헌법 제10조의 시대는 자율, 안정, 영향을 그 성격으로 하는 적극적 시민과 맞닿아 있다. 인간의 존엄과 가치 및 행복추구권에 근거한 자신의 삶을 스스로 결정할 수 있는 인격적 자율성은 적극적 시민성인 자율, 안정, 영향과 그 내용을 공유하기 때문이다. 헌법 제10조 시대의 실현을 위해서는 국가의 모든 정책과 입법이 헌법 제10조의 가치를 반영하여야 하며, 특히 협력적 법치주의에 있어 중요 정책과 입법에 국민의 참여가 중요한 의미를 갖는다. 이러한 참여 절차의 활성화를 위한 행정절차법과 정보공개법의 입법적 개선 방안을 함께 제시하였다.

제2부는 행복에 대한 이론적 이해를 도모하기 위한 문헌연구로, 행복의 어원과 개념, 행복연구의 동향, 행복 측정의 쟁점과 기존의 지표체계들을 정리하였다. 행복은 동서양을 막론하고 환경적으로 우연히 얻어진 행운이라는 어원을 가지고 있었고, 근대 이후에 인간과 사회의 노력으로 추구될 수 있는 것으로 그 개념이 발전되었다. 행복의 개념은 크게 헤도니즘과 유다이모니즘으로 구분되어 정의되었는데, 인간의 욕망을 달성하고 쾌락을 추구하며 고통은 회피하는 것이 헤도니즘의 행복이라면, 삶의 가치와 의미를 추구하고 자아를 실현하는 것이 유다이모니즘의 행복이다. 헤도니즘에 근거한 행복 개념은 행복경제학과 주관적 안녕을 탐구한 심리학 분야에서 주류적인 연구경향으로 발전되었고, 유다이모니즘에 근거한 행복은 긍정심리학과 역량이론 등에서 더 구체적으로 논의되있다.

실증적인 행복연구는 일정한 소득 수준에 도달하게 되면 소득의 추가적인 증가가 개인의 행복을 비례적으로 증가시키지 않을 수 있다는 이스털린의 주장으로 사회과학계 전반에 확대되기 시작하였다. 또한 많은 실증연구는 무엇이 인간을 행복하게 하는지 그 결정 요인을 다각도로 탐구하였다. 성별, 연령, 가족구성, 소득, 교육, 고용, 건강 등의 개인적 차원의 인구·사회·경제학적 특성들과 함께, 민주주의, 자유, 정치적 안정, 사회적 규범과 신뢰 등 사회·문화·정치적 수준의 영향 요인들이 미치는 영향을 분석하였다.

제3부에서는 한국의 행복 수준에 대한 국제적 비교를 위하여 세계가치조사 및 생활시간조사 데이터를 활용한 실증분석을 실시하였다. 우선 UN의 세계행복보고서(2020), OECD의 '더 나은 삶 지수', 세계가치조사 7차 자료 등을 통해 한국의 행복 수준을 살펴보았다. 그리고 통계청 생활시간조사를 활용하여 '시간'의 측면에서 한국인의 행복을 분석했다. 그 결과, 유급노동 시간의 감소세와 수면 및 자기관리 시간의 증가세가 뚜렷하였으며 이는 일상에서 자유롭게 사용할 수 있는 재량적 시간의 증가라고 볼 수 있다. 이러한 재량시간은 다중회귀분석 결과에서 행복에 통계적으로 유의미한 정적(+) 효과성을 보이는 것으로 나타났다.

이러한 결과를 토대로 두 가지 정책적 방향을 논의하였다. 첫째는 개인의 삶에서 자유롭게 선택하고 통제할 수 있는 '시간'을 사회구조적으로 만들어줄 수 있는 정책적 관점이 필요하다. 이는 이제까지 소득을 통한 삶의 질 향상에만 초점을 맞추어온 지향을 벗어나 개인의 '가처분 시간'이 늘어날 수 있도록 소득 보장 및 사회구조적 변화에 보다 적극적인 정책적 노력이 필요하다는 것이다. 둘째는 사회적 행복의 증가가 개인의 행복에 중요한 밑바탕이 된다는 점이다. 북유럽 국가들이 지난 10년간 행복순위 상위권에 오른 이유는 사회적 행복의 크기가 컸기 때문이다. 따라서 보편적이고 접근성이 높은 복지제도를 기반으로, 공공성을 강화하고 사회적 안정의 토대를 갖추는 것에 힘써야 할 것을 강조하고 있다.

제4부에서는 안정, 자율, 영향이라는 행복의 세 가지 핵심 요인이 적극적 시민 개념과 직접적으로 연결됨을 밝히고, 적극적 시민을 확대하기 위한 복지국가의 현황과 미래방향을 제시하였다. 이를 위해한국 사회에서 적극적 시민이 누구이며, 이들은 어떠한 성향을 가지고 있는지를 먼저 논의하고, 이후 복지국가 방향성에 대해 논의하였다. 전 국민 서베이를 통해 살펴본 결과, 2018년과 2020년 사이에 안정, 자율, 영향력을 모두 소유하고 있다고 응답한 적극적 시민은 30% 정도로 큰 변화가 없었지만, 세 요인을 모두 가지고 있지 않았던 수동적 시민이 두 배가 증가해 20% 중반에 이르렀다. 수동적 시민에 비해 적극적 시민은 절대적으로 행복수준이 높을 뿐 아니라 사회에 대한 포용성, 신뢰, 혁신, 창의성, 복지제도에 대한 긍정적 태도를 보이고 있는 것으로 나타났다.

가족과 노동시장은 모두 적극적 시민성을 증진시킬 수 있는 중요한 기반이지만, 이에 대한 의존이 높아지면 안정을 위해 자율성이 희생될 우려가 있다. 특히 가족의 기능이 약화되고 불안정 노동이 증가하는 현실을 고려할 때 적극적 시민성을 증진시키는 복지국가의 역할은 더욱 중요해지고 있다. 적극적이고 행복한 시민들이 많아지기 위해서 국가는 안정과 자율이 동시에 진흥되며, 개인의 목소리가 발현될 수 있는 장을 마련하는 것이 중요하다. 국가의 역할이, 지시하고 규제하며 올바름을 제시하는 역할에서 튼튼한 안정을 제공하는 역할로 변화할 필요가 있고, 그 위에서 개인들이 자율성과 영향력을 십분 발휘하는 사회로의 전환이 필요하다. 기존의 사회보호와 사회투자와 함께 사회혁신이 개인의 영향력을 확대할 새로운 기회가 될 수 있다. 집난과 국가에 대한 강조에서 건강하고 연대를 촉진하는 개인들을 강조하는 방향으로의 정책 선회가 행복한 국가를 만드는 길이 될 것이다.

마지막으로 결론은 국가정책의 방향에 대해 논의하였다. 우선 국가정책의 목표가 집단에서 개인으로 전환되어야 하며, 개인의 불안정성을 해소하기 위한 적극적 대책을 강구할 필요가 있음을 강조하였다. 특히 비대면 디지털 경제가 빠르게 도래하면서 노동시장의 변화가 가속화 될 것이므로, 복지국가의 기본이라 할 수 있는 탈상품화, 탈가족화, 역량강화를 촉진시키는 방향이 집중적으로 강구되어야 한다. 나아가 사회혁신, 증세와 기본소득 등을 추가적으로 고려할 것을 제안하였다.

| 제1부 |

헌법 제10조의 의미와 적용

헌법 제10조는 "모든 국민은 인간으로서의 존엄과 가치를 가지며, 행복을 추구할 권리를 가진다. 국가는 개인이 가지는 불가침의 기본적 인권을 확인하고 이를 보장할 의무를 진다"라고 규정하고 있다. 인간의 존엄과 가치는 모든 기본권의 기초이자 헌법의 핵심적 가치이며, 민주주의의 출발점으로서의 의미를 갖는다(장영수, 2014). 따라서 헌법 제10조 시대는 국민의 기본권과 헌법 가치 및 민주주의가 실질적으로 실현되는 시대라 할 수 있다.

또한 헌법 제10조 시대의 개막은 국민주권을 규정한 헌법 제1조와 결합하여 이해되어야 한다. 국민의 존엄과 가치 및 행복추구권을 보장하는 국가는 국민에 의해 만들어지는 것이기 때문이다.

이러한 인식을 바탕으로 제1장에서는 헌법 제10조 시대 개막의 의미를 인간의 존엄과 가치 및 행복추구권에 관한 법이론적 검토를 통해 규명하고, 이를 국민의 측면에서는 '적극적 시민' 개념 및 논의와 연계하여 살펴본다.

제1장 헌법 제10조의 법적 해석

1. 인간의 존엄과 가치

1) 역사적 배경

근대 인권선언에서는 인간의 존엄을 당연히 전제되는 것으로 보아 명문화하지는 않았다. 그러나 제1, 2차 세계대전 및 전체주의의 경험을 통해 인간의 존엄은 당연히 전제되는 것으로 인식할 수 없게 되었고, 인간성 상실의 국가질서에 대한 반성으로 각국 헌법에 인간의 존엄을 규정하게 되었다(장영수, 2014). 특히 인간 존엄에 대한 막대한 침해를 행했던 독일과 일본의 헌법에 인간 존엄에 대한 내용이 규정되었다. 2차대전 이후 1949년 제정된 서독 기본법(Grundgesetz)은 제1조 제1항에서 "인간의 존엄은 침해할 수 없다. 이를 존중하고 보장하는 것은 모든 국가권력의 책무이다"라는 내용을 규정하였다. 이 조항은 현재의 독일 기본법에도 그대로 이어지고 있다.[1]

1946년 일본 헌법(日本国憲法) 역시 제13조에서 "모든 국민은 개인으로서 존중된다"라는 내용을 규정하였고, 제24조에서 "법률은 개인

1 독일 기본법 제1조 제1항: Die Würde des Menschen ist unantastbar. Sie zu achten und zu schützen ist Verpflichtung aller staatlichen Gewalt.

의 존엄과 양성의 본질적 평등에 입각하여 제정되어야 한다"라고 명시하였다.[2] 미국의 경우 인간의 존엄에 관한 명시적 규정을 연방헌법(U. S. Constitution)에 두고 있지는 않지만, 법원 판결을 통해 인간의 존엄과 국가의 의무에 대한 내용을 확인하고 있다.[3]

1945년 국제연합헌장(Charter of the United Nations)의 전문,[4] 1948년 세계인권선언(Universal Declaration of Human Rights) 제1조,[5] 1966년 국제인권규약(International Covenant on Civil and Political Rights) 전문[6] 등에서도 인간의 존엄성을 명시하여 인간 존엄의 보장을 위한 국제사회의 노력도 이루어졌다. 현재 유럽연합 기본권 헌장(Charter of Fundamental

2 일본 헌법 제13조: すべて國民は,個人として尊重される. 제24조 제2항: … 法律は,個人の尊嚴と兩性の本質的平等に立脚して,制定されなければならない.

3 미국 연방대법원의 인간 존엄 적용에 대한 국내 연구로는 이형석, 미국 연방대법원의 인간 존엄성 보장에 관한 연구: 연방대법원 판결을 중심으로, 홍익법학 제18권 제1호, 2017, 정영화, '동성혼' 도입을 위한 헌법개정의 위헌성: 미국 연방대법원 '동성혼' 판례의 '인간존엄' 해석의 분석, 홍익법학 제18권 제3호, 2017.

4 국제연합헌장 전문: 우리 연합국 국민들은 기본권, 인간의 존엄과 가치, 양성평등 및 대소국의 평등에 대한 신념을 재확인하며…(We the peoples of the United Nations determined… to reaffirm faith in fundamental human rights, in the dignity and worth of the human person, in the equal rights of men and women and of nations large and smal …).

5 세계인권선언 제1조: 모든 인간은 자유롭게 태어나며, 존엄성과 권리에 있어 평등하다(All human beings are born free and equal in dignity and rights).

6 국제인권규약 전문: 이 규약의 당사국은 국제연합헌장에 선포된 원칙에 따라 인류 모든 구성원의 천부의 존엄과 평등하고 양도할 수 없는 권리를 인정하는 것이 세계의 자유와 정의 및 평화의 토대임을 고려할 때 …(The States Parties to the present Covenant, Considering that, in accordance with the principles proclaimed in the Charter of the United Nations, recognition of the inherent dignity and of the equal and inalienable rights of all members of the human family is the foundation of freedom, justice and peace in the world, …).

Rights of the European Union) 제1조[7] 유럽헌법조약(EU constitutional treaty) 제Ⅱ-61조[8]에서도 인간 존엄의 보장을 규정하고 있다(박진완, 2007).

한국의 경우 1962년 개정된 제3공화국 헌법에[9] 인간의 존엄과 가치가 처음 규정되었다. "모든 국민은 인간으로서의 존엄과 가치를 가지며, 이를 위하여 국가는 국민의 기본적 인권을 최대한으로 보장할 의무를 진다"라는 내용이었다(제8조). 이후 1980년 헌법 제9조에[10] 행복추구권이 도입되어 현재의 헌법 제10조에 이르고 있다.

2) 인간의 존엄과 가치의 의의

(1) 존엄의 주체로서의 인간

존엄과 가치의 주체로서의 인간은 인간이라는 종에 속하는 모든 생명체인지, 일정한 인격을 갖춘 생명체인지에 대한 논의가 있었다. 나치의 극단적 행동에 대한 반성을 통해 모든 인간은 존엄하며, 존엄의 주체로서의 인간은 국가가 자의적으로 인격적 존재인지의 여부 등을 판단함 없이 모든 생물학적 인간이라는 것이 일반적인 견해이다(장영수, 2014). 즉 존엄과 가치의 주체로서의 인간은 다원성과 중립성을 전

7 유럽연합 기본권 헌장 제1조: 인간의 존엄은 불가침이다. 인간의 존엄은 존중되고 보호되어야 한다(Human dignity is inviolable. It must be respected and protected.).

8 유럽헌법조약 제Ⅱ-61조: 인간의 존엄은 불가침이다. 인간의 존엄은 존중되고 보호되어야 한다(Die Würde des Menschen ist unantastbar. Sie ist zu achten und zu schützen.).

9 대한민국헌법 [시행 1963. 12. 17.] [헌법 제6호, 1962. 12. 26., 전부개정]

10 대한민국헌법 [시행 1980. 10. 27.] [헌법 제9호, 1980. 10. 27., 전부개정]

제로 특정 철학적·도덕적·종교적 견해나 가치관에 입각해서 판단되지 않는다(김하열, 2020).

그러나 이처럼 존엄과 가치의 주체로서의 인간을 모든 생물학적 인간으로 보는 경우에도 태아, 사자(死者) 등의 문제가 남게 된다(계희열, 1996; 정영화, 2009). 또한 배아연구에 있어서의 인간의 존엄[11] 역시 많은 논의가 되고 있다.

(2) 헌법의 인간상

또한 헌법이 보장하고자 하는 인간의 존엄은 헌법이 전제하고 있는 인간상에 대한 관점에 따라 논의가 달라질 수 있다. 헌법의 인간상을 개인주의, 전체주의, 인격주의로 구분하는 견해가 많이 논의되고 있다. 먼저 헌법의 인간상을 개인주의에 근거한 고립된 개인으로 보고 각자가 개인의 자유와 간섭이 없는 삶을 영위하는 것이 최고의 가치이며, 그에 부합하는 자유주의적 헌법 질서를 가장 이상적인 공동체 질서로 보는 입장이 개인주의에 근거한 인간상이다. 이에 반해 전체주의에 근거하여 인간은 불완전한 존재이며 타인과의 결합을 통해서만 완성될 수 있고, 그러한 결합을 통해 전체적인 완성을 지향하는 것이 개개인의 독자적인 삶보다 중요한 의미를 갖는다고 보는 입장이 전체주의에 근거한 인간상이다. 이러한 입장을 따르는 경우 전체를 위해 희생을

11 이에 관한 연구로 방승주, 배아와 인간존엄, 법학논총 제25권 제2호, 2008, 서종희, 배아연구와 인간의 존엄과 가치: 헌재 2010.5.27. 선고, 2005헌마346 전원재판부 결정에 대한 검토, 원광법학 제27권 제1호, 2011, 최희수, 인간의 존엄권과 생명권의 시기: 헌법재판소 2010. 5. 27. 2005헌마346 결정에 대한 검토, 강원법학 제31권, 2010, 최민영, 배아연구에서 나타나는 인간존엄의 보편성과 특수성: 생명윤리안전법을 중심으로, 법철학연구 제19권 제3호, 2016 등이 있음.

요구하는 헌법 질서가 정당화될 수 있다는 문제가 있다.

개인주의와 전체주의 양 극단을 지양하고 인격주의에 근거하여 인간은 불가침의 고유한 가치를 가지며, 자유로운 발현을 향해 항상 열려 있고, 동시에 공동체 안에서 자신을 실현해가는 인격체로서 자율성과 이성을 갖춘 인격적 존재로 보고, 개인의 자율과 창의를 존중하고 타인과의 올바른 관계를 위한 공동체 규범에 의한 규제를 동시에 인정하는 헌법 질서가 바람직하다는 입장이 일반적이다(장영수, 2014). 대한민국 헌법의 인간상은 이러한 인격주의에 근거한 인간상이며(계희열, 1996), 이에 기초하여 인간의 존엄을 보장하려는 것이다.

(3) 인간의 존엄과 가치

헌법 제10조 인간의 존엄과 가치는 법가치화된(실정화된) 윤리적 가치이자 헌법적 가치이며, 인간의 존엄과 가치로부터 인격적 자율성이 직접 도출되고, 인간은 평등하다는 것이 추론될 수 있다. 인간의 자율성은 개인이 외부의 간섭 없이 자신의 의사에 따라 선택할 수 있는 능력이며, 헌법적 측면에서는 개인의 자아실현 및 민주주의와 관련된 기본권의 이론적 근거가 될 수 있다. 즉 사생활이나 정치 참여에 대한 기본권이 해당될 수 있다. 또한 사회국가 원리에 따라 많은 국가의 헌법에서 사회적·경제적 약자의 생존을 배려하기 위한 사회적 기본권을 규정하고 있다. 이는 인간의 자율성의 실질적 실현을 위해서는 최소한의 경제적 생활을 통한 인간다운 삶이 전제되어야 한다는 것을 반영한 것이다. 종합하면, 인간의 자율성은 인격적 자율성과 함께 이를 가능하게 하는 최소한의 물질적 급부를 청구할 수 있는 권리를 포괄하는 개념으로 볼 수 있다(강승식, 2013). 인간 존엄의 실현을 위해서는 개인이 자아실현(Selbstverwirklichung)을 할 수 있는 조건을 보장해주는 것이 중요하다는 견해 역시 같은 취지로 이해할 수 있다(고봉진, 2008).

(4) 자유주의적 법치주의, 사회적 법치주의, 협력적 법치주의에서의 인간의 존엄

이러한 '인간의 존엄과 가치'에 대한 이해를 법치주의의 발전 단계에 따라 이해하는 입장이 있다(김성수, 2014). 이 견해는 19세기의 자유주의적 법치주의, 20세기의 사회적 법치주의, 21세기의 협력적 법치주의로의 진전에 따라 인간 존엄의 의미도 확장되고 있다고 설명한다. 이를 구체적으로 살펴보면 다음과 같다.

자유주의적 법치주의에서 인간의 존엄은 인간의 자유와 자율적 의사의 실현을 본질적 내용으로 하는 것으로 이해되었다. 따라서 법은 이러한 인간의 자유와 자율적 의사를 보호하기 위하여 국가권력의 남용을 방지하는 역할에 중점이 있었다(김성수, 2014). 이후 사회적 법치주의에 있어 인간의 존엄은 자유주의적 법치주의와 마찬가지로 인간의 자율성과 자기결정권의 보장을 핵심적 가치로 하면서도 인간다운 생활을 할 권리(헌법 제34조) 등 생존을 강조하는 내용으로 발전되었다. 이에 법의 역할 또한 인격적 자율성을 보장하는 것에 그치지 않고 국민의 인간다운 생활 및 생존권의 보장에까지 확대되었다(김성수, 2014). 현재의 협력적 법치주의에서는 인간의 존엄과 가치의 내용으로 "국가의 중요한 정책이나 의사결정에 집단적인 의사표시를 통하여 자기결정권을 행사하는 측면"을 강조한다. 따라서 협력적 법치주의에서 인간의 존엄을 실현하기 위한 법의 역할은 개인이 자기결정권을 행사하여 자신의 문제를 주체적으로 해결할 수 있는 절차와 방법을 마련하는데 중점이 있다(김성수, 2014).

이외에도 인간의 존엄성을 자유권·법치국가 원리, 평등권, 사회적 기본권·사회국가 원리, 참정권·민주주의 원리로 구분하여 살펴본 선행연구(한수웅, 2007)도 이와 유사한 입장이라 할 수 있다.

3) 인간의 존엄과 가치의 법적 성격

(1) 헌법 질서의 이념적 기초

'인간의 존엄과 가치'는 모든 기본권의 이념적 기초이자 헌법의 핵심적 가치이며 민주주의의 출발점이다. 즉 모든 기본권의 기초가 되는 것이 인간의 존엄이며, 따라서 인간의 존엄과 가치는 헌법의 근본 가치가 된다. 민주주의 역시 인간의 존엄 내지 국민의 존엄을 출발점으로 삼고 있다(장영수, 2014).

또한 인간의 존엄과 가치는 헌법 질서를 구성하는 기준과 지침이 되는데, 헌법 질서를 구체화하고 형성함에 있어 방향과 기준이 된다. 헌법 조항과 법령의 의미 등이 문제되는 경우 해석의 기준이 되며, 헌법 조항과 법령의 흠결이 문제되는 경우 보완을 위한 기준이 된다.

인간의 존엄과 가치는 국가작용 통제의 근거로서도 작용한다. 국가작용은 인간의 존엄과 가치를 침해해서는 안 되며, 기본권 제한 및 헌법개정의 한계가 된다.

(2) 구체적 권리

인간의 존엄과 가치는 이처럼 헌법 질서의 이념적 기초로서의 지위를 갖는다. 그러나 이념적 성격만을 갖는 것은 아니며, 구체적 기본권으로서의 성격도 가진다.[12] 즉 인간의 존엄과 가치를 침해하는 국가 작용에 대한 방어권을 개인에게 부여하며(김하열, 2017), 이러한 침해에 대해서는 법원의 재판이나 헌법소원심판을 통해 구제받을 수 있다. 그러나 주관적 권리로서의 인간의 존엄과 가치의 보호 영역이 무엇인지 확정하기 어려운 측면이 있다.

인간의 존엄과 가치에 대한 직접적 침해에 대한 헌법적 대응을 함에 있어 다른 개별 기본권(생명권, 신체의 자유 등)의 침해의 문제로 처리할 것인지, 인간의 존엄과 가치에 의한 보호는 인격권의 최소한의 핵심 영역(고문, 인신매매, 생체실험, 대량 학살, 인간복제, 위안부 문제 등)으로 제한할 것인지, 존엄권을 따로 인정하는 경우 개별 기본권의 침해로 볼 때와 달라지는 점은 무엇인지 등의 문제가 제기된다. 예컨대, 우발적 살인과 인간의 존엄을 보다 침해하는 고문치사를 별도로 취급하는 문제 등이 이에 해당한다.

(3) 개별 기본권을 통한 구체화

개별 기본권은 인간의 존엄과 가치를 구체화하는 것으로 이해할 수 있다. 즉 인간의 존엄은 인격적 자율성과 존엄의 평등으로 나타나고, 모든 개별 기본권들은 직·간접적으로 인간의 존엄과 가치의 실현과

12 인간의 존엄의 객관적 헌법원리로서의 성격보다 구체적 기본권으로서의 성격을 강조하는 입장으로 이부하, 인간의 존엄 개념에 관한 헌법이론적 고찰: 독일 헌법학이론을 분석하며, 성균관법학 제26권 제2호, 2014. 이에 반해 인간의 존엄을 구체적 기본권으로 보는데 비판적인 견해로 조소영, 기본권 규범구조에서의 '인간의 존엄성'의 지위: 헌재 2016. 12. 29. 2013헌마142 결정에 대하여, 공법연구 제48집 제1호, 2019, 한수웅, 헌법 제10조의 인간의 존엄성, 헌법학연구 제13권 제2호, 2007.

관련되어 있으며, 인간의 존엄과 가치는 개별 기본권 규정의 해석·적용에 있어 지도적 원리·지침으로 작용하게 된다. 또한 개별 기본권과 인간의 존엄과 가치의 관계는, 개별 기본권이 있고 그로서 효과적인 보호가 이루어진다면 인간의 존엄과 가치는 개별 기본권에 대해 보충적 성격을 가지게 된다(장영수, 2014).

또한 인간의 존엄과 가치는 이른바, 열거되지 않은 자유와 권리(헌법 제37조 제1항)의 기본권성을 인정하는 기준이 된다. 즉 인간의 존엄과 가치는 어떠한 가치나 이익이 기본권으로 인정될 수 있는지를 판단하는 기준으로서의 의미를 가지며, 헌법 제37조 제1항[13]과 결합하여 해석상 열거되지 않은 기본권을 도출하는 근거가 된다.

4) 주된 논의 영역

인간의 존엄과 가치에 대한 논의는 안락사(김영환, 2020), 형사제재(김종구, 2019; 심재우, 1998), 배아연구 등 생명윤리(방승주, 2008; 서종희, 2011; 최민영, 2016; 최희수, 2010), 낙태(이재명, 2017), 노동(윤현식, 2017; 이계수, 2017), 동성혼(정영화, 2017) 등 다양한 분야에서 논의되고 있다.

인간의 존엄성에 대한 침해를 판단하는 헌법재판소의 기준은 국민을 인간으로 존중하지 않고 비인간적 존재 내지 사물로 취급하였는지 여부이다. 이에 대한 사례들을 유형화하면 개인을 모욕감이나 수치심 등을 야기하는 방식으로 취급하는 것, 개인의 인격적 자율성과 자기

13 헌법 제37조 제1항: 국민의 자유와 권리는 헌법에 열거되지 아니한 이유로 경시되지 아니한다.

결정권을 침해하는 것, 일반적 행동의 자유를 침해하는 것, 개인을 단순한 객체나 수단으로 취급하는 것, 비례성을 위반하여 과도한 처벌을 하는 것, 인간다운 생활을 영위하기 위한 필요최소한의 생존배려(Daseinsvorsorge)를 하지 않은 경우(과소보호금지원칙 위반) 등으로 구분할 수 있다(김명재, 2014).

이러한 유형들 중 헌법재판소가 인격적 자율성 내지 침해와 과소보호금지원칙 위반을 인간 존엄의 침해라고 본 결정례의 주요 논증 기준은 다음과 같다. 먼저 사죄광고제도의 위헌성과 관련하여 헌법재판소는 "자연인이든 법인이든 인격의 자유로운 발현을 위해 보호받아야 할 인격권이 무시되고 국가에 의한 인격의 외형적 변형이 초래되어 인격 형성에 분열이 필연적으로 수반되게 된다. 이러한 의미에서 사죄광고제도는 헌법에서 보장된 인격의 존엄과 가치 및 그를 바탕으로 하는 인격권에 큰 위해도 된다고 볼 것"이라고 판시하였다.[14] 또한 일방적으로 부의 성을 사용할 것을 국가가 강제하는 것은 개인의 인격권과 존엄을 침해하며,[15] 동성동본금혼규정 역시 자기결정권을 침해하여 인간의 존엄과 가치 및 행복추구권을 규정한 헌법 이념을 위반한다고 보았다.[16]

국가유공자에게 부가연금, 생활조정수당 등의 지급을 정지하도록 한 구 국가유공자등예우및지원에관한법률 규정의 위헌성을 판단함에 있어서는 "기본권 제한에 있어서 인간의 존엄과 가치를 침해한다거나

14 헌법재판소 1991. 4. 1. 89헌마160 결정.

15 헌법재판소 2005. 12. 22. 2003헌가5 등 결정.

16 헌법재판소 1997. 7. 16. 95헌가6 등 결정.

기본권 형성에 있어서 최소한의 필요한 보장조차 규정하지 않음으로써 결과적으로 인간으로서의 존엄과 가치를 훼손한다면, 헌법 제10조에서 규정한 인간의 존엄과 가치에 위반된다고 할 것이다"라고 판시하였다.[17]

독일 연방헌법재판소(Bundesverfassungsgericht)는 인간의 존엄과 사회국가 원리를 결합하여 인간다운 삶을 위한 최소 조건을 제공하는 것은 국가의 의무이고, 개인은 이에 대응하는 기본권을 갖는다고 보았다.[18]

헌법재판소의 인간 존엄의 적용은 남용된다고 말할 수 있을 정도로 다양한 맥락으로 많이 적용되고 있다. 또한 헌법재판소 결정문에 나타난 인간 존엄의 의미는 다양하고 모호하다는 것이 일반적인 평가이다(김명재, 2014; 이상수, 2019).

5) 제한

주관적 권리로서의 인간의 존엄과 가치를 헌법 제37조 제2항에[19] 근거하여 합헌적으로 제한할 수 있는지 또한 문제된다. 인간의 존엄과 가치는 법률에 의한 기본권 제한의 최후의 한계이며 기본권의 본질적 내용에 해당하므로, 법률에 의해 인간의 존엄과 가치를 제한하는 것은

17 헌법재판소 2000. 6. 1. 98헌마216 결정; 2008. 10. 30. 2006헌바35 결정

18 BVerfGE 82, 60; 125, 175.

19 헌법 제37조 제2항: 국민의 모든 자유와 권리는 국가안전보장·질서유지 또는 공공복리를 위하여 필요한 경우에 한하여 법률로서 제한할 수 있으며, 제한하는 경우에도 자유와 권리의 본질적인 내용을 침해할 수 없다.

허용되지 않는다는 입장(허영, 2016; 홍성방, 2020)과 인간의 존엄과 가치도 다른 기본권과 같이 법률에 근거하여 제한할 수 있다는 입장(김하열, 2020; 김민배, 2020)도 있다.

생각건대, 인간의 존엄과 가치가 문제되는 사안 중에서 그와 대립되는 가치나 이익이 매우 중대하여 형량을 필요로 하는 경우가 있을 수 있다. 그러한 영역으로 유전자공학, 생명의학, 테러, 안전 등의 분야를 들 수 있다(김하열, 2020; 김민배, 2020).

6) 소결

지금까지 인간의 존엄과 가치의 역사적 배경, 의의, 법적 성격, 주된 논의 영역 및 그 제한에 대한 내용을 살펴보았다. 헌법 제10조 시대의 의미를 이해하는데 있어서는 현재에 있어서의 인간의 존엄과 가치의 의의와 그 법적 성격이 중요한 의미를 갖는다.

인간의 존엄과 가치는 인격적 자율성과 존엄에 있어서의 평등을 내용으로 하며, 인격적 자율성의 핵심은 자기결정권의 보장이다. 이때의 인격적 자율성은 공적·사적 자율성을 포괄하며, 이를 가능하게 하는 최소한의 물질적 보장도 그 내용으로 한다. 또한 협력적 법치주의에 있어서는 국가정책 등에 대한 참여를 통해 자기결정권을 실현하는 것이 강조되고 있으며, 공적 자율성은 다양하고 적정한 참여 절차의 보장을 통해 실현될 수 있다.

이러한 인간의 존엄과 가치는 헌법질서의 최고 이념으로서 모든 기본권의 기초이자 헌법의 핵심적 가치이며, 헌법원리인 민주주의 역시 인간의 존엄과 가치에서 출발하고 있다. 이러한 객관적 원칙으로서의 성격과 함께 인간의 존엄과 가치는 구체적이고 주관적인 권리로서의 성격을 가지며, 침해에 대한 방어 가능성을 부여하고 있다.

그리고 모든 사람이 인간이라는 그 자체만으로 존엄한 존재로서 존중되어야 하고, 수단이 아닌 목적 자체로 인정받아야 한다는 헌법적 요청은 17~18세기 근대 시민혁명 이래로 헌법의 근본 가치를 구성한다. 이는 민주주의의 발달과 궤를 같이 하는데, 민주주의 원리가 지향하고 실현하고자 하는 이념 내지 가치는 바로 인간의 존엄성과 자유와 평등으로 구체화되는 기본권이기 때문이다. 인격주의를 전제로 하는 인간에 대한 이해를 바탕으로 국민은 주권자로서 헌법을 제정할 수 있는 권력을 행사하고, 선거권과 공무담임권 등을 통하여 민주적 의사형성 과정의 주체로서 참여할 수 있는 자격을 향유하며, 사회적 기본권을 통하여 인간다운 생활을 향유할 수 있는 적극적 급부청구권을 국가에게 행사할 수 있다. 이와 같이 민주주의와 법치국가 원리와 결합하여 국가의 존재 이유이자 근본적인 출발점으로서 헌법 제10조 인간의 존엄과 가치의 의의를 찾을 수 있을 것이다.

2. 행복추구권

1) 역사적 배경

행복추구권은 근대 인권선언에서 가장 핵심적인 인권이었다. 그러나 인권 목록이 다양해지고, 포괄적이고 추상적인 인권인 행복추구권의 법적 권리로서의 한계로 인해 행복추구권에 대한 관심이 약화되었다. 이는 행복의 추구가 중요하지 않게 되었기 때문이 아니라, 개인의 행복 추구를 행복추구권이 아닌 다른 기본권에 근거하여 보장하는 것이 보다 효과적일 것이라는 생각이 지배적이었기 때문이다(장영수, 2014).

비교법적으로 살펴보면, 행복추구권을 헌법에 명문화한 경우는 많지 않으며, 1980년 제8차 개헌을 통해 우리 헌법에 도입될 때도 그 역사적 배경이나 의도에 대해 많은 논란이 있었다. 그러나 행복추구권은 현행 헌법에도 유지되고 있으며, 행복추구권의 의미에 대한 이해와 현재의 기본권 체계에서 행복추구권은 어떠한 실현 구조를 갖는지는 헌법이론과 실무의 중요한 과제이다.

(1) 근대 인권선언과 행복추구권

17~18세기의 근대 인권선언에는 자유권이 주로 명시되었으며, 특히 생명, 자유 및 재산에 대한 보호를 강조하였다. 또한 개별 인권선언에서 신체, 종교, 언론의 자유 등을 포함하기도 하였고, 각국의 상황에 따라 학문의 자유와 예술의 자유 같은 새로운 인권들의 추가도 있었다.

행복추구권을 최초로 명시한 1776년 버지니아 권리장전(Virginia Bill of Rights)에서는 행복을 추구하고 가질 권리(inherent rights of pursuing and obtaining happiness)를 담았으며,[20] 같은 해 미국 독립선언문(De-

20 버지니아 권리장전 제1조: 모든 인간은 평등하고 자유롭게 태어났으며, 독립적이고 불가침의 특정한 권리를 가지는데, 이는 재산을 취득하고 소유하며, 행복과 안전을 추구하고 가짐으로써 생명과 자유를 향유할 권리이다(That all men are by nature equally free and independent, and have certain inherent rights,

claration of Independence)도 행복추구권(unalienable Rights of pursuit of Happiness)을 명시하였다.[21]

(2) 현대 헌법과 행복추구권

행복추구권은 각국 헌법에 보편적으로 수용되어 있지는 않다. 일본 헌법과[22] 한국 헌법에 규정된 정도이며, 미국의 경우 연방헌법에는 명시적 규정이 없고 대부분의 주 헌법에서는 이를 규정하고 있다.

행복추구권이 현대 헌법에 보편적으로 수용되지 않은 이유는 행복추구권의 보호 대상이 되는 활동이 매우 다양해서 행복추구권으로 획일적으로 취급하는 것이 어렵고 내적 충돌이 발생할 수도 있으며, 세분화된 개별 기본권에 의해 각자의 행복을 추구하는 것이 가능할 수 있기 때문이라고 이해할 수 있다.

그러나 헌법상 명문화된 기본권에 의해 행복의 추구가 공백 없이 보호되고 있다고 보기는 어렵다. 따라서 행복추구권의 역할이 인정될 여지가 있다. 독일의 경우에는 이러한 생활영역을 행복추구권

…; namely, the enjoyment of life and liberty, with the means of acquiring and possessing property, and pursuing and obtaining happiness and safety.).

21 미국 독립선언문 제2조: 모든 인간은 평등하게 태어났으며, 그들의 창조주로부터 불가양의 권리를 부여받았는데, 이에는 생명, 자유 및 행복추구가 있다(… all men are created equal, that they are endowed by their Creator with certain unalienable Rights, that among these are Life, Liberty, and the pursuit of Happiness.).

22 일본 헌법 제13조: 모든 국민은 개인으로서 존중된다. 생명, 자유 및 행복추구에 대한 국민의 권리는 공공복리에 반하지 않는 한 입법과 국정에서 존중되어야 한다(すべて國民は,個人として尊重される.生命,自由及び幸福追求に對する國民の權利については,公共の福祉に反しない限り,立法その 他の國政の上で,最大の尊重を必要とする).

이 아닌 인격의 자유로운 발현권(das Recht auf die freie Entfaltung seiner Persönlichkeit)에 의해 보호하며, 우리의 경우 행복추구권이 도입되지 않았던 1980년 이전에는 열거되지 않은 자유와 권리를 통해 보호하였다.

행복이란 매우 주관적인 것이며 이를 법적으로 객관화하기는 어렵기 때문에 행복추구권은 '행복 자체'를 보호의 대상으로 하는 것이 아니라 '자신의 주관적인 행복을 추구하는 개인의 활동'을 보호 대상으로 한다. 그러나 행복의 추구 역시 개인에 따라 매우 다양한 형태로 이루어지기 때문에 이를 보장하는 행복추구권 역시 매우 광범위하고 다양한 내용을 포함하게 된다.

(3) 제5공화국 헌법의 행복추구권 도입의 의미

앞서 살펴본 바와 같이 1962년 제3공화국 헌법에 '인간으로서의 존엄과 가치'에 대한 규정을 도입할 당시에는 행복추구권을 규정하지 않았고, 이는 1980년 제5공화국 헌법(제8차 개정헌법)[23]에서 처음 도입되었다. 도입 당시부터 현재까지 행복추구권의 의의와 보호 영역, 그 본질과 법적 성격 등에 대해서는 논의가 이어지고 있다.

행복추구권의 도입 당시 헌법학계의 비판이 적지 않았다. 너무나 당연한 사항을 규정함으로써 불필요한 의문을 야기하며, 다른 기본권들과 내용이 중첩되고, 행복추구권을 도입함으로써 새로이 보호되는 내용이 존재하지 않는다는 것이 그 내용이었다. 현재 개헌 논의에 있어서도 행복추구권의 삭제를 주장하는 견해가 상당수 존재한다.[24]

23 대한민국헌법 [시행 1980. 10. 27.] [헌법 제9호, 1980. 10. 27., 전부개정].

24 그럼에도 불구하고 2018년에 국회에 제출된 헌법개정안에 따르면 행복추구권 조

그러나 행복추구권이 헌법상의 기본권으로 명문화된 상황에서는 그 무용성의 강조보다는 의미를 최대한 실현하는 헌법 해석이 필요하고, 이는 헌법이론과 실무의 과제이다. '행복추구권'에 대한 비판적 견해가 다수 존재함에도 1980년 이후 행복추구권의 헌법적 의의와 실현구조에 대한 많은 논의가 이루어졌으며, 헌법재판소 판례를 통해 인정되고 상당히 구체화되었다.

2) 행복추구권의 법적 성격과 실현구조

(1) 포괄적 자유권인지, 자유권과 사회권을 아우르는 포괄적 기본권인지에 대한 논의

다수의 헌법학자들은 행복추구권을 포괄적 자유권으로 이해한다. 행복추구권과 다른 개별적 자유권과의 관계를 일반-특별의 관계로 보아 행복추구권이 보충적 성격을 갖는다고 주장한다. 헌법재판소도 동일한 입장을 취하고 있다. 다음의 판례들은 헌법재판소의 행복추구권에 대한 입장을 보여주고 있다.

> "헌법(憲法) 제10조의 행복추구권은 국민이 행복을 추구하기 위하여 필요한 급부를 국가에게 적극적으로 요구할 수 있는 것을 내용으로 하는 것이 아니라, 국민이 행복을 추구하기 위한 활동을 국가권력의 간섭없이 자유롭게 할 수 있다는 포괄적(包括的)인 의미의 자유권으로서의 성격을 가지므로 국민에 대한 일정한

항은 현행 헌법 제10조와 동일한 내용으로 유지되었다.

보상금의 수급기준을 정하고 있는 이 사건 규정이 행복추구권을 침해한다고 할 수 없다."[25]

"행복추구권은 다른 기본권에 대한 보충적 기본권으로서의 성격을 지니고 특히 어떠한 법령이 수범자의 직업의 자유와 행복추구권 양자를 제한하는 외관을 띠는 경우 두 기본권의 경합 문제가 발생하는데, 보호영역으로서 '직업'이 문제되는 경우 행복추구권과 직업의 자유는 서로 일반특별관계에 있어 기본권의 내용상 특별성을 갖는 직업의 자유의 침해 여부가 우선하여 행복추구권 관련 위헌 여부의 심사는 배제되어야 하는 것이므로, 이 사건에 있어서 청구인들이 게임제공업을 영위하는 행위가 직업의 자유의 보호영역에 포함된다고 보아 앞서 그 침해 여부를 판단한 이상, 행복추구권의 침해 여부를 독자적으로 판단할 필요가 없다."[26]

그러나 한편으로는 행복추구권의 보호 범위를 사회권까지 확대하자는 주장도 제기되고 있다(이재승, 2008). 먼저 행복추구권은 인간의 존엄과 가치와 함께 최고의 기본권 규정이며, 행복추구권은 행복과 연계된 정치, 경제, 사회, 문화, 종교 등 전 영역에서 구체적 권리의 기초가 될 수 있다는 입장이다. 이 견해에 따르면 행복추구권은 자유주의적 기본권 측면에서는 기성의 이념이나 윤리 등에 대항하는 표현권으로서의 의미가 크고, 생존과 관련하여 사회적 기본권의 지향점으로서

25 헌법재판소 1995. 7. 21. 93헌가14 결정.

26 헌법재판소 2008. 11. 27. 2005헌마161 결정.

의 의미를 가지며, 공적 영역에의 참여의 관점에서는 민주주의를 지향하는 참여권으로서의 의미를 갖는다고 주장한다. 이 견해에 따르면 행복추구권은 개별 기본권의 보충적 지위에 있는 기본권이 아니라, 모든 기본권을 지도하고 포괄하는 적극적 차원에서 이해하는 것으로 볼 수 있다.

또 다른 견해로는 행복추구권이 자유권과 사회권을 포함하는 포괄적 기본권으로서의 성격을 갖는 것은 아니지만, 인간의 존엄성을 보장할 수 있는 '최소한의 생활보호청구권'이라는 구체적 권리의 근거로 작용하는 것은 헌법의 체계와 내용에 부합할 수 있다고 보는 입장이다(유은정, 2016). 헌법의 최고 이념인 인간의 존엄과 가치와 이를 구체화하는 행복추구권이 헌법 제34조(인간다운 생활을 할 권리)와 함께 최소한의 생활보호의 헌법적 근거가 될 수 있다면 사회적 기본권이기 때문에 구체적 권리로서의 성격이 인정되지 않아 실효적인 권리구제가 이루어지지 않았던 한계[27]를 극복할 수 있을 것이라는 입장이다.[28]

그러나 이처럼 행복추구권을 사회권의 근거로 하는 경우, 왜 헌법 제10조의 인간의 존엄과 가치가 아닌 행복추구권이 근거가 되는지에 대한 비판이 제기된다(장영수, 2017). 따라서 행복추구권을 사회권의 근

27 헌법재판소 2002. 12. 18. 2002헌마52 결정: 국가에게 헌법 제34조에 의하여 장애인의 복지를 위하여 노력을 해야 할 의무가 있다는 것은, 장애인도 인간다운 생활을 누릴 수 있는 정의로운 사회질서를 형성해야 할 국가의 일반적인 의무를 뜻하는 것이지, 장애인을 위하여 저상버스를 도입해야 한다는 구체적 내용의 의무가 헌법으로부터 나오는 것은 아니다.

28 인간다운 생활을 할 권리의 구체적 권리성을 인정하여 행복추구권을 최저생활보호의 근거로 해서는 안 된다는 입장으로 김명식, 행복추구권에 대한 헌법개정 논의, 홍익법학 제18권 제1호, 2017.

거로 보는 경우 인간의 존엄과 가치와 결합하여 이해하는 것이 타당할 것이라 생각된다.

(2) 일반적 행동의 자유로서 행복추구권

'일반적인 행동의 자유'는 개별 기본권을 통해 보호되는 행동의 자유, 예컨대 종교의 자유, 학문의 자유, 정치적 기본권, 직업수행의 자유 등과 구별하기 위한 의미를 갖는다. 헌법에 명시된 개별 기본권에 의해 보호되는 활동은 아니지만 기본권으로서 보호할 가치가 있는 행동의 자유가 행복추구권에 근거하여 보장될 수 있다. 즉 이는 인간의 존엄과 가치의 실현 및 개인의 행복추구를 위해 필요한 행동의 자유이고, 이것이 타인의 기본권을 침해하지 않는다면 행복추구권에 의해 보호될 수 있다.[29] 예컨대 수형자의 접견권, 휴식권, 혐연권 등이 이에 해당한다.

> "수형자가 갖는 이러한 접견권은 타인과 교류하는 인간으로서의 기본적인 생활관계가 인신의 구속으로 완전히 단절되어 정신적으로 황폐하게 되는 것을 방지하기 위하여 보장되어야 하는 인간으로서의 기본적인 권리이고, 이는 비록 헌법에 열거되지는 아니하였지만 헌법 제10조의 행복추구권에 포함되는 기본권의 하나로서의 일반적 행동자유권으로부터 나온다고 할 것이다."[30]

29 자기결정권을 행복추구권의 내용으로 보는 것에 대해 비판적인 견해로 김일환, 자기결정권의 도출근거에 관한 헌법재판소 결정의 비판적 검토, 미국헌법연구 제25권 제2호, 2014.

30 헌법재판소 2009. 9. 24. 2007헌마738 결정.

(3) 행복추구권과 자기결정권

행복추구권은 일반적 행동의 자유 외에 자기결정권을 중요한 내용으로 한다. 즉 스스로 자신의 삶을 결정할 수 있는 인격적 자율성이 일반적 행동의 자유와 함께 행복추구권의 핵심을 이룬다. 헌법재판소 역시 이러한 입장을 취하고 있다.

> "헌법 제10조가 정하고 있는 행복추구권에서 파생되는 자기결정권 내지 일반적 행동자유권은 이성적이고 책임감 있는 사람의 자기 운명에 대한 결정·선택을 존중하되 그에 대한 책임은 스스로 부담함을 전제로 한다. 자기책임의 원리는 이와 같이 자기결정권의 한계논리로서 책임부담의 근거로 기능하는 동시에 자기가 결정하지 않은 것이나 결정할 수 없는 것에 대하여는 책임을 지지 않고 책임부담의 범위도 스스로 결정한 결과 내지 그와 상관관계가 있는 부분에 국한됨을 의미하는 책임의 한정원리로 기능한다. 이러한 자기책임의 원리는 인간의 자유와 유책성, 그리고 인간의 존엄성을 진지하게 반영한 원리로서 그것이 비단 민사법이나 형사법에 국한된 원리라기보다는 근대법의 기본이념으로서 법치주의에 당연히 내재하는 원리로 볼 것이고, 헌법 제13조 제3항은 그 한 표현에 해당하는 것으로서 자기책임의 원리에 반하는 제재는 그 자체로서 헌법위반을 구성한다."[31]

> "헌법 제10조는 "모든 국민은 인간으로서의 존엄과 가치를 가지

31 헌법재판소 2011. 9. 29. 2010헌마68 결정.

며, 행복을 추구할 권리를 가진다"라고 규정하여 모든 기본권 보장의 종국적 목적(기본이념)이라 할 수 있는 인간의 본질이며 고유한 가치인 개인의 인격권과 행복추구권을 보장하고 있다. 그리고 개인의 인격권, 행복추구권에서 개인의 자기결정권이 파생된다."[32]

이처럼 자기결정권이 행복추구권으로서 헌법적 의미를 갖기 위해서는 자기결정권의 내용이 법적으로 보호 가치가 있어야 하고, 자기결정권에 의해 보호되는 내용이 헌법에 명시된 개별 기본권에 의해 보호되지 않는 내용이어야 하며, 일반적 행동의 자유와 구별될 수 있어야 한다. 헌법재판소는 '행복추구권'과 '인간의 존엄과 가치'를 결합하여 자기결정권을 도출하고 있다(송길웅, 2004; 임지봉, 2003).

3) 행복추구권과 다른 기본권과의 관계

헌법 체계 내에서 행복추구권과 다른 기본권과의 관계가 어떻게 설정되어야 하는지의 문제가 검토되어야 하며, 특히 인간의 존엄과 가치(헌법 제10조) 및 열거되지 않은 자유와 권리(헌법 제37조 제1항)와의 관계가 체계적으로 설정되어야 한다.

(1) 행복추구권과 인간의 존엄과 가치

같은 헌법 제10조에 규정된 인간의 존엄과 가치와의 관계를 살펴보

32 헌법재판소 2015. 11. 26. 2012헌마940 결정.

면, 인간의 존엄과 가치는 모든 기본권의 기초이다. 따라서 행복추구권 역시 인간의 존엄과 가치에 근거한다. 앞서 살펴본 바와 같이, 행복추구권은 일반적 행동의 자유와 자기결정권을 내용으로 하고, 따라서 인간의 존엄과 가치에 근거를 두고 있다. 특히 포괄적인 자유로서의 행복추구권은 다른 개별 기본권들과 비교하여 인간의 존엄과 가치를 일차적으로 구체화한 것이라고 이해할 수 있다(장영수, 2017).

(2) 행복추구권과 열거되지 않은 기본권

행복추구권이 독자적인 기본권으로서의 성격을 갖는지와 관련하여 헌법 제37조 제1항에 근거한 이른바, 열거되지 않은 기본권과의 문제가 검토되어야 한다. 우리 헌법상 열거되지 않은 기본권에 대한 규정은 행복추구권의 도입 당시 그 무용성을 주장한 근거가 되었다.

성적 자기결정권 등의 근거로 행복추구권과 열거되지 않은 자유와 권리를 함께 제시하는 방법을 주장하는 견해가 있다(장영수, 2017). 그러나 헌법재판소는 앞서 살펴 본 바와 같이 헌법에 명시되지 않은 기본권의 근거로 열거되지 않은 권리(헌법 제37조 제1항)는 배제하고 인간의 존엄과 가치 및 행복추구권(헌법 제10조)을 제시하고 있다.

4) 소결

지금까지 행복추구권의 역사적 배경, 법적 성격과 실현 구조 및 다른 기본권과의 관계를 살펴보았다. 헌법 제10조 시대의 의미를 이해하기 위해서는 행복추구권의 법적 성격과 실현 구조에 대한 내용이 중요하다.

행복추구권을 포괄적 자유권(일반적 행동의 자유, 자기결정권 등)으로 이해하는 것이 헌법학계의 일반적인 입장이나, 행복추구권은 행복과 연계된 전 영역에서 구체적 권리의 기초가 될 수 있다고 보고, 자유권뿐 아니라 사회적 기본권과 민주주의의 지향점이 된다는 견해, 헌법 제34조와 결합하여 최소한의 생활보장의 근거가 된다는 견해 등도 함께 제시되고 있다. 행복추구권이 이러한 성격을 갖는다고 보는 경우에는 모든 기본권의 이념적 기초로서의 성격을 갖는 인간의 존엄과 가치와 결합하여 이해하는 것이 필요하다. 일반적 행동의 자유와 함께 행복추구권의 핵심적 내용인 자기결정권의 경우에도 인간의 존엄과 가치와 결합하여 이해할 수 있을 것이다.

제2장 헌법 제10조 시대 개막의 의미

1. 헌법 제10조 시대의 의미

지금까지 헌법 제10조에 규정된 인간의 존엄과 가치 및 행복추구권에 대해 살펴보았다. 인간의 존엄과 가치는 헌법질서의 최고 이념으로서 모든 기본권의 기초이자 헌법의 핵심적 가치이며, 헌법원리인 민주주의 역시 인간의 존엄과 가치에서 출발하고 있다. 인간의 존엄과 가치는 개인의 인격적 자율성과 존엄에 있어서의 평등을 내용으로 하며, 인격적 자율성은 공적·사적 자율성과 이를 가능하게 하는 최소한의 물질적 보장을 포괄한다. 즉 인격적 자율성은 개인적 차원의 자유뿐 아니라 공적 영역에의 참여를 통한 자기결정권의 실현을 포함하며, 이를 가능하게 하는 참정권 및 사회적 기본권의 실현도 내용으로 한다.

일반적 행동의 자유와 자기결정권을 핵심으로 하는 행복추구권은 인간의 존엄과 가치에 근거하고 이를 일차적으로 구체화하는 기본권이다. 행복추구권을 사회권의 근거로 보는 경우에는 인간의 존엄과 결합하여 검토되어야 한다.

이러한 인간의 존엄과 가치 및 행복추구권의 법적 해석에 근거할 때, 헌법 제10조 시대는 국민의 기본권과 헌법 가치 및 민주주의가 실질적으로 실현되는 시대를 의미한다. 특히 국민의 인격적 자율성과 존엄에 있어서의 평등, 행복 추구가 보장되고 실현되는 시대를 뜻한다.

헌법 제10조는 제1문에서 인간의 존엄과 가치 및 행복추구권을 규정하고, 제2문에서 "국가는 개인이 가지는 불가침의 기본적 인권을 확인하고 이를 보장할 의무를 진다"라고 명시하여 국민의 기본권 보장을 위한 국가의 의무를 확인하고 있다. 그리고 국민의 관점에서 헌법 제10조 시대는 헌법 제1조에 규정된 국민주권과 결합하여 이해되어야 한다. 즉 국민의 존엄과 가치 및 행복추구권을 보장하는 국가는 국민에 의해 만들어지기 때문이다. 이러한 국민은 제5장에서 자세하게 살펴 볼 '적극적 시민'과 맞닿아 있다.

2. 헌법 제10조 시대와 적극적 시민

적극적 시민의 개념과 내용에 대해서는 제5장에서 자세히 살펴본다. 이 연구에서 적극적 시민성의 내용은 Lindqvist and Sepulchre (2016)의 연구에서 제시하고 있는 자율, 안정, 영향의 세 가지 차원이다. 자율은 스스로의 욕구를 정의하고 자신이 삶의 가치를 적극적으로 추구할 수 있는 상태를 뜻하며, 안정은 사회적 위험과 위해로부터 개인이 보호되는 상태이며, 영향은 자신이 속한 사회와 공동체의 의사결정 및 숙의 과정에 참여할 수 있는 상태로 정의한다.

이러한 자율, 안정, 영향의 차원은 앞서 살펴 본 인간의 존엄과 가치 및 행복추구권의 내용과 관련된다. 인간의 존엄과 가치 및 행복추구권에 근거한 인격적 자율성은 적극적 시민성인 자율, 안정, 영향과 그 내용을 공유한다. 인격적 자율성은 개인이 외부의 간섭 없이 자신의 의사에 따라 선택할 수 있는 능력이며, 헌법적 측면에서는 개인의 자아

실현 및 민주주의와 관련된 기본권의 이론적 근거가 되기 때문이다.

또한 사회국가 원리에 따라 많은 국가의 헌법에서 최소한의 물질적 급부를 보장하는 사회적 기본권을 규정하고 있다. 이는 인간의 자율성의 실질적 실현을 위해서는 최소한의 인간다운 삶이 전제되어야 한다는 것을 반영한 것이라 할 수 있으며, 적극적 시민성 중 안정과 연계되는 내용이다. 인격적 자율성은 공적·사적 자율성뿐 아니라 이를 가능하게 하는 최소한의 물질적 급부를 포함하기 때문이다.

헌법 제10조 시대에서 국가는 개인이 적극적 시민성을 가질 수 있는 틀을 조성하고 실현하며, 이를 지속시킬 의무를 부담하고, 적극적 시민은 자신의 삶과 공동체의 문제를 스스로 해결해갈 수 있는 역량을 갖춘 시민이라 할 수 있다.

3. 헌법 제10조 시대 실현을 위한 제언

헌법 제10조 시대를 국민의 기본권과 헌법 가치 및 민주주의가 실질적으로 실현되는 시대, 특히 국민의 인격적 자율성과 존엄에 있어서의 평등, 행복 추구가 보장되고 실현되는 시대라고 정의할 때, 헌법 제10조 시대의 실현을 위해서는 국가의 모든 정책과 입법이 전 영역에서 이러한 헌법 가치를 반영하여야 할 것이다. 이러한 측면에서 헌법 제10조 시대 실현을 위한 제언을 특정 분야에 국한하는 것은 의미가 적을 수 있으나, 현재의 협력적 법치주의에서 특히 강조되고 있는 중요 정책과 입법에의 국민 참여 측면을 이야기하고자 한다.

앞서 언급한 바와 같이 협력적 법치주의에서 인간의 존엄은 개인의 차원에 머무르지 않고 국가의 의사결정에 참여하여 자기결정권을 행사하는 것을 강조한다. 개인이 국가의 공권력 행사의 객체로서의 의미만 가진다면 인간의 존엄과 행복추구권은 실현될 수 없기 때문이다. 따라서 주권자인 국민이 민주적 의사형성 과정에 적극적으로 참여할 수 있는 다양한 제도를 적법절차 원리에 따라서 마련하고 개선하는 것이 필요하다(김성수, 2014).

예컨대, 문재인 정부에서 탈원전정책의 결정을 위해 구성·운영하였던 신고리5·6호기 공론화위원회를 계기로, 중요 정책의 결정에 있어 공론화 절차를 거치는 것에 대한 관심이 높아졌다. 공론화위원회 제도는 대의민주주의의 한계를 보완하고 참여민주주의와 숙의민주주의를 실현하는데 기여할 수 있다는 긍정적 제도로 평가될 수 있으나, 실제로 공론화 제도가 이러한 의미를 가질 수 있는 제도로 운영되기 위해서는 많은 논의와 개선이 필요한 상황이다. 숙의민주주의는 대의민주주의에 우선하는 것이 아니라 대의제의 한계를 보완하는 의미를 갖는다는 점, 공론화 제도에 관한 설계와 함께, 일상적인 숙의가 가능할 수 있는 제도적 기반이 마련되어야 한다는 점, 공론화에 대한 대상·요건·방법·절차·결과가 갖는 효력 등에 관한 일정한 기준이 필요하다는 점 등이 공론화 제도의 성공적 운영을 위한 전제로서 논의되어야 한다. 입법적으로는 공론화 제도가 법치행정 원리와 민주주의 원리에 부합하도록 제도 운영을 위한 중요 사항들이 법제화되는 것이 필요하다. 신고리5·6호기 공론화위원회의 경우 법령이 아닌 행정규칙에 근거하여 구성·운영되어 그 법적 근거와 위원회의 구성과 권한, 공론화 방식, 공론화 결과의 효과 등에 대한 문제가 제기되었다. 이는 공론화 대상과 공론화 결과가 갖는 사회적 영향력을 고려할 때, 또한 공론화

제도의 설계를 국민의 대표인 국회에게 판단권을 부여한다는 점에서도 중요한 의미를 가진다.[33]

또한 공론화위원회와 같은 특별한 참여 제도보다 더욱 중요한 것은 일반적인 참여절차인 행정절차와 국민의 실질적인 참여를 가능하게 하는 정보에의 접근권을 보장하는 것이라 하겠다. 행정절차에 관한 일반법인 행정절차법은 1996년에 제정되어 현재에 이르고 있다. 2014년 개정을 통해 국민참여 확대 노력과[34] 전자적 정책토론에[35] 대한 내용을 도입하여 행정과정에 국민참여를 활성화하고자 하는 노력을 기울였다.

또한 2019년 개정을 통해 중요한 사항들이 보완되었다. 기존에는 행정예고의 대상을 특정한 경우로 한정하였으나, 개정을 통해 정책·제도·계획의 수립·변경시 원칙적으로 예고를 하여 국민의 의견을 수렴하도록 개선되었다(제46조 제1항).

현재 국회에는 공청회 절차의 개선과 국민참여 활성화를 위한 행정절차법 일부개정법률안이 의원 발의로 제출되어 있다.[36] 개정안의 내

33 공론화위원회에 관한 공법적 연구로 김남철, 탈원전을 위한 공론화위원회의 과제, 공법연구 제46권 제3호, 2018, 김은주, 숙의 민주주의와 공론화위원회, 공법연구 제48권 제4호, 2020.

34 행정절차법 제52조: 행정청은 행정과정에 국민의 참여를 확대하기 위하여 다양한 참여방법과 협력의 기회를 제공하도록 노력하여야 한다.

35 행정절차법 제53조 제1항: 행정청은 국민에게 영향을 미치는 주요 정책 등에 대하여 국민의 다양하고 창의적인 의견을 널리 수렴하기 위하여 정보통신망을 이용한 정책토론을 실시할 수 있다.

36 허종식 의원 대표발의 행정절차법 개정안(국회 의안정보시스템 홈페이지, http://likms.assembly.go.kr/bill/billDetail.do?billId=PRC_Q2Y0J1X1N1W8S1W4M2H9G5N5R9C5Q5, 최종검색일:2021. 7. 7.)

용은 현행 행정절차법은 전자공청회는 공청회와 병행하여서만 실시하도록 규정하고 있는데, 코로나19의 확산으로 인하여 전자공청회가 아닌 대면공청회 실시가 어려워지고, 이로 인해 공청회 실시 의무가 있는 사업의 진척이 어려워진 점을 감안하여 감염 전파를 차단하기 위한 조치가 실시되면서 전자공청회가 아닌 이른바 대면공청회의 실시가 요원해짐에 따라 공청회 실시 의무가 부과된 개발사업의 진척이 어려워 관련 규정을 개정한 내용을 담고 있다. 개정안은, 전자공청회는 공청회와 병행하여서만 실시될 수 있으나(제38조의 2 제1항), 감염병의 확산 또는 해외 신종감염병의 국내 유입, 그 밖에 이와 유사한 재난 상황 등 대통령령으로 정하는 사유가 있는 경우에는 전자공청회의 실시로 제38조에 따른 공청회의 실시를 갈음할 수 있다는 예외규정을 추가하였다(제38조의 2 제2항). 주어진 상황에서 국민참여가 가능한 방식을 강구하였다는 점에서 의미가 있다.

또한 개정안은 국민 참여에 대한 요구와 기대 수준이 높아짐에 따라 행정 전 과정에 국민 참여를 보장하고 행정청의 국민참여 활성화를 위한 노력 의무를 규정하는 한편, 「민원사무 처리에 관한 법률」 등에 분산 규정되어 있는 국민의 행정 참여와 관련된 원칙·방법 등의 내용을 일괄적으로 정비하고자 하는 내용을 담고 있다. 즉 앞에서 살펴본 국민참여 확대 노력에 대한 규정을 보완하는 내용의 개정안이다. 기존의 국민참여 확대 노력에 대한 제52조를 '국민참여 보장'으로 제목을 바꾸어 보다 구체화 했으며 국민참여 활성화, 국민제안의 처리, 국민참여 창구에 대한 내용을 신설하였다. 구체적으로 그 내용을 살펴보면 다음과 같다.

행정절차법 개정안 제52조(국민참여 보장) ① 행정청은 행정에 관한 전 과정에서 국민의 의견을 적극적으로 청취하고 이를 반영하도록 노력하여야 한다.
② 행정청은 국민에게 다양한 참여방법과 협력의 기회를 제공하도록 노력하여야 한다.

제52조의 2(국민참여 활성화) ① 행정청은 제52조 제2항에 따른 구체적인 참여방법을 사전에 공표하여야 한다.
② 행정청은 국민참여 수준 향상을 위해 노력하여야 하며, 필요한 경우 자체 진단을 통해 국민참여를 활성화 하여야 한다.
③ 행정청은 국민참여 활성화를 위하여 교육·홍보, 예산·인력 확보 등 필요한 조치를 할 수 있다.
④ 행정안전부장관은 국민참여 확대를 위하여 제2항에 따른 행정청의 자체 진단 과정과 결과를 확인 및 점검하고 그 결과를 공개할 수 있으며 행정청에 대하여 컨설팅, 교육·홍보, 포상, 예산·인력 확보 등을 지원할 수 있다.

제52조의 3(국민제안의 처리) ① 행정청은 정부시책이나 행정제도 및 그 운영의 개선에 관한 국민제안을 접수·처리하여야 한다.
② 제1항에 따른 국민제안의 운영 및 절차 등에 필요한 사항은 국회규칙, 대법원규칙, 헌법재판소규칙, 중앙선거관리위원회규칙 및 대통령령으로 정한다.
제53조의 2(국민참여 창구) ① 행정청은 주요 정책 등에 관한 국민과 전문가의 의견을 듣거나 참여할 수 있는 온라인 또는 오프라

인 창구를 설치·운영할 수 있다.

② 행정안전부장관은 제1항에 따른 행정청의 국민참여 창구를 연계한 국민참여 플랫폼을 설치·운영할 수 있다.

③ 행정안전부장관은 제2항에 따른 업무를 수행하기 위하여 각 행정청에 제52조의 3에 따라 접수한 국민제안에 관한 정보 등 대통령령으로 정하는 사항에 대한 자료 제공을 요청할 수 있다. 이 경우 자료의 제공 등을 요청받은 자는 정당한 사유가 없으면 그 요청에 따라야 한다.

국민참여 활성화를 위해서는 이러한 입법 노력들이 결실을 맺어야 하며, 실질적으로 운영되는 것이 필요하다.

또한 국민의 참여가 실질적으로 이루어질 수 있는 전제는 정보에 대한 접근이 가능해야 한다. 현재 공공기관의 정보공개에 관한 일반법은 「공공기관의 정보공개에 관한 법률」(이하, '정보공개법')이다. 정보공개제도는 국정 투명성을 확보하여 정당성과 국민의 신뢰 확보에 기여하며, 민주성을 제고하는 역할을 한다. 정보공개법은 공공기관의 정보공개를 광범위하게 인정하고 있으나 실질적 의미를 갖기 위해서는 정보관리시스템이 잘 갖춰지는 것이 선행되어야 하며, 정보관리시스템의 체계화를 위한 법령 차원의 근거가 마련되는 것이 필요하다. 공공기관이 보유하지 않은 정보에 대해서는 국민의 정보공개청구권이 행사될 수 없기 때문이다. 또한 정보공개청구 시 공무원의 도움의무나 즉시 정보공개청구에 응할 의무 등을 규정하여 청구인(국민)에 친화적인 규정을 도입하는 방안도 정보공개청구권의 보장에 기여할 수 있다.

지금까지 헌법 제10조 시대의 실현을 위한 제언으로 공적 영역에서의 자기결정권의 실현을 위한 참여제도에 대해 논의하였다. 적극적 시민은 이러한 영향력 행사를 통해 시민의 자율과 안정, 영향이 실현될 수 있는 정책과 입법의 설계에 주체적으로 참여할 수 있을 것이다.

| 제2부 |

행복에 대한 이론적 이해

제1장 행복의 어원과 개념

1. 행복의 어원

행복은 추상적인 개념이다. 모든 추상적 개념이 그러하듯 행복은 그 실체를 정확히 잡아내기 어렵고 사람마다 또 문화마다 그 의미를 조금씩 달리하고 있다. 우리 국민들은 대개 '행복하십니까?'라는 질문을 받을 때 당혹스러움을 느끼기 십상이다. 우리에게 행복은 한가위의 보름달처럼 손에 잡힐 듯 보이지만 도달할 수 없어 보이는, 삶의 모든 부분과 스스로의 감정이 만족스러울 때 느끼는 이상적인 상태를 은연중에 생각하기 때문이 아닐까 생각된다. 반면 영어권 국가에서는 행복한 감정을 뜻하는 'happy'라는 형용사가 삶의 전 영역에서 광범위하게 쓰이고 있다. 맛있는 음식을 먹고 가족과 함께 시간을 보내며 내가 좋아하는 일을 하는 모든 순간에 'happy'라는 단어가 빠지지 않는 표현이기 때문이다. 이를 반영하듯, 캠브리지 영어사전에 의하면 happiness는 'the feeling of being pleased or happy', 즉 기쁘거나 행복함을 느끼는 감정으로 정의되고 있다.

그러나 행복의 어원을 살펴보면, 동서양을 막론하고 우연한 행운이라는 의미를 가지고 있다. 우리말 행복은 '다행 행(幸)'과 '복 복(福)'으로 이루어진 한자어이다. 한자사전에서 幸은 '좋은 운(good fortune)'을 의미하는 것이고, 福의 사전적 의미도 이와 다르지 않다. 동양 문화권에서 많은 사람들이 희구하는 '복'은 본인의 노력이나 의지에 의해 달성될 수 있는 것이 아니라 외부적으로 주어지는 행운이다. 두 글자를 조합한 행복의 문리(文理)적 의미는 "어느 날 예기치 않은 행운에 의해 얻어진 복된 상태"로 자신이 스스로 획득하는 것이 아니라 '우연히 얻어지게 된 복'으로 해석된다(문진영, 2020). 행복의 어원에 자리 잡은 이러한 '우연성'은 영어의 'happiness'에서도 발견되는데, 'happen to' 및 'happenstance(우연)'와 같이 아이슬란드의 고어 'happ'에 그 어원을 두고 있다. 또한 프랑스어, 독일어, 일본어 등에서도 행복을 뜻하는 단어들이 행운과 동일하거나 밀접한 관련을 가지고 있다(문진영, 2020). 또한 서양 문명의 근원이라 할 수 있는 고대 그리스부터 중세까지의 철학자들이 언급하고 있는 행복의 고전적 의미 역시 '행운'에서 벗어나지 않는다. 행복의 어원인 그리스어 'eudaimon'은 'good God'이나 'good sprit'이 함께한다는 것을 의미하기 때문이다(구교준 외, 2015).

이처럼 동서양을 막론한 여러 문화권에서 행복은 본인이 어찌할 수 없는 환경에 의해 결정되는 것으로 보았는데, 문진영(2020)은 행복의 어원에서 찾아볼 수 있는 이러한 특성을 '지극히 당연'한 것으로 인식하고 있다. 인간의 존재를 신과 연결시키지 않은 채 '개인'을 발견하게 된 것은 르네상스 이후 나타난 인식의 전환이다. 신분제의 굴레와 속박에서 벗어나 스스로의 운명을 개척해 간다는 의식 자체가 성립된 것이 근대 이후의 산물이기 때문이다. 즉 서양 기준으로 중세까지는 인간이 아무리 노력한다 할지라도 구체제의 신분제 질서에서 벗어날 수 없었고, 거대한 자연재해와 질병의 위험에 속수무책으로 노출된 사람들에게 행복은 본인의 노력이 아닌 신이 부여한 환경의 덕을 보아야 한다는 행운의 인식에서 벗어날 수 없었던 것이다. 결국 근대 이후 비약적으로 발전된 과학기술로 자연재해나 질병에 체계적으로 대처할 수 있게 되면서, 행복은 인간이 추구하고 달성해야 할 삶의 목표가 될 수 있었다(McMahon, 2006).

2. 행복의 개념

행복의 어원은 우연한 행운의 의미를 담고 있지만, 근대 이후 인간이 개인적으로 또 사회적으로 추구하는 목적으로서의 행복은 사뭇 다른 개념으로 발전되어 왔다. 우리말의 〈표준국어대사전〉에서는 행복을 '1. 복된 좋은 운수'라는 어원에 충실한 정의와 함께, '2. 생활에서 충분한 만족과 기쁨을 느끼어 흐뭇함. 또는 그러한 상태'로 정의하고 있다. 두 번째 정의가 현대적 맥락에서 주로 논의되고 있는 행복의 의미에 더 가깝다고 볼 수 있다. 무엇보다 행복의 개념은 학문 분야마다 또 사용하는 맥락에 따라 다양하게 정의되어 왔는데, 이는 행복이라는 단어 안에 만족, 기쁨, 흐뭇함, 안녕 등과 같은 다의적 표상이 존재하기 때문이다(정해식 외, 2019). 또한 행복의 개념을 정의하기 어렵기 때문에 행복과 유사한 다른 개념이 광범위하게 사용되기도 하였다. 삶에 대한 전반적인 정서적 만족감, 삶의 질(Life quality), 주관적 웰빙(subjective well-being, SWB), 생활만족도 등이 대표적인 예이다(최영준 외, 2019).

역사적 맥락에서, 행복에 대한 정의는 행복의 근원(locus)은 어디에서 비롯되는가 하는 질문과 맞닿아 있다. 문진영(2020)은 행복의 근원과 관련하여 세 가지 쟁점적 논의가 이루어졌음을 지적하고 있다. 첫 번째는 행복의 근원을 인간 내적인 요인에서 찾느냐, 외적인 요인에서 찾느냐 하는 것이고, 두 번째는 행복을 쾌락의 추구나 욕망의 만족(헤도니즘, Hedonism)으로 보는가 아니면 가치 있는 삶을 추구하는 과정에서 얻어지는 결과인가(유다이모니즘, Eudaimonism)의 논쟁이다. 세 번째는 행복이 타고나는 것(nature)인가 아니면 양육되는 것(nurture)인가와 관련된 논쟁이다. 본 연구에서는 첫 번째와 두 번째 쟁점만 간략히 논의한다.

먼저, 행복의 근원에 대한 내적 요인과 외적 요인의 우선성 문제이다. 고대 그리스 시대 철학자 소크라테스는 행복의 근원이 인간의 내적 요인에서 기인함을 주장하며, 지식, 지혜 그리고 아름다움에 대한 탐구와 같은 교육을 통해 행복에 이를 수 있다고 보았다(Oishi, Graham, Kesebir & Galinha, 2013; 최영준 외, 2019). 또 「니코마코스 윤리학(Nicomachean Ethics)」을 통해 행복에 대한 이론을 정립한 아리스토텔레스는 행복을 추구하는 행위를 덕을 실현하는 행위로 정의하였다. "행복한 삶을 사는 사람이란 완벽한 덕과 조응하면서, 외부 세계의 선함(external good)과 정확하게 맞는 삶을 살며 우연에 의한 순간이 아니라 전체 인생을 그렇게 사는 사람을 말한다"(Nicomachean Ethics; 문진영, 2020). 그러나 중세시대에는 종교의 영향으로 인해 믿음을 통해서, 그리고 신의 축복을 받아야만 행복할 수 있다고 인식하여 인간 외적인 요인에서 바라보기도 하였다(Tatarkiewicz, 1976; 구교준 외, 2015). 행복은 인간의 노력으로 이루어질 수 있는 것이 아니라 하느님의 은혜와 축복을 통해 온전히 성취될 수 있는 것이었다.

신과 분리된 인간의 존재는 르네상스를 통한 인간 해방을 거쳐 다시금 인식되기 시작하였다. 행복의 근원 역시 중세의 외부적 요인에서 인간의 내적 요인, 즉 인간의 욕망을 만족시키는 것에서 찾는 논의들이 중심이 되어 왔다. 18세기 미국의 독립선언과 19세기 초반 등장한 공리주의(Kesebir & Diener, 2008; 구교준 외, 2015)로 이러한 변화를 확실하게 보여주었다. 1776년 발표된 미국의 독립선언서에는 인간의 가장 기본적인 권리로 '생명', '자유'와 함께 '행복 추구'를 주창하였다. '개인'이 존중받고, 중시되는 현대사회에서의 행복은 더 이상 누군가에 의해 주어지는 것이 아니라 각 개인이 적극적으로 추구해나가야 하는 대상이 되었으며, 보다 현실적이고 감정적인 내용으로 구체적인 실체가 변화되었다(구교준 외, 2015). 또한 인간의 쾌락 추구를 행복의 본질로 파악하는 공리주의의 행복관은 행복경제학과 긍정심리학 등 현대의 행복학 연구의 기저를 형성하고 있다.

행복 연구에서 가장 많이 논의하고 있는 행복의 정의는 헤도니즘(Hedonism)과 유다이모니즘(Eudaimonism)의 차이에 관한 것이다. 헤도니즘 차원의 행복은 앞서 언급한 공리주의적 행복관에 기초해 있다. 인간의 욕망을 달성하고 쾌락을 추구하며 고통은 회피하는 것이 헤도니즘의 행복이라면, 삶의 가치와 의미를 추구하고 자아를 실현하는 것이 유다이모니즘의 행복이다. 유다이모니아(Eudaimonia)가 그리스어로 행복을 의미하는 것에서 알 수 있듯 소크라테스와 아리스토텔레스 등 고대 그리스의 철학자들이 말한 행복은 바로 유다이모니즘의 행복이다. 반면 공리주의에 기반을 둔 행복경제학이나 심리학의 행복은 바로 헤도니즘의 행복이다.

사실 헤도니즘의 기원도 고대 그리스 철학에서 유래한다(구교준 외, 2015). 행복은 쾌락에서 오는 것이므로 쾌락을 추구하는 것이 좋은 삶이라는 헤도니즘의 주장은 헬레니즘 시대의 에피쿠로스 학파에 의해 공동선으로서의 쾌락이라는 개념으로 발전되었다. 이러한 견해는 공리주의 철학을 매개로 현대의 경제학과 심리학 분야의 행복 연구에 큰 영향을 미쳤다. 심리학에서는 철학적 논의에 녹아있는 행복의 개념적 모호성을 비판하면서, 개인이 자신의 삶에 대하여 느끼는 만족감을 '주관적 안녕(subjective well-being)'으로 정의하며 행복의 대체 개념으로 사용해 왔다(Diener, 1984). 이러한 시도는 인간의 행복을 주관적 안녕을 통해 얼마나 적절히 측정할 수 있느냐의 논쟁을 불러일으켰으나, 행복 연구의 과학화에 뚜렷한 기여를 하며 주류적 연구 경향으로 자리 잡았다. 또 행복수준에 대한 개인의 주관적 평가를 근간으로 소득과 행복 간의 관계가 뚜렷하지 않다고 밝힌 이른바 '이스털린의 역설(Esterlin's paradox)' 역시 헤도니즘에 근거한 심리학적 접근을 반영한 것이다(구교준 외, 2015).

반면 유다이모니즘은 가치 있는 삶(virtuous life)을 추구하는 과정에서 행복이 얻어진다는 입장이다(문진영, 2020). 인간으로서 의미와 가치를 추구하는 과정에서 자신이 성장하고 발전하는 기쁨을 누리는 것이 본질적 행복의 의미라는 것이다. 헤도니즘은 욕구 충족이라는 일차원적 행위를 통해 행복이 발현되지만, 유다이모니즘은 의미와 가치를 추구하는 삶이라는 전체적인 접근을 통해 구현된다(구교준 외, 2015). 이러한 유다이모니즘에 기초를 둔 행복 연구도 다양하게 시도되어 왔다.

심리학 분야에서는 심리적 안녕(psychological well-being)이라는 개념이 제시되면서 개인의 잠재력을 실현하며 성장해가는 과정과 그 심리적 만족감에 주목하고 있다(Ryff, 1995; Ryff and Singer, 2000). 보다 최근에는 인간의 긍정적 감정과 성격적 특성에 주목하는 긍정심리학(positive psychology)이 보다 적극적으로 유다이모니즘을 반영하는 것으로 알려져 있다(구교준 외, 2015). 긍정심리학은 자율성, 개인의 성장, 자아 실현 등을 이론의 핵심 개념으로 하며, 궁극적으로 '온전히 기능하는 인간(fully functioning person)'을 추구한다. 또한 경제학에서도 아미타 센(Amartya Sen)을 중심으로 한 역량이론(capability theory)이 유다이모니즘의 행복 개념을 반영하고 있다. 개인이 다양한 삶의 방식을 선택할 수 있도록 하는 객관적 환경의 중요성이 강조되고 있으며, 바로 여기에 공공정책의 개입 방향이 적극적으로 모색되어야 한다. 경제학적으로 인간의 후생을 측정하는 지표로 GDP의 한계를 지적하면서, 소득이나 빈곤뿐 아니라 보건이나 교육 등 객관적 환경을 적극적으로 지표체계에 반영하고 있는 UN의 인간개발지수(HDI)가 바로 역량이론에 근거해 있다.

〈표 2-1〉은 헤도니즘과 유다이모니즘의 행복에 대한 접근의 차이를 요약해준다. 헤도니즘은 쾌락과 욕구충족 자체를 행복으로 정의하지만, 다른 사람과의 비교를 통해 행복의 수준을 파악할 수 있으며, 쾌락(욕구충족)의 순간에만 행복을 느끼게 되므로 행복의 지속 기간은 단기적이다. 자본주의 시장경제에서 행복을 추구하는 결정적 매개체는 경제적 구매력이므로, 헤도니즘의 행복을 추구하기 위한 공공정책의 방향은 개인(가구)의 소득을 증진시키는 경제성장에 집중하는 것이다. 반면 유다이모니즘은 행복을 개인이 삶의 의미를 찾아가고 자아를 실현하는 보다 고차원적 정의를 가지고 있다. 따라서 개인이 스스로의 역량을 개발하고 자아를 실현하며 획득된 행복은 타인과의 비교를 필요로 하지 않는 절대적 의미를 갖게 되고, 장기간 지속될 것이다. 행복의 충족 방법은 화폐의 소유나 재화의 소비에 국한되지 않으며 각 개인이 갖는 가치나 선호를 적극적으로 찾아가는 것이다. 따라서 행복을

증진시킬 수 있는 공공정책은 천편일률적인 소득증대가 아니라 각 개인이 스스로의 역량을 개발함으로써 자아를 실현할 수 있도록 돕는 것에 있다.

〈표 2-1〉 행복의 두 기준: 헤도니즘 vs. 유다이모니즘

구분	Hedonism	Eudaimonism
행복의 정의	쾌락과 욕구 충족	삶의 의미, 자아실현
행복의 수준	상대성	절대성
행복 지속 기간	한시적 효과	장기간 지속
행복충족 방법	물질적 소비나 소유를 통해	비물질적 가치나 선호를 추구
공공정책의 방향	경제성장	개인 역량 강화

출처: 구교준(2020)에서 정리 및 수정

제2장 행복 연구의 동향과 쟁점

1. 행복 연구의 등장과 발전: 이스털린의 역설과 그 비판

인간 행복의 본질을 탐구하려는 철학적 논의에서 벗어나 보다 실용적이고 실증적인 맥락에서 행복의 개념을 적극적으로 사회과학 연구에서 적용해온 분야는 경제학과 심리학이다. 앞서 언급하였듯이 주관적 안녕에 기초한 심리학의 행복 측정과 이를 받아들여 경제학 영역에서 행복을 탐구한 시도들은 행복학 연구를 촉발시킨 기폭제가 되었다.

경제학 영역에서의 행복 연구는 듀센베리(Duesenberry, 1949)의 상대적 소득가설(relative income hypothesis)에 출발점을 두고 있다(문진영, 2020). 이 가설은 어떤 한 사람의 소비와 저축 수준은 그 사람의 절대적 소득이 아니라 그가 속한 준거집단의 소득과 비교한 상대소득에 의해 결정된다고 본다. 한 사회나 집단에서 개인은 자신의 소득을 타인과 비교하며 소득분포 상의 상대적 위치에 따라 소비와 저축 수준을 결정한다. 즉 다른 사람과의 비교가 본인의 경제적 의사결정의 핵심 변수가 된다는 뜻이다. 만약 나의 소득이 증가했다 하더라도 다른 사람의 소득도 함께 증가했다면 내가 체감하는 경제적 후생 수준은 크게 바뀌지 않는 것이다. 또한 현재의 소비를 결정하는 것은 현재의 소득만이 아니다. 본인의 소득과 형편을 과거의 것과 비교하면서 소비와 저축 수준을 결정하게 된다. 경제적 위기에 처하는 상황이 오더라도 현재의 소득을 즉각적으로 반영하여 소비수준을 낮추기에도 어려움이 따르는 것이다.

행복을 개인이 느끼는 주관적 안녕감 혹은 후생수준이라 정의한다면, 이러한 주관적 판단은 타인과의 비교를 통해 얻어질 가능성이 크다. 모든 사람은 사회 안에서 살아가며 다른 사람의 삶을 끊임없이 관찰하며 자신의 처지와 비교하기 때문이다. 행복경제학의 창시자로 불리는 경제학자 이스털린이 제기한 역설적 상황은 바로 상대적 소득가설을 주관적 행복수준의 측정에 적용할 때 나타난 것이었다. 이스털린의 역설을 간략히 설명하면 다음과 같다(Easterlin, 1974; 문진영, 2020).

흔히 돈이 많으면 행복 수준이 높을 것이라 짐작한다. 실제 한 국가 안에서 횡단면적 소득분포를 근거로 소득과 행복 간의 관계를 분석하면 정적 상관이 나타난다. 그러나 여러 국가를 비교하면 소득과 행복의 상관성이 통계적으로 유의하지 않아 소득이 높아질수록 행복 수준이 높다는 실증적 근거를 찾을 수 없다. 또한 한 국가 안에서도 시계열적 분석을 하면, 어느 정도 수준까지는 소득이 증가할수록 행복 수준도 높아진다. 그러나 그 수준을 넘어서면 아무리 소득이 증가해도 행복 수준에는 큰 변화가 없거나 그 영향력이 매우 미약하다. 이와 같이 소득과 행복의 관계가 횡단분석과 종단분석에서 상반되게 나타나는 것을 '역설(paradox)'로 표현한 것이다. 무엇보다 인간의 기본적 욕구가 충족될 수 있는 일정한 소득 수준에 도달하게 되면 소득의 추가적 증가가 개인의 행복을 비례적으로 증가시키지 않을 수 있다는 것은 생산과 소득의 증가가 개인의 후생을 증진시킬 것이라는 단선적 견해에 강력한 도전으로 작용하고 있다.

반면 소득이 오르면 인간의 욕구를 더 많이 충족시킬 수 있으므로 행복도 함께 증가한다는 반론도 지속적으로 제기되어 왔다. 널리 알려진 매슬로(Maslow)의 인간욕구 이론에 의하면, 의식주·안전과 같은 낮은 수준의 욕구가 충족되어야 애정·소속·자아실현과 같은 상위 욕구를 추구할 수 있다고 본다(Maslow, 1970). 인간욕구이론은 행복을 인간의 욕구가 충족되어지는 과정으로 이해하는데, 이러한 기본적 인간욕구는 다른 사람과의 비교가 아니라 결핍에서 충족으로 나아갈 때 행복의 상승이 가능하다고 본다. 이것은 욕구-충족(needs-gratification) 모델로 정리될 수 있는데(문진영, 2020), ① 행복은 타인과의 비교를 통해서만 이루어지는 것은 아니고, ② 행복은 적응 수준(adjustment standards)에 따라 달라지지 않으며, ③ 행복은 자의적인 정신 구조(arbitrary mental construct)에 기초하고 있지 않다고 정리될 수 있다. 특히 벤 호벤(R. Veenhoven, 1991)은 이스털린을 필두로 한 소득의 상대성을 강조하는 입장을 비판하면서, 본인과 주위 사람의 소득이 함께 증가하면 모두의 삶에 여유가 생기는 것이므로 함께 행복이 증가하는 것일 뿐 아니라, 인간의 행복 증진을 위하여 사회경제적 조건을 향상시키는 노력은 여전히 가치있는 것이라 역설했다.

프레이(B. Frey, 2008)는 행복경제학의 등장을 행복의 측정, 평가방법에 대한 새로운 통찰, 유용한 정책적 결과 획득이라는 세 차원에서 혁명적이라 평가하면서, 행복을 연구하는 사회과학자들의 연구를 바탕으로 소득과 행복의 관계를 다음과 같이 정리했다. 우선, 소득 및 고용과 같은 경제적 조건과 함께 가족관계·우정과 같은 비물질적 조건이 행복을 결정하는 중요한 요소라고 보았다. 그리고 사람들은 기본적으로 행복에 대한 어느 정도의 수준을 가지고 있으며, 긍정적이거나 부정적 사건을 겪은 이후에도 항상 그 수준을 유지하려는 경향을 보인다는 것이다.

또한 행복학 연구의 선구자 중 한 사람인 디너는 2008년 당시까지 진행된 행복학 연구에서의 체계적인 과학적 분석이 결여된 채 선험적이거나 선지적인 주장을 한 신화(myth) 7가지를 제시했다(Ed. Diener, 2008; 문진영, 2020에서 재인용). ① 행복은 움직이지 않는 개인적 설정값(setpoint)을 가지고 있다(Happiness Has an Unchanging Individual "Setpoint"), ② 안녕감을 결정하는 요인은 영향력 파이 차트로 이해할 수 있다(Causes of Well-Being Can Be Understood as a Pie Chart of Influences), ③ 돈은 행복과 별 상관이 없다(Money Does Not Correlate with Happiness), ④ 경우의 수가 충분하다면, 상관성은 인과적 관계성을 나타낸다(Correlations Show Causation, If There Are Enough of Them), ⑤ 배경은 무시될 수 있다(Context Can be Ignored), ⑥ 가장 행복한 국가를 밝히는 것은 그만큼 가치 있는 목적이다(Uncovering the Happiest Nation Is a Worthwhile Goal), ⑦ 대부분의 사람들은 지금보다 더 행복해질 필요가 있다(Most People Need to Be Happier Than They Already Are). 그러나 문진영(2020)은 이 7가지 신화는 아직 과학적인 방법으로 충분히 검증되었다 볼 수 없으며, 향후 광범위한 연구를 통해 입증되어야 할 것으로 보고 있다.

2. 행복의 결정 요인

지금까지 논의한 행복과 소득과의 관계는 "돈이 많으면 행복할 것이다"라는 막연한 묵시적 합의에 대한 이론적·실증적 논쟁이다. 소득의 증가만으로 행복이 증진되는 것이 아니라면, 우리를 행복하게 하는 것은 무엇인가? 좀 더 구체적인 실증적 적용의 측면에서 어떤 특성을 가진 사람들이 더 행복한가? 이러한 질문은 근본적으로 행복에 영향을 미치는 요인, 즉 행복의 결정 요인은 무엇인가에 관한 것이다.

많은 선행연구들이 행복의 결정 요인을 다양한 차원으로 분류해 왔다. Frey와 Stutzer는 자존감 등 개인의 심리적 요인, 연령·성별 등 인구사회학적 요인, 소득 등 경제적 요인, 생활환경·건강 등 맥락 및 상황적 요인, 정치 참여 등 제도적 요인과 같은 다섯 가지 차원을 제시했다(Frey and Stutzer, 2002). 또한 Dolan 외(2008)는 소득, 개인적 특성, 사회적 특성, 시간 사용, 태도 및 신념, 관계, 경제·사회·정치적 환경 등 일곱 가지 요인을 제시하였다. 정해식 외(2019)에서는 인구사회학적 요인, 경제적 요인, 심리적 요인 등 세 차원으로 구분하여 각 영역에서의 세부 요인들을 검토한 바 있다.

이 연구에서는 구교준 외(2015)의 분류 기준을 바탕으로 심리학과 경제학에서 주로 접근하고 있는 개인적 수준과 사회학 및 정치학에서 주로 다루는 국가사회적 요인으로 구분하여 행복의 결정 요인으로 제시되어 온 변수들은 무엇인지 살펴본다.

1) 개인적 수준의 행복 결정 요인

행복을 느끼는 주체는 개인이다. 따라서 행복결정 요인으로 제시되고 있는 다양한 차원과 영역들은 대부분 개인적 수준의 변수들이다. 심리적 상태, 인구사회학적 요인, 사회경제적 요인, 관계적 요인 등은 모두 개인적 수준에서 측정되고 분석되는 변수들의 집합이기 때문이다.

먼저, 대표적인 인구사회학적 특성인 성별과 연령을 꼽을 수 있다. 성별의 경우 여성이 남성보다 주관적 행복 수준이 높게 측정되고 있으며(Frey and Stutzer, 2002), 이러한 경향은 한국에서도 마찬가지로 관찰되고 있음이 보고된 바 있다(김미곤 외, 2017). 선진국의 경우 연령과 행복 간의 관계는 선형적(linear)이 아니라 U자 형 곡선으로 중년기의 행복 수준이 낮고, 청년기와 노년기의 행복 수준은 높은 것으로 알려져 있다(Blanchflower and Oswald, 2008; Frijter and Beatton, 2012; 정해식 외 2019에서 재인용). 그러나 우리나라의 경우 아동·청소년·청년의 행복 수준은 OECD 국가들 중 최저 수준이고 또 통계청 사회조사의 연령대별 주관적 삶의 만족은 연령과 부적 (-)상관관계가 그려지고 있어 선진국과는 다른 경향을 보인다(OECD, 2015; 정해식 외 2018). 또한 배우자가 있는 경우, 아동이 있는 경우, 종교가 있을 때 행복 수준이 더 높은 것으로 보고되고 있다(Dolan et. al., 2008; 김미곤 외 2014).

두 번째로 개인의 사회경제적 지위와 관련된 요인들로 소득, 교육, 직업(일) 등의 변수들이다. 소득의 경우 앞서 논의한 상대적 소득가설 논쟁에서 보듯이 가장 논란이 되어온 요인이지만, 한 사회 내의 횡단분석에서 고소득층이 저소득층보다 주관적 행복 수준이 더 높다는 것은 대부분의 실증연구들에서 확인되고 있다(Diener et al., 1993; Easterlin, 2001; Frey and Stutzer, 2000). 고용의 상태와 질 역시 개인의 행복과 관련이 있다. 실직자들의 주관적 행복 수준은 더 낮았는데, 이는 실업급여 등으로 소득이 보완된 상태에서도 마찬가지로 나타나(Clark and Oswald, 1994), 일 자체가 주는 성취감이 행복에 영향을 주고 있음을 짐작케 한다. 교육, 특히 정규교육의 경우 행복에 대한 영향력이 뚜렷하게 나타나지는 않는 것으로 알려져 있으며(Fernham and Cheong, 2000; Hartog and Hessel, 1998; Veenhoven, 1996; 구교준 외 2015에서 재인용), 우리나라에서도 소득이나 경제활동 상태 등을 통제할 때 학력 변수의 영향력은 크지 않은 것으로 보고되고 있다(김미곤 외, 2014; 정해식·김성아, 2019).

세 번째는 정신적, 심리적, 육체적 건강이다. 건강은 교육, 소득과 함께 인간개발지수(HDI)를 구성하는 핵심 요소로, 건강 상태가 좋지 않을 때 개인의 행복 수준이 저하된다는 것은 상식에 가깝다. 그런데 건강에는 육체적 건강뿐 아니라 정신적 건강과 개인의 심리적 특성도 포함되며, 이러한 특성들이 행복 수준에 유의미한 영향을 준다(Diener and Diener, 1995; Diener and Lucas, 1999; 구교준 외 2015에서 재인용). 동적균형이론에 의하면 개인의 심리적·유전적 특성에 유래하는 절대적 행복 수준은 개인마다 다르며 소득이나 일과 같은 외부 요인이 미치는 영향력은 제한적이라 한다(Headey and Wearing, 1989; 구교준 외 2015에서 재인용). 낙관성, 통제감, 외향성, 자존감 등의 심리적·성격적 특성 역시 주관적 행복 수준에 영향을 미치는 요인으로 알려져 있다(정해식 외, 2019).

2) 사회적 수준의 행복 결정 요인

개인은 사회적 존재로 다양한 집단과 사회에 속하게 마련이고 한 국가의 시민으로 살아가기 때문에 그 국가의 정치문화적 상황에 영향을 받는다. 사회적 수준에서 행복의 결정 요인을 다루는 연구들은 민주주의, 자유, 정치적 안정, 사회적 규범, 신뢰 및 사회적 자본과 같은 정치사회학적 주제들과 관련되어 있는 것이 보통이다(구교준 외, 2015).

정치학에서는 민주주의와 자유가 행복에 미치는 영향에 대하여 논의가 집중되어 왔다(Dorn er al., 2007; Inglehart et al., 2008; Veenhoven 2000). 민주주의가 권위주의 정치체제보다 개인의 행복에 긍정적 영향을 미치는 것으로 보고되는데, 이는 민주주의에서의 의사결정이 국민들의 선호를 더 잘 반영할 뿐 아니라, 민주주의 체제에서 개인의 자유가 더 잘 보장되어 있다는 것으로 설명된다. 또한 정치적 안정 역시 정치학 분야에서 국가적 차원의 행복 결정 요인으로 자주 등장하는 변수이다. 국가원수의 암살 등으로 촉발된 정치적 위기 상황이 국민들의 삶의 만족수준을 크게 저하시켰다는 연구결과(Frey and Stutzer, 2002)와 동유럽의 옛 공산권 국가에서 전개된 정치사회적 불안정성이 낮은 행복 수준으로 이어졌다는 연구결과들이 대표적이다(Inglehart, 2009; Lelkes, 2006; 구교준 외 2015에서 재인용).

사회적 관계나 신뢰 등 사회적 자본의 중요성은 사회학 연구에서 주로 탐구되어 왔는데, 사회적 자본의 중요성을 강조한 Putnum(1993)의 연구와 사회적 신뢰를 강조한 Fukuyama(1995) 등이 대표적이다. 이들은 한 사회의 행복 수준이 사회적 자본이나 신뢰에 영향을 받을 수 있다는 점을 지적했다. 사회적 신뢰의 하락이 행복 수준에 부정적 영향을 미쳤다는 것은 미국을 대상으로 한 Bjornskov(2008)의 연구, 아시아 29개국을 포괄한 Tokuda 외(2010)의 연구, 유럽 15개국의 설문조사를 바탕으로 한 Hudson(2006)의 연구에서도 확인되고 있다(구교준 외, 2015에서 재인용). 또한 한 사회의 부패 수준이 전반적인 신뢰 수준에 영향을 미쳐 행복 수준에 부정적 영향을 끼친다는 연구도 있다(Welsch, 2008).

마지막으로 타인의 시선을 그리 신경 쓰지 않는 개인주의적 문화가 강한 서구와 달리, 집단주의 색채가 강한 동아시아 국가에서 타인과의 비교 성향이 강한 특성이 있고(White and Lehman, 2005), 이에 따라 자신의 처지를 타인과 비교하며 본인의 상대적 몫에 관심을 갖는다는 보고가 있다(Kang et al., 2013; 구교준 외 2015에서 재인용). 비교 성향이 높은 사회문화적 맥락에서 개인의 행복은 다른 사람보다 얼마나 더 소유하였고 성취하였는가에 달려 있기 마련이므로 소득에 비하여 주관적 행복감 수준은 더 낮아지게 된다는 것이다.

한국은 바로 위에서 언급한 바와 같이 집단주의적 색채가 짙게 남아 있고 비교 성향이 강한 국가이다. 문진영(2020)의 행복 연구는 바로 이 점에 주목하고 있다. 즉 행복의 원천을 자기 자신에서 찾는 것이 아니라 타인과의 비교를 통해 찾으려 하는 한국인의 비교 성향에서 왜 한국인들이 상대적으로 낮은 행복 수준을 보이는지 설명될 수 있다는 것이다. 예를 들어 김희삼과 오타게(2014)는 행동경제학의 실험조사 방식을 통해 2013년 전국 성인(20~69세) 남녀 3,000명을 조사하였고, 그 결과 비교 성향은 남성보다는 여성이, 노년층보다는 젊은층이, 자녀가 없는 사람보다는 자녀를 키우는 사람이, 저소득층보다는 고소득층이 강하게 나타났다고 보고하였다. 또한 비교 성향이 강할수록 집단추종(herding), 극대주의, 이기주의 성향이 강하고 경제적 성과를 중시하며 소비 성향이 높지만 정신건강·행복감·삶의 만족도는 낮은 것으로 나타났다(김희삼, 2014; 문진영, 2020).

제3장 행복의 측정 및 지표체계

1. 행복의 측정

사회과학, 특히 정책학의 행복 연구에 있어 핵심 과제는 국민들의 행복 수준을 어떻게 측정할 수 있느냐의 문제이다. 앞서 행복의 개념에서 논의하였듯이 행복은 기본적으로 개인이 느끼는 기본적인 감정이다. 행복은 무게나 길이를 측정하듯 바로 가시화될 수 없는 것이며, 주관적이고 감정적인 영역에 속하는 것이어서 측정 자체가 쉽지 않다(구교준 외, 2015). 행복은 추상적 개념으로 그 구성 요소에 접근하기가 쉽지 않을 뿐 아니라 행복의 객관적 조건이 중요한지 아니면 개인이 느끼는 순수한 행복감이 중요한지에 대해서도 여전히 논쟁적이다. 그러나 실증주의적 전통을 따르는 사회과학 방법에서는 그 어떤 추상적 개념이라도 측정 가능하다고 보는데, 여기서의 핵심은 바로 그 개념을 어떻게 조작화할 것인가의 문제가 된다(Rubin and Babbie, 2014).

가장 먼저 행복을 측정하려 한 시도는 공리주의적 전통에서 찾을 수 있다(문진영, 2020). 벤담은 쾌락에서 고통을 제한 것이 행복으로, 그 강도, 지속성, 확실성, 근접성, 다산성, 순결성, 규모 등 7가지 차원의 함수로 측정 가능하다고 보았다. 그러나 벤담은 행복의 측정을 위한 원칙만을 제시하였을 뿐 실증적으로 측정을 진행한 것은 아니었다. 20세기 들어 경제학에서 행복을 계산하기 시작하였는데, 대표적으로 사무엘슨은 그의 경제학 교과서에서 행복을 욕망으로 만족시킬 수 있는 소비의 양으로 표현하였다(문진영, 2020). 즉 경제학적 관점에서 행복이란 소비를 통해 충족시킬 수 있는 욕망, 즉 효용으로 표현된다. 자본주의 경제체제에서 개인이 소비를 늘려 효용을 극대화하기 위해서는 소비할 수 있는 화폐 능력인 소득이 뒷받침되어야 한다. 이러한 측면에서 1인당 GDP나 GNI와 같은 경제지표가 한 국가의 평균적인 삶의 질 내지 행복 수준을 대리(proxy)하는 것으로 이해된 것이다.

그러나 행복경제학의 등장에서 볼 수 있듯이 소득수준의 향상이 개인의 행복 수준 증가로 이어지는 선형적 관계가 관찰되지는 않는다. 소득뿐 아니라 교육, 건강, 일, 사회적 관계 등 앞에서 논의한 행복의 결정 요인들이 행복을 구성하는 요소가 될 수 있다. 예를 들어 UNDP의 인간개발지수(HDI)는 경제지표의 후생 측정의 한계를 지적하며 개발된 지수체계로, 소득과 함께 교육과 건강 관련 지표들을 지수 산출에 포함시키고 있다. 이렇게 행복을 가져다 줄 수 있는 물리적 조건에 초점을 맞추어 행복을 측정하는 것을 투입(input) 중심의 접근으로 본다. 이와 다르게 개인의 주관적 평가에 기초하여 행복을 측정하는 방식을 산출(output) 중심의 측정으로 구분한다(구교준 외, 2015). 행복이 개인의 주관적 감정에 기초하지만, 객관적이고 기본적인 조건들이 갖추어지지 않은 상황에서 '행복하다'고 응답할 때 과연 실질적인 행복으로 볼 수 있을지의 문제가 발생하므로(이희철 외, 2020), 투입 측면의 접근은 다수의 객관적 지표를 포괄하는 행복지표 체계에서 많이 활용되는 방식이다.

반면 개인의 주관적 평가를 중심으로 행복을 측정하는 산출 중심 접근은 심리학에서의 주관적 안녕(subjective well-being) 측정이 대표적이다. 주관적 안녕은 주로 삶의 만족에 대한 인지적 평가와 함께 개인의 긍정적 혹은 부정적 감정 상태라는 정서적 평가가 병행되는 것이 보통이다(Diener, 1984). UN의 행복보고서, 우리나라의 한국노동패널, 통계청 사회조사 등에서 조사하고 있는 행복 관련 문항들은 이러한 주관적 안녕 개념에 근거하고 있다(이희철 외, 2020). 또한 OECD(2003)의 주관적 안녕 방식의 행복지표 체계와 이를 응용하여 국내 연구에 적용한 정해식 외(2019)의 주관적 행복 측정 방식도 마찬가지이다.

지금까지 논의한 객관적 vs. 주관적 행복 측정 방식의 논란은 행복을 구성하는 혹은 행복에 영향을 미치는 요인으로 행복을 측정할 것인가, 아니면 개인이 지각하고 느끼는 궁극적 감정에 초점을 맞출 것인가의 문제이다. 삶의 조건과 관련된 객관적 지표들이 행복의 독립변수이고 주관적 안녕은 종속변수인 행복 그 자체일 수 있지만, 개인의 주관적 평가만으로 행복의 수준을 파악하는 것은 불완전할 수 있다. 따라서 많은 행복지표 체계들은 객관적 지표와 주관적 안녕을 모두 포괄하여 하나의 행복지수를 산출하는 노력을 해 왔다. OECD의 Better Life Index, 부탄의 국민총행복(Gross National Happiness), 영국 통계청(ONS)의 국가행복지표(National Wellbeing)와 신경제재단(New Economics Foundation)의 지구촌행복지수(Happy Planet Index), 그리고 우리나라에서 국민행복지수를 산출하려 한 다수의 연구들(예. 김미곤 외, 2017; 이희철·구교준, 2019)이 이에 해당한다. 이제 국내외에서 행복을 측정하기 위해 개발된 지표체계의 대표적 사례들을 검토하고자 한다.

2. 국내 행복측정 연구의 지표체계

1) 한국인의 행복지수(황명진·심수진, 2008)

황명진·심수진(2008)은 통계청의 [한국의 사회지표]에 나타난 13개 영역(인구, 가구와 가족, 소득과 소비, 노동, 교육, 보건, 주거와 교통, 정보와 통신, 환경, 복지, 문화와 여가, 안전, 정부와 사회참여)을 기초로, 기존의 행복측정 연구에서 행복에 영향을 미치는 요인으로 지목된 지표들을 추려내 총 10개 영역의 43개 지표로 행복지표 체계를 구축했다. 가족 영역에 가족관계 만족도 등 3개 지표, 경제 영역에 1인당 GDP 등 5개 지표, 직업영역에 실업률 등 3개 지표, 교육 영역에 교원 1인당 학생수 등 4개 지표, 건강 영역에 주관적 건강평가 등 6개 지표, 주거 영역에 도시주택가격지수 등 4개 지표, 환경 영역에 대기오염도 등 4개 지표, 안전 영역에 사회안전에 대한 인식 등 6개 지표, 문화 및 여가 영역에 평균여가시간 등 4개 지표, 정부와 사회참여 영역에 사회단체참여율 등 4개 지표가 포함되어 있다. 이러한 지표체계는 개인의 행복수준을 직접 측정한 것이 아니라 기존에 공표된 통계지표들을 활용한 것으로 사회 단위의 평균적 행복 수준을 측정하는 것에 적합하다(김미곤 외, 2017).

〈표 2-2〉 황명진·심수진(2008)의 행복지수 지표체계

영역	지표	자료출처	주기
가족 (3)	조이혼율	인구동태통계	1년(80-05)
	가족관계 만족도	사회통계조사 2006	4년(98,02,06)
	소년소녀가장 가구수	보건복지부, 보건복지통계연보	1년(95-05)
경제 (5)	1인당 GDP	한국은행, 계간국민계정	1년(81-05)
	소득집중도(지니계수)	가계조사	1년(98-05)
	소득만족도	사회통계조사 2003	4년(99,03)
	소비생활 만족도		
	생활물가지수	통계청, 물가연보	1년(00-06)
직업 (3)	실업률	경제활동인구조사	1년(81-06)
	주당 근로시간	노동부, 매월노동통계조사	1년(85,90,95,00-05)
	근로여건 만족도	사회통계조사 2006	4년(98,02,06)
교육 (4)	교육기회의 충족도	사회통계조사 2004	4년(00,04)
	교원 1인당 학생수	교육인적자원부, 교육통계연보	1년(85,90,95,00-05)
	교육비 부담률에 대한 인식	사회통계조사 2004	4년(00,04)
	학교생활만족도		
건강 (6)	주관적 건강평가	사회통계조사 2006	3년(99,03,06)
	스트레스 인식 정도	한국보건사회연구원, 국민건강영양조사	4년(01,05)
	유병률	사회통계조사 2006	4년(95,99,03,06)
	기대수명	생명표	1년(01-05)
	보건의료서비스에 대한 인식	사회통계조사 2005	3년(98,02,05)
	자살률	사망원인통계	1년(95-05)
주거 (4)	도시주택가격지수	국민은행, 전국주택가격동향조사	1년(92-06)
	주택에 대한 만족도	사회통계조사 2004	3년(97,01,04)
	방당 거주인수	인구주택총조사	5년(80-85)
	거주지역에 대한 만족도	사회통계조사 2004	3년(97,01,04)
환경 (4)	대기오염도	환경부, 환경통계연감	1년(99-05)
	수질오염도		
	환경오염에 대한 체감	사회통계조사 2005	4년(97,01,05)
	소음공해도	환경부, 환경통계연감	1년(02-05)
안전 (6)	사회안전에 대한 인식	사회통계조사 2005	4년(97,01,05)
	범죄피해에 대한 두려움		

영역	지표	자료출처	주기
안전 (6)	범죄발생건수	대검찰청, 범죄분석	1년(82-05)
	교통사고 발생 사망자수	경찰청, 교통사고통계	1년(82-05)
	교통안전시설 만족도	사회통계조사 2004	3년(97,01,04)
	화재발생건수	행정자치부, 화재통계연보	1년(82-05)
문화와 여가 (4)	문화예술시설수	문화관광부	1년(95-05)
	여가활용 만족도	사회통계조사 2004	4년(00,04)
	평균 여가시간	생활시간조사	5년(99,04)
	공공체육시설수	문화관광부, 체육시설현황	1년(96-05)
정부와 사회 참여 (4)	사회단체참여율	사회통계조사 2006	3년(99,03,06)
	자원봉사자 비율		
	사회이동의 가능성		
	민원서비스에 대한 만족도		

출처: 황명진 외(2008)

2) 보건사회연구원의 행복지수 지표체계 검토

보건복지 분야의 대표적인 싱크탱크 국책연구기관인 보건사회연구원에서는 다수의 연구자에 의해 지속적으로 행복지수를 개발하려는 노력을 진행해 왔다(김승권 외, 2008; 김미곤 외, 2017; 정해식 외, 2019). 먼저 김승권 외(2008)는 한국인의 행복결정 요인을 바탕으로 행복지수체계를 구축하였다(〈표 2-3〉 참조). 제1단계로 행복결정 요인의 하위 영역을, 제2단계로 각 영역별 행복결정 요인(안)을 개발하였다. 이 과정에서 국내 선행연구, 주요 외국의 행복 관련 연구, 행복 관련 이론, 전문가 자문회의 결과 등을 주로 고려하였다. 그리고 행복결정 요인 개발의 제3단계에서는 델파이 조사를 통하여 최종적으로 행복결정 요인을 선정하였다. 각 영역별로 개발된 행복결정요인(안)으로는 심리적 안정(6개 지표), 가족·결혼(4개 지표), 개인적 관계(4개 지표), 일상생활(4개 지표), 경제적 안정, 건강 등(3개 지표), 지역사회(2개 지표), 주거 등(2개 지표)이며, 이와 더불어 인구사회학적 특성의 중요성을 파악하기 위한 9개 지표를 함께 제시하였다.

〈표 2-3〉 한국보건사회연구원 김승권 외(2008), 행복결정요인(안)

영역	행복결정요인(안)
심리적 안정	① 자신에 대한 자아 존중감 척도 ② 사회환경이나 변화에 대한 적응도 및 유연성 ③ 긍정적인 가치관 및 감정 ④ 자신의 유소년기 성장환경에 대한 만족도 ⑤ 자기계발에 대한 목표 설정 여부 및 달성도 ⑥ 현재 나의 모습에 대한 만족도
가족 · 결혼	① 결혼을 할지에 대한 자율성 보장 ② 현재의 가족(결혼)생활에 대한 만족도 ③ 현재의 부부생활(이성교제)에 대한 만족도 ④ 출산 및 자녀성장에 대한 만족도
개인적 관계	① 가족원 관계에 대한 만족도 ② 친구 및 동료의 관계에 대한 만족도 ③ 타인에게 긍정적으로 인정받는 정도 ④ 자신의 외모에 대한 타인의 긍정적 반응 정도
지역사회	① 지역사회에 참여 여부 및 정도 ② 지역사회 환경에 대한 만족도
일상생활	① 식생활의 규칙성 ② 식생활의 질에 대한 만족도 ③ 만족스러운 수면(양, 질) ④ 여가 및 휴식에 대한 만족도
인구사회학적 특성	① 성(Gender) ② 연령 ③ 혼인상태 ④ 취업 여부 ⑤ 종사상 지위 ⑥ 직업 ⑦ 개인소득 수준 ⑧ 가구소득 수준 ⑨ 종교생활 여부 및 신앙수준

영역	행복결정요인(안)
경제적 안정	① 다른 사람보다는 경제적으로 안정되어 있다는 만족감 ② 원하는 만큼 재산(소득)을 소유(취득)하고 있다는 만족감 ③ 원하는 것을 언제든 사거나 가질 수 있다는 유능감
일	① 일을 할지에 대한 선택에 있어 자율성 보장 정도 ② 현재의 일 종류와 자신이 원하는 것과의 일치 정도 ③ 현재 일에 대한 급여, 근무환경에 대한 만족도 ④ 자신의 일에 대한 보람 정도
건강	① 자신의 주관적인 건강수준 ② 가족의 건강수준 ③ 규칙적인 운동 여부
주거	① 주거의 소유 및 질에 대한 만족도 ② 거주 지역에 대한 만족도

출처: 한국보건사회연구원(2008)

김미곤 외(2017)는 김승권 외(2008)의 지표체계를 발전시켜 행복지수를 개발하였다. 먼저 연구진을 중심으로 행복의 개념 및 이론적 검토를 바탕으로 행복의 다차원적 영역을 구성하고, 각 하위 영역의 측정지표를 개발하였다. 이렇게 산출된 행복지표 체계는 1차 전문가 이메일 조사를 통하여 행복지표 체계를 확정하고 각 영역과 지표의 가중치를 구하였다. 이렇게 도출된 행복지표 체계는 2차 전문가 조사와 일반 국민을 대상으로 행복 영역별 만족도 및 행복도 조사를 진행하면서 다시금 지표체계의 타당도와 신뢰도가 점검되었다. 이러한 과정을 거쳐 산출된 행복 영역별 지표 구성은 〈표 2-4〉와 같다.

〈표 2-4〉 김미곤 외(2017)의 행복 영역별 지표 구성

영역(7)	지표(36)
삶의 가치와 목표	삶에 대한 가치평가 자기효능감 원하는 삶과 현실 간의 괴리 정도 미래에 대한 불안 남을 도우며 사는 삶 희망 교육수준 달성 정도
관계	가족(결혼) 생활 만족도 부부생활(이성교제) 만족도 친구(동료) 관계 만족도 어려울 때 도움 받을 수 있음
주거와 환경의 질	거주 지역의 자연환경 만족도(녹지, 공원 등) 거주 지역의 공해 정도(대기오염, 수질오염 등) 주거의 질 만족도(주택수준, 거주 지역 안전 등) 교통 편의성 주거 관련 지출 부담 주거의 안정성(자가소유, 안정적 계약기간 등)
일	현재 하고 있는 일과 원하는 것의 일치 정도 급여와 업무환경 만족도 일에 대한 보람 고용안정성
생활의 질과 경제적 안정	여가와 문화생활 만족도 일과 삶의 조화 소득 충족감 구매(소비) 유능감 재산 충족감
건강	주관적 건강수준 가족과 유의미한 사람들의 건강수준 적절한 자기관리(운동, 식이 등) 의료비 부담 스트레스, 불안, 우울

영역(7)	지표(36)
거버넌스의 질	남을 믿으며 살 수 있는 사회 자유가 보장되는 사회(선택의 자유, 사생활 보호 등) 이민자, 성소수자, 장애인 등에 대해 차별이 없는 사회 격차가 적고 박탈 느낌이 없는 사회(공정한 사회, 사회복지 등) 민주주의 수준 범죄, 재해, 사고 등으로부터 시민 보호(자연재해, 인공재해 등)

출처: 한국보건사회연구원(2017)

김미곤 외(2017)의 행복지수 산출을 위한 행복지표 체계는 총 7개 하위 영역의 36개 지표로 구성되어 있다. 하위 영역은 삶의 가치와 목표(가중치 14.9%, 6개 지표), 관계(가중치 16.8%, 4개 지표), 주거와 환경의 질(가중치 9.1%, 6개 지표), 일(가중치 18.3%, 4개 지표), 생활의 질과 경제적 안정(가중치 13.3%, 5개 지표), 건강(가중치 17.4%, 5개 지표), 거버넌스의 질(가중치 10.1%, 6개 지표)로 구성되어 있다. 가중치를 기준으로 하위 영역의 중요성을 살펴보면 일 영역이 가장 높은 가중치가 부여되었고, 그 다음이 건강과 관계였다. 김미곤 외(2017)의 행복지표 체계는 체계적인 연구 절차를 통하여 행복의 하위 영역과 지표체계를 도출하고, 전문가 조사를 통해 하위 영역의 상대적 중요성을 가중치로 부여하여, 하나의 지수로 행복을 측정할 수 있게 고안되었다는 면에서 상당한 의의를 갖는다.

보건사회연구원은 2019년부터 한국인의 행복과 삶의 질에 대한 다학제적 협동 연구를 3년 동안 진행하고 있다. 2019년의 1년차 연구는 주관적 안녕의 개념으로 행복을 측정하고, 한국인의 행복에 영향을 미치는 요인을 파악하는 것을 핵심적 연구 내용으로 하였다. 정해식 외(2019)의 1년차 연구에서 사용한 행복지표들은 기존의 김승권 외(2008)나 김미곤 외(2017)와 같이 여러 하위 차원의 수십 개 지표로 구

〈표 2-5〉 정해식 외(2019)의 한국인의 행복 측정지표

지표(5)	질문
삶의 평가: 캔트릴 사다리	"바닥이 0점이고 꼭대기가 10점인 사다리를 상상하세요. 사다리의 꼭대기는 당신의 삶에서 최상의 상태를 의미하고, 사다리의 바닥은 당신의 삶에서 최악의 상태를 의미합니다. 지금 현재 당신은 그 사다리의 어느 단계에 있다고 생각하십니까?" (OECD, 2013; Gallup, 2014; 김미곤 외, 2017에서 재인용)
삶의 만족	" _님께서는 요즘 _님 삶에 전반적으로 만족하십니까?" (OECD, 2013)
어제 행복감	" _님께서는 어제 얼마만큼 행복하셨습니까?"(OECD, 2013)
어제 우울감	" _님께서는 어제 얼마만큼 우울하셨습니까?"(OECD, 2013)
삶의 가치: 유다이모니아	" _님께서는 _님께서 하시는 일들이 얼마나 가치있다고 생각하십니까?"(OECD, 2013)

출처: 한국보건사회연구원(2019)

성한 포괄적 지표체계와는 거리가 있다. 〈표 2-5〉에서 볼 수 있듯이, 정해식 외(2019)의 연구에서 한국인의 행복을 측정한 기준은 OECD(2013)의 주관적 안녕(subjective well-being) 지표체계에 근거를 두고 있다. 즉 복합적 경험으로서의 행복을 측정하기 위해 삶에 대한 평가, 삶의 만족, 행복감과 우울감의 정서적 경험, 유다이모니아적 삶의 가치 등 5개 지표가 활용되어 개인적 수준의 주관적 행복을 측정하는데 초점을 맞추었다.

3) 한국노동연구원의 일과 행복

한국노동연구원은 고용과 소득의 문제가 수면 위로 본격적으로 부각되었던 IMF 외환위기 시기에 노동패널을 설계하고 1998년부터 매년 조사를 진행해 왔다. 이 노동패널 조사에는 전반적인 삶의 만족도

〈표 2-6〉 한국노동패널조사 6개의 생활 요인, 일 또는 일자리 만족도(1998~2014)

영역		질문	측정
삶 구성 요인 (6)	가족의 수입	다음 내용에 대해 얼마나 만족하십니까?	5점 척도
	여가 생활		
	주거 환경		
	가족 관계		
	친인척 관계		
	사회적 친분관계		
일 또는 일자리 만족도 (9)	임금 또는 소득	주된 일과 관련하여 아래의 항목들에 (이러한 각각의 요소에 대하여) 얼마나 만족하고 계십니까?	
	취업의 안정성		
	하고 있는 일의 내용		
	근로환경		
	근로시간		
	개인의 발전 가능성		
	의사소통과 인간관계		
	인사고과의 공정성		
	복지후생		

출처: 한국노동연구원(2015)

를 묻는 문항이 포함되어 장기간의 주관적 삶의 만족 추이를 볼 수 있다. 또한 18차에 해당하는 2015년에는 주관적 행복으로 간주될 수 있는 추가적 문항을 부가조사의 형태로 조사했다. 이러한 시도는 한국노동연구원이 주도했던 인문경제사회이사회의 3개년 협동연구과제인 '일과 행복(2015~2017)'의 일환으로 진행된 것이었다(안주엽 외, 2015, 2016, 2017).

2015년 1차년의 일과 행복(Ⅰ)에서는 한국노동패널조사의 전반적 삶의 만족도 문항, 즉 '전반적으로 생활에 얼마나 만족하고 계십니까?'라는 질문을 주관적 행복으로 간주하고 장기간의 시계열적 추이를 분석하였다. 또한 한국노동패널조사에서는 삶의 구성요인 6개 지표와

〈표 2-7〉 한국노동패널 부가조사의 행복도 측정 문항(제18차 조사, 2015년)

영역	질문	측정
전반적 행복도	모든 것을 고려할 때 얼마나 행복하십니까?	11점 척도 (0~10)
삶에 대한 전반적 만족도	전반적으로 삶에 대해 얼마나 만족하고 계십니까?	
하는 일에 대한 가치 인식	하시는 일이 전반적으로 어느 정도 가치가 있다고 느끼십니까?	
캔트릴사다리 (Cantril Ladder)	밑(0)에서 꼭대기(10)까지 숫자가 매겨진 사다리를 생각하세요. 맨 꼭대기(10)는 귀하의 삶에서 가능한 최선의 상태를, 맨 아래(0)는 귀하의 삶에서 가능한 최악의 상태를 나타냅니다. 귀하는 지금 현재 사다리에서 몇 번째 칸에 있다고 느끼십니까?	
5년 전(5년 후)의 전반적 삶에 대한 만족도 (에 대한 예상)	5년 전, 전반적으로 삶에 대해 얼마나 만족하셨습니까?	
	5년 후, 전반적인 삶에 대해 얼마나 만족할 것으로 예상하십니까?	

출처: 한국노동연구원(2016)

일과 관련된 9가지 지표에 대한 만족도를 조사 문항으로 포함시켰다. 이러한 지표체계는 행복이라는 틀에서 조작화된 것은 아니지만 삶의 만족도와 일의 만족도라는 면에서 행복 수준을 측정할 여지를 마련해 주었다(〈표 2-6〉 참조).

한국노동패널 제18차 조사에서는 '삶의 인식 부가조사'를 통해 기존의 삶의 만족도 외에 행복을 직접 측정하는 설문을 포함시켰다(〈표 2-7〉 참조). 그리고 이 행복측정 문항들은 앞의 보건사회연구원과 마찬가지로 OECD(2013)의 주관적 안녕 지표체계에 근간을 두고 있다. 구체적으로는 5개 영역의 6개 문항으로 구성되어 있는데, 삶에 대한 전반적 만족도(0~10까지 11점 척도), 하는 일에 대한 전반적 가치 인식, 캔트릴 사다리(Cantril Ladder) 측도, 전반적 행복도, 5년 전 삶에 대한 전반적 만족도, 5년 후 삶에 대한 전반적 만족도에 대한 예상 등이며, 모두 0점에서 10점 사이를 선택하는 11점 척도로 구성되어 있다.

4) 서울형 행복지표

한국의 대표적인 광역지자체 서울에서도 이른바 '서울형 행복지표'를 설정하기 위한 노력이 서울연구원을 중심으로 수행되었다. 변미리 외(2017)의 '서울형 행복지표 구축과 제도화 방안'은 기존의 2014년에 진행된 서울형 행복지수를 재구성하여 〈표 2-8〉과 같은 서울형 행복지표 체계를 고안하였다. 서울형 행복지표 체계는 총 8개 영역에 13개 세부 영역으로 구분되며 총 41개의 지표로 구성되어 있다. 하위 영역은 경제(세부 영역 – 경제활동, 경제적 다양성), 일자리, 인적역량(교육), 건강 및 안전(세부 영역 – 건강, 안전), 문화 및 시간(세부 영역 – 문화/여가, 시간활용), 사회관계(세부 영역 – 연결망, 공동체), 거주환경(세부 영역 – 주거환경, 교통), 생활만족 등이다. 서울형 행복지표는 기존의 연구에서 제시된 여러 지표들을 망라하고 있지만, 시간사용 관련 지표들을 포함하고 있다는 점이 특징적이다.

〈표 2-8〉 변미리 외(2017)의 서울형 행복지표 체계

영역	세부 영역	지표	설명
경제	경제 활동	소득만족도	자신의 소득에 만족하는 정도
경제	경제 활동	평균소득	월평균 소득
경제	경제 활동	경제활동인구	전 인구에서 경제활동을 하는 인구 비율
경제	경제적 다양성	사업다양성	사회적 기업 고용자 수
경제	경제적 다양성	공유기업	공유기업 수
일자리		직업안정성	지난 6개월 간 고용되어 있는지 여부
일자리		실업률	15~64세의 실업률(연간)
일자리		직업만족	직업 만족도
인적 역량	교육	교육능력	정규교육을 받은 기간
인적 역량	교육	교육정도	25~64세 중 고등교육 이수율
인적 역량	교육	교육만족도	교육환경에 만족하는 정도
건강/안전	건강	주관적 건강상태	자신의 건강상태를 좋다/나쁘다로 평가
건강/안전	건강	기대여명	어느 연령에 도달한 사람이 그 이후 몇 년 동안이나 생존할 수 있는가를 계산한 평균 생존연수
건강/안전	건강	정신건강	스트레스 정도
건강/안전	안전	살인율	인구 100,000명당 살인건수
건강/안전	안전	폭행률	폭행 및 강도로 인한 피해 경험
건강/안전	안전	야간안전	밤거리 안전도
문화/시간	문화/여가	문화환경 만족도	서울의 문화환경에 대한 전반적인 만족도
문화/시간	문화/여가	문화생활 참여 정도	문화생활 참여율
문화/시간	문화/여가	예술활동 참여도	예술활동 참여율
문화/시간	시간 활용	근로시간	하루 평균 근무시간
문화/시간	시간 활용	수면시간	하루 평균 수면시간
문화/시간	시간 활용	일과 여가의 균형 정도	장시간 근무 비율
사회 관계	연결망	연결망	필요할 때(어려울 때) 의지할 수 있는 친구 또는 지인이 있는지 여부
사회 관계	연결망	사회적 유대	편안한 사람들(친구, 가족 등)과 식사를 함께 하는 시간
사회 관계	연결망	자원봉사율	자원봉사 참여 비율
사회 관계	연결망	투표율	최근 선거에서의 투표율(투표인 수/등록인 수)
사회 관계	연결망	사회적 약자	사회적 약자(장애인, 노인, 저소득층)에 대한 배려 정도

영역	세부 영역	지표	설명
사회 관계	공동체	가족 신뢰	가족 신뢰도
		이웃 신뢰	이웃 신뢰도
		공공 신뢰	공공기관의 신뢰도
		계층 이동 가능성	계층 이동 가능성
		공동체 의식	살고 있는 지역에 대한 소속감
거주 환경	주거 환경	주거비	가계수입에서 주택 관련 비용이 차지하는 비율
		환경오염	미세먼지 농도
		공원	1인당 공원면적
	교통	보행환경	보행환경 만족도
		대중교통 만족도	대중교통(버스, 지하철)의 시민이용 만족도
생활만족		주관적 웰빙	전반적 삶에 대한 만족도
		긍정적 감정	즐거움/행복 정도
		부정적 감정	근심/걱정/우울 정도

출처: 서울연구원(2017)[1]

5) 통계청의 국민 삶의 질 지표

통계청 산하 통계개발원(SRI)에서는 2011년 ‘국민 삶의 질 지표’ 개발에 착수하였다. 「국민 삶의 질 2019」는 2017년 첫 보고서 발간 이후 두 번째 보고서로, 우리나라 국민들의 삶의 질 측정 결과를 체계적인 영역 및 개별 지표별로 분석하고 있다. 2019년 12월을 기준으로, 국민 삶의 질 지표는 11개 영역(‘개인’의 주관적 웰빙, 소득·소비, 건강, 교육, 주거, 고용/‘사회적 관계’ 영역인 시민참여, 여가, 가족·공동체/‘환경적 조건과 안전’ 영역)의 71개 객관적·주관적 지표를 통해 측정되고 있다(〈표 2-9〉 참조).

1 음영처리된 지표는 시민조사 결과 삭제하거나 대체해야 할 지표로 제시된 바 있음.

〈표 2-9〉 통계청 국민 삶의 질 지표체계

영역(11)	객관적 지표(42)	주관적 지표(29)질문
가족·공동체	(-) 독거노인 비율 (-) 사회적 고립도 (+) 사회단체 참여율	(+) 가족관계 만족도 (+) 지역사회 소속감
건강	(+) 기대수명 (+) 건강수명 (+) 신체활동 실천율 (-) 비만율 (-) 자살률	(+) 주관적 건강상태 (-) 스트레스 인지율
교육	(+) 유아교육 취원율 (+) 고등교육 이수율 (+) 대학졸업자 취업률	(+) 학교교육의 효과 (+) 학교생활 만족도 (-) 교육비 부담도
고용·임금	(+) 고용률 (-) 실업률 (+) 월평균 임금 (-) 근로시간 (-) 저임금근로자 비율	(+) 일자리 만족도
소득 · 소비 · 자산	(+) 1인당 GNI (+) 가구중위소득 (+) 가구순자산 (-) 상대적 빈곤율	(+) 소득 만족도 (+) 소비생활 만족도
여가	(+) 여가시간 (+) 1인당 여행일수 (+) 문화여가 지출률 (+) 문화예술 및 스포츠 관람횟수	(+) 여가생활 만족도 (+) 여가시간 충분도
주거	(+) 1인당 주거면적 (-) 통근시간 (-) 최저주거기준 미달가구 비율 (-) 주택임대료 비율 (+) 자가점유가구 비율	(+) 주거환경 만족도

영역(11)	객관적 지표(42)	주관적 지표(29)질문
환경	(-) 미세먼지 농도 (+) 1인당 도시공원 면적 (+) 농어촌 상수도 보급률	(-) 기후변화 불안도 (+) 대기질 만족도 (+) 수질 만족도 (+) 토양환경 만족도 (+) 소음 만족도 (+) 녹지환경 만족도
안전	(-) 가해에 의한 사망률 (-) 아동학대 피해 경험률 (-) 범죄피해율 (-) 아동안전사고 사망률 (-) 산재사망률 (-) 화재사망자수 (-) 도로교통사고 사망률	(+) 야간보행 안전도 (+) 안전에 대한 전반적 인식
시민 참여	(+) 선거투표율 (+) 자원봉사활동 참여율	(+) 정치적 역량감 (+) 시민의식 (+) 부패인식지수 (+) 대인신뢰도 (+) 기관신뢰도
주관적 웰빙	-	(+) 삶의 만족도 (+) 긍정정서 (-) 부정정서

출처: 통계청(2019)

객관적 지표는 팩트 위주의 기존 2차 통계자료를 활용한 것이고, 주관적 지표는 개인에 대한 인식조사를 통해 얻어지는 것으로 이해된다. 통계청은 삶의 질 지표들을 적절성, 자료의 질, 중립성을 기준으로 삶의 질과 관련성이 높은 것들로 구성·선정하였다고 밝혔다. 국민의 삶의 질 지표체계는 지표 값의 증가가 삶의 질 개선에 기여하는지, 악화에 기여하는지에 따라 긍정방향 지표(+)와 부정방향 지표(-)로 명시적으로 구분되고 있다.

[그림 2-1] 이희철·구교준(2019)의 국가간 비교를 위한 역량중심 국민행복지수의 구조

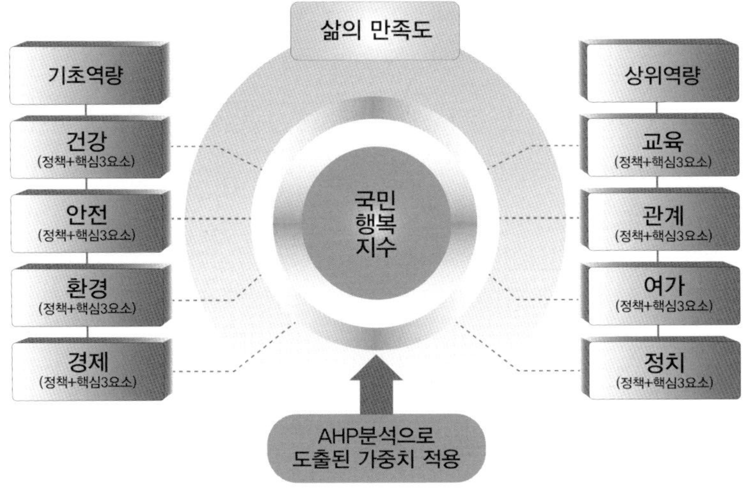

출처: 이희철 외(2019)에서 정리

6) 역량 중심의 국민행복지수

유다이모니즘에 근거하여 행복을 실증적으로 측정하고 국가간 비교에 활용하는 연구도 수행된 바 있다. 구교준 외(2015) 및 이희철·구교준(2019) 등의 연구에서는 역량(capability) 개념을 적극적으로 행복지표 체계 개발에 적용하였다. 이희철·구교준(2019)은 [그림 2-1]과 같이 역량을 인간의 기본적인 삶의 조건과 관련된 기초역량과 적극적으로 자기실현을 펼칠 수 있는 상위 역량으로 구분하였다. 기초역량에는 건강, 안전, 환경, 경제 영역이 하위 영역으로, 상위 역량에는 교육, 관계, 여가, 정치 영역이 하위 역량으로 포함되었다. 또한 각 영역은 정책 평가요소와 핵심 지표 3개로 구성되어 있다. 이렇게 하면 각 영역별로

4개 지표로 구성되어 8개 영역에 32개 지표체계가 갖추어지며, 여기에 주관적인 삶의 만족도가 더해져 총 9개 영역으로 국민행복지수를 산출하였다. 각 영역별 가중치는 전문가 조사를 통하여 설정하였고, 이를 적용한 표준화된 종합점수는 0점에서 1점 사이의 값을 갖도록 하였다. 역량중심 국민행복지수의 구체적인 지표체계는 〈표 2-10〉과 같다.

〈표 2-10〉 이희철·구교준(2019)의 역량중심 국민행복지수 지표체계

역량	영역	정책요소	핵심요소(지표)
기초 역량	건강	Health Policy	① 전체 건강 관련 지출 중 예방적 건강비용 지출 ② 인구 1천명당 의사수 ③ 평균기대수명
	안전	Social Inclusion Policy	① 안전한 생활환경 조건 ② 밤거리를 걸을 때 안전하다고 느끼는 정도 ③ 경찰에 대한 신뢰도
	환경	Environmental Policy	① 수질에 만족하는 인구(%) ② 대기오염도 (μg/m3) ③ 최근 10년간 1인당 이산화탄소 배출량
	경제	Labour Market Policy	① 취업률(%) ② 가계 순가처분소득($) ③ 소득분위별 소득의 분산 정도
상위 역량	교육	Education Policy	① 초등학교 취학전 투입 비용 ② PISA 점수 ③ 학생-선생 비율
	관계	Integration Policy	① 시민사회 활성화 정도 ② 개인 간의 안전과 신뢰에 관한 인지수준 ③ 비공식 지지네트워크(support network)의 질
	여가	Family Policy	① 평균 연간 근로시간 ② 레저 활동 및 개인정비 활용 시간 ③ 인구 1천명당 국가 방문객수
	정치	Non-discrimination	① 부패인식지수(Corruption Perceptio Index) ② 시민권리 보장 정도 ③ 언론자유지수(Press Freedom Score)

출처: 이희철 외(2019)에서 정리

7) 국가미래연구원의 국민행복지수

보수주의를 표방하고 있는 민간 싱크탱크 국가미래연구원은 자체적인 국민행복지수를 측정하여 주기적으로 발표하고 있다. 특히 2003년 1분기를 100으로 기준점을 잡고, 시계열적 추이를 보여주며 우리나라 국민행복지수가 대외적 변수나 경제적 충격에 따라 어떠한 변화를 보여주고 있는지 분석할 수 있다는 점에서 유용한 지표체계로 분류된다. 행복지수는 소항목의 가중합을 기초로 3대 항목의 지수를 산출한 후, 3개 대항목 지수값을 평균한 것이다. 지수 산출을 위한 3개의 대항목은 경제성과 및 지속가능성, 삶의 질, 경제/사회 안정 및 안전이다. 경제성과 및 지속가능성에는 1인당 소비지출 등 6개 중항목과 8개 소항목으로 구성되어 있으며, 삶의 질 대항목은 고용 등 6개 중항목에 12개 소항목이, 경제/사회안정 및 안전 대항목은 중산층 비중 등 8개 중항목에 14개 소항목으로 구성된다. 〈표 2-11〉에서 볼 수 있듯이, 국가미래연구원의 국민행복지수는 경제학적 배경을 가진 연구기관답게 경제 관련 지표가 큰 비중을 차지하고 있다.

〈표 2-11〉 국가미래연구원 국민행복지수의 변수 설정과 산출방식

대항목	중항목(20)	소항목(34)	산식	출처
경제성과 및 지속 가능성 (6)	1인당 소비지출	GDP 내 최종가계 소비 지출	가계최종소비지출/15세 이상 인구	한국은행
	1인당 교양 및 오락비 지출	GDP 내 오락문화비 지출	오락문화비지출/15세 이상 인구	한국은행
	1인당 정부부채	국가채무	국가채무/15세 이상 인구	통계청
	1인당 자본스톡	유형고정자산	국부 유형고정자산/15세 이상 인구	통계청
	1인당 인적자본 형성 및 노동생산성	대학진학률	진학자/졸업자	교육통계 연보
		인적자본형성을 위한 공(정부) 교육비 지출	가계 최종소비지출/가구수	한국은행
		노동생산성 지수	산출량지수/노동투입량지수	통계청
	1인당 가계부채	가계신용	가계신용/15세 이상 인구	한국은행
삶의 질 (6)	고용	고용률	취업자/생산가능인구	한국은행
		비정규직 비중	비정규직근로자/임금근로자	통계청
	건강	기대수명	0세의 기대여명	통계청
		사망률	1천 명당 사망자 수	통계청
	민간교육비 지출	민간교육비 부담	소비자물가지수 내 고등교육물가지수	통계청
		교육시설	10만 명당 교육시설 수	교육통계 연보
		고등학교 졸업률 (학업중단율)	당해 학업 중단자/전년말 재학생	통계청
	환경	온실가스 배출량(CO_2)	총배출량	환경부
		대기오염 배출량	(황산화물, 질소산화물, 오존, 미세먼지, 일산화탄소)의 각 배출량의 합	
		쓰레기배출량	종량제 봉투 판매량	

대항목	중항목(20)	소항목(34)	산식	출처
	주거	소득증가율-주택 가격상승률	가계소득증가율-주택매매가격지수 증가율	통계청, KB
	문화시설	문화시설(도서관, 박물관, 미술관, 문예회관, 문화원)	인구 10만 명당 문화기반 시설 수	통계청
경제/사회 안정 및 안전 (8)	중산층 비중	중산층 비중	중위소득 50~150%	통계청
	물가	CPI	소비자물가지수	한국은행
		생활물가지수	지출목적별 소비자물가지수 (생활물가지수)	통계청
	소득분배	지니계수	가처분소득 기준 지니계수	통계청
		소득5분위 배율	상위 20% 소득/하위 20% 소득	
		절대적 빈곤율	기초생활수급자/추계인구	
	사회안전	범죄율	범죄건수/추계인구*10000	검찰청
		이혼율	이혼건수/혼인건수*100	통계청
		자살률	자살건수/추계인구	OECD, 통계청
	부패와 신뢰 수준	부패지수	국제투명성기구의 국가별 자료	국제 투명기구
	자연재난/재해 안전	재난/재해 피해액	재난/재해 피해액 (대설, 태풍, 호우, 풍랑 등)	소방방재청
	식품안전	식품 등 수거/검사 부적합률	부적합 건수/검사건수 (쓰레기 종량제 봉투 판매량)	식품의 약품안전청
	노후안정	55세 이상 고용률	55세 이상 취업자/55세 이상 생산가능인구	통계청
		노인빈곤율	정부 발표 최저생계비 (시장소득 기준)	보건사회 연구원 빈곤 통계연보

출처: 국가미래연구원(2020)

3. 해외의 행복측정 연구 및 관련 지표체계 검토

1) UN의 세계행복보고서(World Happiness Report)

UN의 세계행복보고서는 전 세계 국가들의 행복과 웰빙을 측정하고자 한 첫 번째 시도로 평가된다. 이 행복보고서 발간을 위해 UN 자문기관인 지속가능발전네트워크(SDSN, Sustainable Development Solution Network)를 주축으로, 미국 컬럼비아대학 지구연구소, 브리티시컬럼비아대학, 캐나다 선행연구소, 런던 정치경제대학 등이 공동연구를 진행하고 있다(변미리 외, 2017). SDSN은 2012년부터 155개국을 대상으로 1인당 GDP 등 6개 예측변수를 바탕으로 국가별 행복지수를 조사하여 발표하고 있다. 세계행복보고서의 행복지수를 구성하는 6개 변수는 〈표 2-12〉와 같다.

〈표 2-12〉 세계행복보고서 행복지수의 지표체계

변수(6)
1인당 GDP(GDP per capita)
사회적 지지(Social support)
기대수명(Healthy life expectancy at birth)
삶의 선택에서의 자율성(Freedom to make life choices)
관대함(Generosity)
부패인식(Perceptions of corruption)

출처: UN, World Happiness Report(2020)

2) UNDP의 인간개발지수(Human Development Index)

사실 센(Sen)이 주창한 역량이론을 바탕으로 삶의 질을 실증적으로 측정하려 했던 첫 번째 시도는 센 자신이 주도적으로 지표체계를 고안한 UNDP의 인간개발지수(Human Development Index)이다. 센은 1인당 국민소득(GNI)이나 국내총생산(GDP)과 같은 경제적 산출만으로는 인간의 후생을 적절히 측정할 수 없으므로 건강이나 교육과 같은 삶의 기본적 조건과 환경이 포함되어야 한다고 보았다.

〈표 2-13〉에서 볼 수 있듯이, 초기의 인간개발지수는 장수와 건강한 삶, 지식, 괜찮은 생활수준의 세 하위 영역에 4개의 하위 지표로 구성된 간단한 지표체계였다. 이 인간개발지수는 이후에 불평등-조정 인간개발지수(IHDI, Inequality-adjusted Human Development Index), 성개발 지수(GDI, Gender Development Index), 성불평등 지수(GII, Gender Inequality Index), 다차원 빈곤 지수(MPI, Multidimensional Poverty Index) 등 다양한 파생적 종합지표 및 지수체계로 발전되어 국가 간의 삶의 질과 인간개발 현황을 비교하는데 광범위하게 쓰이고 있다.

〈표 2-13〉 UNDP의 인간개발지수 등의 영역과 지표

분류	지표 체계
Human Development Index (HDI)	

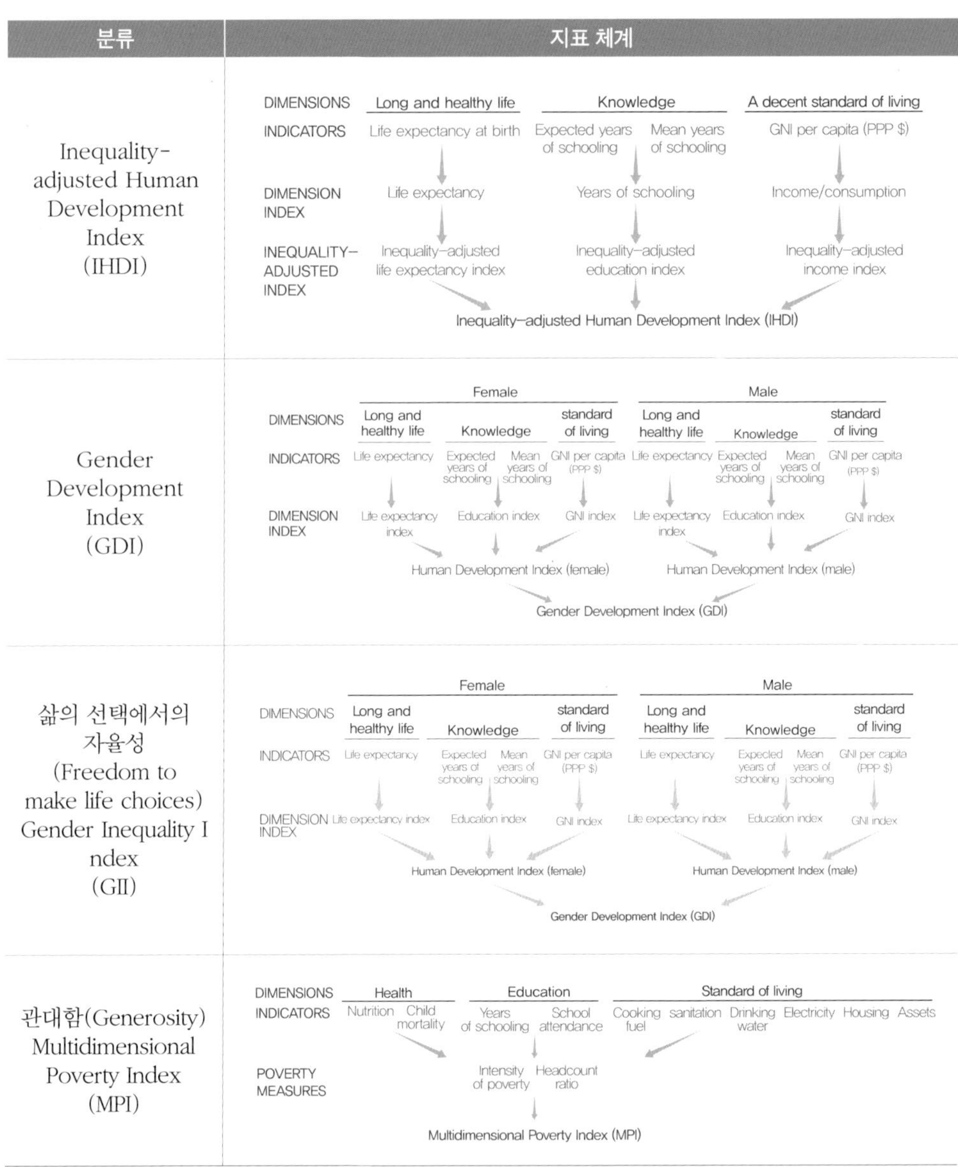

분류	지표 체계
Inequality-adjusted Human Development Index (IHDI)	DIMENSIONS: Long and healthy life / Knowledge / A decent standard of living INDICATORS: Life expectancy at birth / Expected years of schooling, Mean years of schooling / GNI per capita (PPP $) DIMENSION INDEX: Life expectancy / Years of schooling / Income/consumption INEQUALITY–ADJUSTED INDEX: Inequality–adjusted life expectancy index / Inequality–adjusted education index / Inequality–adjusted income index Inequality–adjusted Human Development Index (IHDI)
Gender Development Index (GDI)	Female / Male DIMENSIONS: Long and healthy life / Knowledge / standard of living (Female); Long and healthy life / Knowledge / standard of living (Male) INDICATORS: Life expectancy / Expected years of schooling, Mean years of schooling / GNI per capita (PPP $) (Female); Life expectancy / Expected years of schooling, Mean years of schooling / GNI per capita (PPP $) (Male) DIMENSION INDEX: Life expectancy index / Education index / GNI index (Female); Life expectancy index / Education index / GNI index (Male) Human Development Index (female) / Human Development Index (male) Gender Development Index (GDI)
삶의 선택에서의 자율성 (Freedom to make life choices) Gender Inequality I ndex (GII)	Female / Male DIMENSIONS: Long and healthy life / Knowledge / standard of living (Female); Long and healthy life / Knowledge / standard of living (Male) INDICATORS: Life expectancy / Expected years of schooling, Mean years of schooling / GNI per capita (PPP $) (Female); Life expectancy / Expected years of schooling, Mean years of schooling / GNI per capita (PPP $) (Male) DIMENSION INDEX: Life expectancy index / Education index / GNI index (Female); Life expectancy index / Education index / GNI index (Male) Human Development Index (female) / Human Development Index (male) Gender Development Index (GDI)
관대함(Generosity) Multidimensional Poverty Index (MPI)	DIMENSIONS: Health / Education / Standard of living INDICATORS: Nutrition, Child mortality / Years of schooling, School attendance / Cooking fuel, sanitation, Drinking water, Electricity, Housing, Assets POVERTY MEASURES: Intensity of poverty, Headcount ratio Multidimensional Poverty Index (MPI)

출처: UNDP, Human Development Report, Technical notes(2020)

3) OECD의 보다 나은 삶 지수(Better Life Index)

선진국 클럽으로 다양한 국제비교 자료를 산출하고 있는 경제개발협력기구(OECD)도 '보다 나은 삶 지수(Better Life Index)'라는 이름의 지표체계를 개발하고 회원국들의 현황을 주기적으로 조사하여 보고서를 발간하고 있다. OECD의 Better Life Index는 시민들의 더 나은 삶을 위한 11가지 삶의 영역에 총 24개의 지표체계를 구축하고 있다.

우선 물질적 생활 조건에 해당하는 영역으로 주거, 소득, 일자리 등 3개 하위 영역이, 삶의 질 측면은 사회, 교육, 환경, 정부, 건강, 삶 만족도, 안정, 일-생활 균형 등 8개 하위 영역으로 구성되어 있다. 〈표 2-14〉에서 볼 수 있듯이, 주거 영역에는 주거 관련 가구지출 등 3개 지표, 소득 영역에는 가계 순가처분소득 등 2개 지표, 일자리 영역에는 고용률 등 4개 지표가 포함되어 있다. 또 공동체 영역은 사회적 관계의 질 1개 지표, 교육 영역은 중등학력 이상 인구 비율 등 3개 지표, 환경 영역은 대기오염도 등 2개 지표, 시민참여 영역은 투표율 등 2개 지표, 건강 영역은 기대수명 등 2개 지표, 삶의 만족도 영역은 삶의 만족도 1개 지표, 안전 영역은 야간 보행시 안전감 등 2개 지표, 일-생활 균형은 여가 및 개인관리시간 등 2개 지표가 포함되어 있다.

〈표 2-14〉 OECD의 Better Life Index 영역과 지표

영역(11)	지표 체계
주거 (Housing)	실내 수세식 화장실이 없는 주거시설에 거주하는 인구의 비율(%) (Dwelling without basic facilities)
	주택 및 주택 유지 관리에 대한 가구 지출(%) (Housing expenditure)
	1인당 방의 수(개) (Rooms per person)
소득 (Income)	가계 순 가처분소득($) (Household net adjusted disposable income)
	가계 순 자산($) (Household net wealth)
일자리 (Jobs)	노동시장 불안정(%) (Labour market insecurity)
	고용률(%) (Employment rate)
	장기실업률(%) (Long-term unemployment rate)
	개인소득($) (Personal earnings)
공동체 (Community)	사회적 관계의 질(%) (Quality of support network)
교육 (Education)	중등 학력 이상의 인구(%) (Educational attainment)
	학생 능력(PISA 점수) (Student skills)
	기대 교육 연수(년) (Years in education)
환경 (Environment)	대기 오염도($\mu g/m^3$) (Air pollution)
	수질에 대한 만족도(%) (Water quality)

영역(11)	지표 체계
시민 참여 (Civic Engagement)	규정 개발 과정에서의 이해 관계자 참여(점) (Stakeholder engagement for developing regulations)
	투표율 (Voter turnout)
건강 (Health)	기대 수명(년) (Life expectancy)
	주관적 건강 인식(%) (Self-reported health)
삶 만족도 (Life Satisfaction)	삶 만족도 (Life satisfaction)
안전 (Safety)	야간 보행 안전감(%) (Feeling safe walking alone at night)
	살인율(10만 명당 비율) (Homicide rate)
일-생활 균형 (Work-Life Balance)	장시간 근로자(%) (Employees working very long hours)
	여가 및 개인 관리 시간(시간) (Time devoted to leisure and personal care)

출처: OECD(2020)

4) 부탄의 국민총행복(Gross National Happiness)

국민의 행복수준이 경제발전과 반드시 비례하는 것은 아니므로 삶의 질이나 행복을 측정할 때 다양한 삶의 조건과 주관적인 행복감을 포함시켜야 한다는 것을 국가적 차원에서 선도적으로 실천하고 있는 곳은 히말라야 산맥의 가난한 변방 국가 부탄이다. 척박하고 고립된 자연환경이라는 제약 조건에서 서구의 경제발전 모델을 국가발전전략으로 채택하는 것은 아마 부탄에게는 불가능한 방향이었을지 모른다.

또한 부탄은 전통문화와 공동체적 유대를 소중한 유산으로 간직하고 있었기에 서구의 경제발전이 이러한 전통을 파괴할지도 모른다는 우려를 안고 있기도 하였다.

이러한 맥락에서 부탄은 국민총생산(GNP) 대신 국민총행복(GNH)이라는 개념을 국가발전의 목표로 채택하고, 구체적인 국가행복지표체계를 수립해 왔다. 부탄의 국민 총행복(GNH) 지수는 9가지 하위 영역으로, 그리고 각 하위 영역은 2~4개의 지표로 구성되며 개별 지표마다 일정한 비율의 가중치가 부여된다. 예를 들어 심리적 웰빙 하위 영역에서는 삶의 만족도와 영성이 각각 33%, 긍정적 감정과 부정적 감정이 각각 17%의 가중치를 부여받아 하위 영역 전체가 100%를 이룬다. 나머지 8개 하위 영역의 지표체계는 〈표 2-15〉에 제시되어 있으며, 9개 영역의 지수값을 평균하여 국민총행복 지수값이 산출된다.

〈표 2-15〉 부탄의 국민 총행복(Gross National Happiness) 지표

영역(9)	지표 체계	비중
심리적 웰빙 (Psychological wellbeing)	삶의 만족도(Life satisfaction)	33%
	긍정적 감정(Positive emotion)	17%
	부정적 감정(Negative emotion)	17%
	영성(Spirituality)	33%
건강 (Health)	주관적 건강 상태(Self-reported health status)	10%
	건강한 날의 수(Number of healthy days)	30%
	장애(Disability)	30%
	정신건강(Mental health)	30%
시간사용 (Time use)	일(Work)	50%
	수면(Sleep)	50%

영역(9)	지표 체계	비중
교육 (Education)	문해력(Literacy)	30%
	학교(Schooling)	30%
	지식(Knowledge)	20%
	가치(Value)	20%
문화 다양성 및 회복력 (Cultural diversity and resilience)	숙련(Zoring chusum skills(Artisan skills))	30%
	문화 참여(Cultural participation)	30%
	모국어 구사(Speak native language)	20%
	행동규범(Driglam Namzha(code of conduct))	20%
좋은 거버넌스 (Good governance)	정치 참여(Political participation)	40%
	서비스(Services)	40%
	거버넌스 성과(Governance performance)	10%
	기본권(Fundamental rights)	10%
지역사회 활성화 (Community vitality)	기부(Donation(time and money))	30%
	안전(Safety)	30%
	지역사회 관계(Community relationship)	20%
	가족(Family)	20%
생태다양성 및 회복력 (Ecological diversity and resilience and lastly)	야생 피해(Wildlife damage)	40%
	도시 이슈(Urban issues)	40%
	환경에 대한 책임(Responsibility to environment)	10%
	생태 이슈(Ecological issues)	10%
생활수준 (Living standards)	소득(Income)	33%
	자산(Assets)	33%
	주거(Housing)	33%

출처: GNH Report(2015)

5) 영국 통계청(ONS)의 국가행복지표(National Wellbeing)

영국 통계청의 국가행복지표도 개별 국가의 대표적인 행복지표 체계로 알려져 있다. 2010년 영국 통계청은 영국민의 웰빙 수준을 측정하기 위한 지표체계를 10가지 하위 영역에 총 41개의 지표로 구성하였다. 〈표 2-16〉에 제시되어 있듯이 구체적인 하위 영역 및 측정지표들은 다음과 같다. 먼저 개인적 웰빙 영역에는 삶의 만족도 등 4개 지표, 개인적 관계 영역에 의지할 수 있는 사람 등 3개 지표, 건강 영역에 건강한 기대 수명 등 4개 지표, 우리가 하는 일(What we do) 영역에 실업률 등 6개 지표, 우리가 사는 곳(Where we live) 영역에 범죄 등 6개 지표, 개인 재정 영역에 가구소득 등 5개 지표, 경제 영역에 공공부문 부채 등 3개 지표, 교육 및 기술 영역에 인적자원 등 3개 지표, 거버넌스 영역에 투표율 등 2개 지표, 환경 영역에는 온실가스 배출량 등 4개 지표가 포함되어 있다. 다른 행복지표 체계들과 비교할 때 자원봉사 등 비유급노동을 '일'의 영역에 포함시키고 재생에너지 및 재활용 쓰레기와 같은 세부적인 환경 분야 지표들이 포함되어 있는 것을 특징적 요소로 볼 수 있다.

〈표 2-16〉 영국 통계청(ONS) National Well-being 지표

영역(10)	측정 지표
개인적 웰빙 (Personal well-being)	삶의 만족도(Life satisfaction)
	하는 일에 대한 가치 평가(Worthwhile)
	행복(Happiness)
	걱정(Anxiety)
	정신적 웰빙(Mental well-being)
개인적 관계 (Our relationship)	불행한 관계(Unhappy relationships)
	외로움(Loneliness)
	의지할 수 있는 사람(People to rely on)
건강 (Health)	건강한 기대 수명(Healthy life expectancy)
	장애(Disability)
	건강 만족도(Health satisfaction)
	우울 또는 불안(Depression or Anxiety)

영역(10)	측정 지표
우리가 하는 일 (What we do)	실업률(Unemployment rates)
	직업 만족도(Job satisfaction)
	여가시간 만족도(Satisfaction with leisure time)
	자원 봉사(Volunteering)
	문화 예술 참여(Art and culture participation)
	스포츠 참여(Sports participation)
우리가 사는 곳 (Where we live)	범죄(Crime)
	안전감(Feeling safe)
	자연환경 접근(Accessed natural environment)
	이웃 소속감(Belonging to neighbourhood)
	주요 서비스 접근(Access to key services)
	주거 만족도(Satisfaction with accommodation)
개인 재정 (Personal finance)	저소득 가구(Low income households)
	가구 자산(Household wealth)
	가구 소득(Household income)
	가구소득 만족(Satisfied with household income)
	재정적 관리의 어려움(Difficulty managing financially)
경제 (Economy)	가처분 소득(Disposable income)
	공공 부문 부채(Public sector debt)
	물가(Inflation)
교육 및 기술 (Education and Skills)	인적 자원(Human capital)
	니트족(NEETs)
	무자격 거주자(No qualifications)
거버넌스 (Governance)	투표율(Voter turnout)
	정부에 대한 신뢰(Trust in government)
환경 (Environment)	온실가스 배출량(Greenhouse gas emissions)
	보호 구역(Protected areas)
	재생 에너지 소비량(Renewable energy)
	재활용 쓰레기 양(Household recycling)

출처: 영국 통계청(ONS, Office for National Statistics), (2020)

6) Social Progress Imperative의 사회진보지수 (Social Progress Index)

대다수의 행복지표 체계는 국민소득이나 국내총생산과 같은 경제적 지표들이 국민의 행복을 측정하는데 불완전하다는 인식을 공유하고 있지만, 구체적인 측정 지표들에는 가구소득이나 자산과 같은 경제적 지표가 포함되어 있다. 2014년에 처음 발표된 사회진보지수는 차원-영역-지표로 구성된 체계적이고 수직적인 지표체계를 갖추면서도 객관적인 경제적 지표를 지표체계에서 완전히 배제하고 있다는 점에서 차별화된 접근 방식이다. 또한 UN이나 UNDP와 같이 전 세계 국가의 삶의 질을 측정하는 지표체계이면서, 기본적인 인간의 삶부터 기회 및 역량개발에 이르는 고차원적 지표들까지 다양한 지표들을 포괄하고 있다는 점에서 상당한 의미를 지닌다고 평가된다.

〈표 2-17〉에서 볼 수 있듯이 사회진보지수는 우선 세 가지 차원으로 나뉘어진다. 첫째, 인간의 기본적 욕구 차원은 영양 및 기본의료 서비스(영양부족 등 5개 지표), 물과 위생(안전하지 않은 물 등으로 인한 사망 등 3개 지표), 주거(전기에 대한 접근 등 3개 지표), 개인적 안전(교통사고 등 4개 지표) 등 4개 영역으로 구성된다. 둘째, 웰빙의 기초 차원으로 기본 지식에 대한 접근(학교 교육을 받지 않는 여성 등 5개 지표), 정보통신 접근(휴대폰 이용 등 4개 지표), 건강과 웰빙(60세의 기대수명 등 4개 지표), 환경의 질(실외 대기오염으로 인한 사망 등 4개 지표) 등 4개 영역이다. 셋째, 더 고차원적인 기회 분야에는 개인적 권리(정치적 권리 등 5개 지표), 개인적 자유와 선택(조혼 등 4개 지표), 포용성(동성애자 수용 등 5개 지표), 고등교육에의 접근(고급교육을 받은 여성 등 4개 지표) 등 4개 영역이 포함되어 있다.

〈표 2-17〉 사회진보지수 영역 및 지표

구성(3)	영역	지표
인간의 기본적 욕구 (Basic Human Needs)	영양 및 기본 의료서비스 (Nutrition and Basic Medical Care)	영양부족(Undernourishment)
		모성 사망률(Maternal mortality rate)
		아동 사망률(Child mortality rate)
		아동 발육 부진(Child stunting)
		전염병으로 인한 사망 (Deaths from infectious diseases)
	물과 위생 (Water and Sanitation)	안전하지 않은 물, 위생 및 보건으로 인한 사망(Unsafe water, sanitation and hygiene attributable deaths)
		안전하지 않거나 개선되지 않은 수원을 사용하는 인구(Populations using unsafe or unimproved water sources)
		안전하지 않거나 개선되지 않은 위생시설을 사용하는 인구(Populations using unsafe or unimproved sanitation)
	주거 (Shelter)	전기에 대한 접근(Access to electricity)
		대기오염으로 인한 사망(Household air pollution attributable deaths)
		깨끗한 연료 사용과 요리 기술(Usage of clean fuels and technology for cooking)
	개인적 안전 (Personal Safety)	살인율(Homicide rate)
		범죄 인식(Perceived criminality)
		정치적 살인과 고문 (Political killings and torture)
		교통사고(Traffic deaths)
웰빙의 기초 (Foundations of Wellbeing)	기본 지식에 대한 접근 (Access to Basic Knowledge)	학교 교육을 받지 않는 여성 (Women with no schooling)
		초등학교 등록(Primary school enrollment)
		중등학교 성취도 (Secondary school attainment)
		2차 성취도에서의 성별 평등 (Gender parity in secondary attainment)
		양질의 교육에 대한 접근 (Access to quality education)

구성(3)	영역	지표
웰빙의 기초 (Foundations of Wellbeing)	정보통신 접근 (Access to Information and Communications)	휴대폰 이용(Mobile telephone subscriptions)
		인터넷 사용자(Internet users)
		온라인 거버넌스에 대한 접근 (Access to online governance)
		미디어 검열(Media censorship)
	건강과 웰빙 (Health and Wellness)	60세의 기대수명(Life expectancy at 60)
		비전염성 질병으로 인한 조기 사망(Premature deaths from non-communicable diseases)
		필수 서비스에 대한 접근 (Access to essential services)
		양질의 의료 서비스에 대한 접근 (Access to quality healthcare)
	환경의 질 (Environmental Quality)	실외 대기오염으로 인한 사망 (Outdoor air pollution attributable deaths)
		온실가스 배출(Greenhouse gas emissions)
		분진(Particulate matter)
		생체 보호(Biome protection)
기회 (Opportunity)	개인적 권리 (Personal Rights)	정치적 권리(Political rights)
		표현의 자유(Freedom of expression)
		종교의 자유(Freedom of religion)
		정의에 대한 접근(Access to justice)
		여성을 위한 재산권 (Property rights for women)
	개인적 자유와 선택 (Personal Freedom and Choice)	취약한 고용(Vulnerable employment)
		조혼(Early marriage)
		피임에 대한 만족스러운 요구(Satisfied demand for contraception)
		부패(Corruption)
	포용성 (Inclusiveness)	동성애자 수용 (Acceptance of gays and lesbians)
		소수자에 대한 차별과 폭력(Discrimination and violence against minorities)
		성별에 따른 정치적 권력의 평등 (Equality of political power by gender)

구성(3)	영역	지표
기회 (Opportunity)	포용성 (Inclusiveness)	사회경제적 지위에 따른 정치적 권력의 평등 (Equality of political power by socioeconomic position)
		사회집단별 정치적 권력의 평등 (Equality of political power by social group)
	고등교육에의 접근 (Access to Advanced Education)	고등교육 예상 연수 (Expected Years of tertiary schooling)
		고급 교육을 받은 여성 (Women with advanced education)
		양질의 대학(Quality weighted universities)
		인용 가능한 문서(Citable documents)

출처: Social Progress Imperative, (2020)

7) 세계가치조사(World Value Survey)에서의 행복과 웰빙 관련 지표

행복을 측정함에 있어 객관적인 삶의 조건과 함께 사람들이 느끼고 인식하는 주관적 행복감이나 삶의 질 인식 수준을 파악하는 것은 매우 중요하다. 그러나 객관적 지표의 경우 국가간 비교가 용이한 편이지만, 주관적 행복감 등 주관적 지표들은 서베이에 의존해야 하므로 동일한 문항을 여러 국가에 적용하여 동일한 시점에서 조사를 진행하는 것이 필수적이다.

전 세계에 걸친 연구 네트워크를 기반으로 수행되고 있는 세계가치조사(World Value Survey)는 이러한 까다로운 조건을 충족시키면서 행복과 관련된 자료를 획득할 수 있는 원천이다. 세계가치조사에는 사회적 가치 등, 행복과 웰빙, 사회적 자본 등, 경제적 가치, 부패에 대한 인식, 이민에 대한 인식, 안전에 대한 인식, 탈물질주의 지표, 과학과 기술에

〈표 2-18〉 세계가치조사 영역 및 질문

영역	질문
행복과 웰빙 (Happiness and Wellbeing)	행복감(Feeling of happiness)
	건강 상태(State of health)
	선택과 통제의 자유(How much freedom of choice and control)
	삶에 대한 만족(Satisfaction with your life)
	가구의 재정 상황에 대한 만족도 (Satisfaction with financial situation of household)
	먹을 만큼의 충분한 음식이 없음(Frequency you/family (last 12 months): Gone without enough food to eat)
	집에서 범죄로부터 안전하지 않다고 느낌 (Frequency you/family(last 12 months) : Felt unsafe from crime in your own home)
	필요한 약이나 치료를 받을 수 없음(Frequency you/family (last 12 months): Gone without needed medicine or treatment that you needed)
	현금 수입이 없음(Frequency you/family(last 12 months) : Gone without a cash income)
	안전한 주거 공간이 없음(In the last 12 month, how often have you or your family: Gone without a safe shelter over your head)
	부모와 비교한 생활수준 (Standard of living comparing with your parents)

출처: World Values Survey, (2020)

대한 인식, 종교적 가치, 도덕적 가치, 정치적 관심 등, 정치적 문화등, 인구통계 등 14가지 주제에 달하는 조사 문항들이 포함되어 있다. 이 중 행복과 웰빙에 대한 질문은 〈표 2-18〉와 같다.

8) 신경제재단의 지구촌 행복지수(Happy Planet Index)

지금까지 소개한 대부분의 행복지표들은 행복 또는 삶의 질을 측정함에 있어 다양한 영역과 조건을 포괄하는 방식을 취하고 있는 반면,

영국 신경제재단(New Economic Foundation)에서 개발한 지구촌 행복지수(Happy Planet Index)는 4개의 지표로 구성된 간단한 지표체계이면서도 '지속가능한(sustainable)' 웰빙의 측정을 표방하고 있다. 지구촌 행복지수(HPI)에 포함된 4가지 지표들은 웰빙, 기대수명, 결과의 불평등, 생태 발자국으로, 각 국가의 시민들이 얼마나 효율적으로 환경과 자원을 사용하면서 건강하고 행복한 삶을 영위하는지 보여주는 것을 목적으로 한다. 구체적인 지표의 내용과 지수의 산식은 〈표 2-19〉와 같다.

〈표 2-19〉 HPI의 4가지 요소

요소(4)	설명
웰빙 (Wellbeing)	Gallup World Poll의 일부로 수집된 데이터를 기반으로, 각 국가의 주민들이 0에서 10까지의 척도로 전반적인 삶에 대해 얼마나 만족하고 있는지 측정함.
기대수명 (Life expectancy)	UN에서 수집한 데이터를 기반으로, 한 개인이 각 국가에서 살 것으로 예상되는 평균 년수임.
결과의 불평등 (Inequality of outcome)	각 국가의 기대수명 및 웰빙 데이터의 분포를 기반으로, 한 국가 내의 사람들의 수명과 만족도 측면에서의 불평등을 말함.
생태 발자국 (Ecological Footprint)	Global Footprint Network의 데이터를 기반으로 한 국가의 각 거주자가 환경에 미치는 평균 영향을 말함.

출처: Happy Planet Index, (2020)

[그림 2-2] HPI 점수 계산식

$$\text{Happy Planet Index} = \frac{(\text{Life expectancy} \times \text{Experienced wellbeing}) \times \text{Inequality of outcomes}}{\text{Eoological Footprint}}$$

출처: Happy Planet Index 2016 Methods Paper, (2020)

제4장 소결

이 장에서는 행복에 대한 이론적 이해를 도모하기 위한 문헌연구로, 행복의 어원과 개념, 행복 연구의 동향, 행복 측정의 쟁점과 기존의 지표체계들을 정리하였다. 행복은 동서양을 막론하고 환경적으로 우연히 얻어진 행운이라는 어원을 가지고 있었고, 근대 이후에 인간과 사회의 노력으로 추구될 수 있는 것으로 그 개념이 발전되어 왔다. 행복의 개념은 크게 헤도니즘과 유다이모니즘으로 구분되어 정의되어 왔다. 인간의 욕망을 달성하고 쾌락을 추구하며 고통은 회피하는 것이 헤도니즘의 행복이라면, 삶의 가치와 의미를 추구하고 자아를 실현하는 것이 유다이모니즘의 행복이다. 헤도니즘에 근거한 행복 개념은 행복경제학과 주관적 안녕을 탐구한 심리학 분야에서 주류적인 연구 경향으로 발전되었으며, 유다이모니즘에 근거한 행복은 긍정심리학과 역량이론 등에서 더 구체적으로 논의되었다.

실증적인 행복 연구는 일정한 소득 수준에 도달하게 되면 소득의 추가적인 증가가 개인의 행복을 비례적으로 증가시키지 않을 수 있다는 이스털린의 주장으로 사회과학계 전반에 확대되기 시작하였다. 또한 많은 실증연구는 무엇이 인간을 행복하게 하는지 그 결정 요인을 다각도로 탐구하여 성별, 연령, 가족구성, 소득, 교육, 고용, 건강 등의 개인적 차원의 인구·사회·경제학적 특성들과 함께 민주주의, 자유, 정치적 안정, 사회적 규범과 신뢰 등 사회·문화·정치적 수준의 영향 요인들이 미치는 영향을 분석하였다.

행복에 대한 실증연구는 측정을 전제로 한다. 행복의 측정은 주로 개인의 주관적 평가에 바탕을 둔 산출 중심 접근과 행복을 가져다 줄 수 있는 물리적 조건에 초점을 맞추는 투입 중심의 접근으로 이루어져 왔다. 최근의 많은 행복지표 체계는 객관적 조건과 함께 주관적 행복을 측정하는 지표를 모두 포함하고 있는 추세이다.

| 제3부 |

한국인의 행복에 관한 국제비교 및 실증분석

제1장 국제비교를 통한 한국인의 행복수준

2부에서 살펴본 바와 같이 행복에 대한 측정과 포함되는 지표, 내용에 이르기까지 여러 차원에서 폭 넓은 논의가 이루어지고 있음을 알 수 있다. 이 절에서는 가장 최근이라고 할 수 있는 2020년에 발표된 UN의 '세계행복보고서'와 OECD '더 나은 삶 지수'를 토대로 한국의 행복 수준을 다른 나라들과 견주어 파악하고, 아울러 세계가치조사(World Value Survey) 7차 데이터를 활용하여 '행복감', '삶에 대한 자율적 선택', '삶 만족'의 수준을 간략하게 비교하여 살펴본다.

2020년 세계행복보고서에 따르면, 한국의 행복지수는 10점 만점에 5.872점으로 61위를 기록하였다. 이는 2019년에 5.895점으로 54위를 기록한 것에 비하여 7계단 하락한 순위이다. 2015년에 47위였던 반면 2020년에 61위를 기록한 것은 최근 6년 동안의 순위 중에서 가장 낮은 기록이다. 순위가 절대적 의미를 주는 것은 아니나 조사 대상인 154개국 중에서 행복지수의 순위가 점차 하락하고 있는 것은 충분히 짚어보아야 할 부분이다.[1]

1 세계행복보고서는 최근 3년간의 데이터를 분석하여 발표한다. 세계행복보고서 2020의 경우 2017~2019년의 3년간 평균값을 분석하여 제시한 것이다.

세계행복보고서에서 측정하는 행복의 지표로는 1인당 국내총생산(GDP per capita), 사회적 지원(Social Support), 건강 기대수명(Healthy life expectancy) 삶에 대한 선택의 자유(Freedom to make life choice), 기부(Generosity), 부정부패(Perception of corruption) 등 6개 항목이다. 이 지표들을 기초로 행복 수준을 측정하는데, 한국은 '건강 기대수명(73.602점, 10위)'과 '1인당 GDP(10.510점, 27위)' 항목에서는 비교적 높은 수준을 보였다. 그러나 나머지 모든 항목에서는 그렇지 못하였다. 특히 '삶에 대한 선택의 자유(0.612점, 140위)'에서 가장 낮았고, '사회적 지원(0.799점, 99위)', '부정부패(0.790점, 81위)', '기부(-0.043점, 81위)' 순으로 낮았다.

[그림 3-1]은 세계행복보고서에 나타난 상위 20개국의 결과 그래프이다. 좌측부터 순서대로 1인당 GDP, 사회적 지원, 건강 기대수명, 삶에 대한 선택의 자유, 기부, 부정부패 점수를 그래프화 시켰다. 눈여겨 볼 부분은 네 번째 항목인 '삶에 대한 선택의 자유'이다. 특히 [그림 3-2]가 한국이 속한 60위~80위 그룹의 그래프이며, 이를 살펴보면 한국의 '삶에 대한 선택의 자유' 영역의 비율이 다른 나라에 비해 특히 적은 것을 알 수 있다.

[그림 3-1] 세계행복보고서(2020)에 나타난 행복 상위 20개국

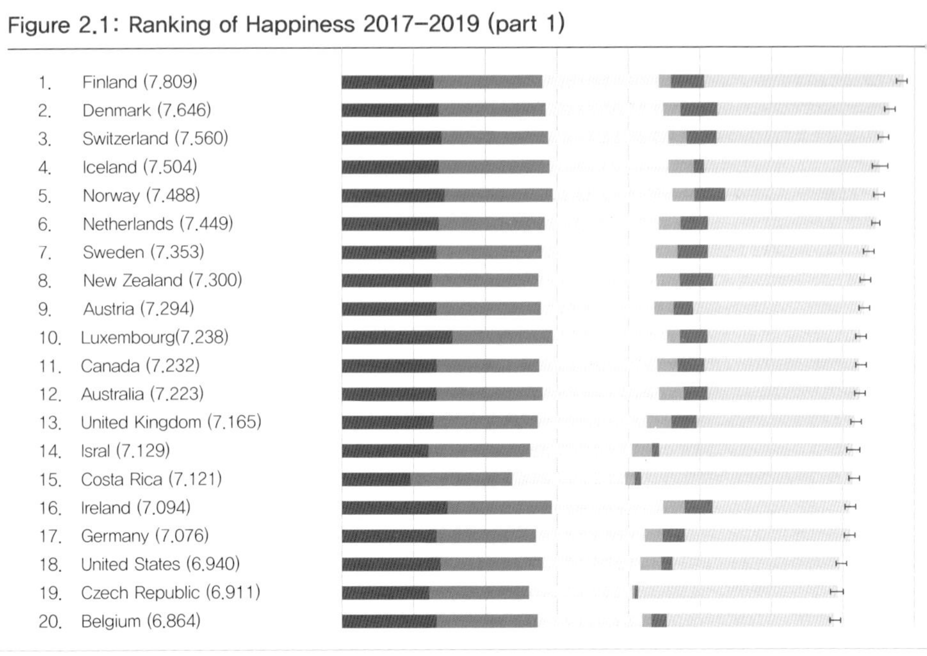

출처: 세계행복보고서(2020) p.24의 그래프를 필자가 일부 수정하여 재인용.

세계행복보고서의 상위권 10개국 중에는 북유럽 국가들이 대거 포진되어 있다. 핀란드는 2017년에 이어 3년 연속 1위를 차지하였고, 덴마크, 스위스, 아이슬란드, 노르웨이, 스웨덴이 상위 10개국에 올려져 있다. 공교롭게도 북유럽 국가들이 보편적 성격의 광범위한 복지 시스템을 갖춘 것으로 보았을 때, 북유럽 국가들의 행복 수준이 높은 것은 한국 사회에 시사하는 바가 크다. 흥미롭게도, 이 보고서에서는 북유럽 국가들의 행복 비결에 대해 따로이 챕터를 구성하여 분석하고 그 결과를 제시하고 있다. 그 이유는 2013년부터 2020년까지 북유럽 5개국인 핀란드, 덴마크, 노르웨이, 스웨덴 그리고 아이슬란드가 늘 상

[그림 3-2] 세계행복보고서(2020)에서의 60~80위 국가들

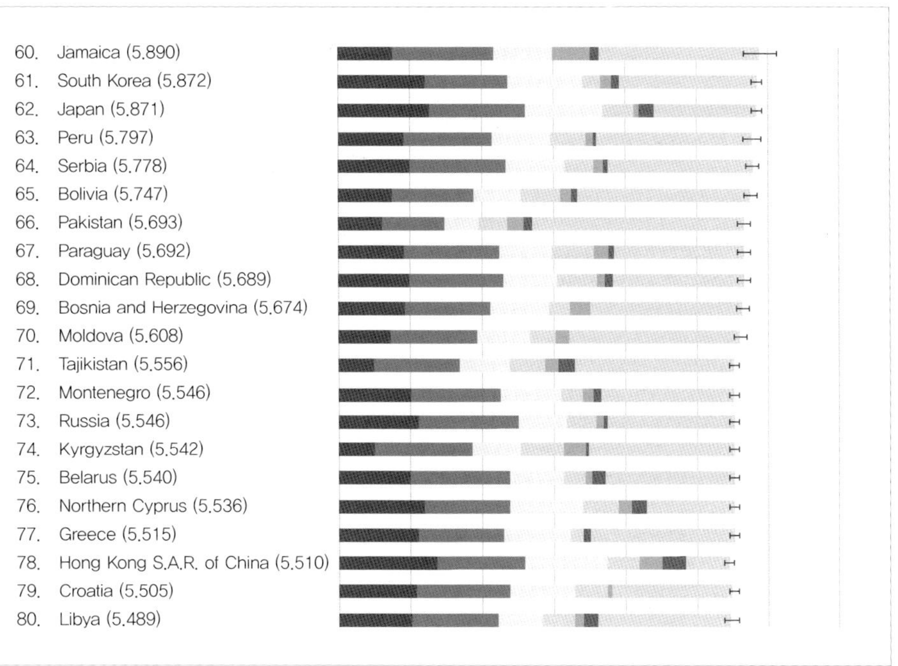

출처: 세계행복보고서(2020) p.25의 그래프를 필자가 일부 수정하여 재인용.

위 10개국에 랭크되어져 왔고, 과연 그 이유가 무엇인지에 대한 전 세계인의 관심이 쏠려있음을 방증하는 것이리라.

이 보고서에서는 북유럽 국가들의 높은 행복 수준이 복지국가의 관대성과 관련이 깊으며, 보다 구체적으로는 사회보장 관련 제도들의 수준이 높은 것으로 설명하고 있다. 잘 알려져 있듯이, 북유럽 복지국가들의 복지 시스템은 보편적 성격의 급여를 제공하고 쉽게 접근할 수 있다는 점에서 노동시장에서의 탈상품화를 이루어냈다. 또한 정부의 질(Quality of government) 측면에서도 그 수준이 높다. 정부의 질은 두 가지 차원에서 논의할 수 있는데 첫 번째는 민주주의의 수

준(Democratic quality)이다. 이는 표현이나 결사의 자유 그리고 정치적 안정성과 같은 것을 의미한다. 두 번째는 전달체계, 즉 제도적 수준(Delivery quality)으로서 법의 지배력과 부패에 대한 통제, 정부의 효율성 등을 의미한다. 이러한 사회적, 제도적 안정성이 시민의 행복 수준을 높이는데 상당히 중요한 역할을 하는 것이다. 또한 소득불평등도가 낮고, 삶에 대한 선택적 자유가 높다는 점, 사회적 신뢰(trust)와 응집(cohesion)이 높다는 점 등을 높은 행복 수준의 이유로 함께 꼽고 있다.

북유럽 국가들에서 보이는 사회문화적 특성을 한국에 그대로 적용하는 것은 무리이다. 다만 사회 내에서의 시민들 간에 이루어지는 연대나 민주주의의 성숙, 부패의 통제와 같은 영역에 있어서 행복 상위 국가인 북유럽 국가와 한국이 정반대의 모습을 보인다는 것은 앞으로의 정책 방향성에서 중요한 참고점이 된다.

특히 한국은 코로나19 사태를 경험하며 이웃과 공동체의 안전이 곧 나의 안전에 기반이 되고, 마스크 가격의 폭등이라는 시장 원리에 맞서 정부의 적절한 개입이 삶의 안정을 마련해준다는 교훈을 얻은 상황이다. 세계행복보고서의 측정 영역이 미시적 수준의 행복감에 어느 정도 영향력을 발휘하는지는 알려지지 않았으나, 지역사회나 국가 단위의 공동체가 법적, 제도적으로 제공하여야 하는 사회적 안정성이 사회 전반에 공기처럼 스며들어야 한다는 점을 보여주는 결과라 하겠다.

[그림 3-3]은 북유럽 국가들과 부유한 나라들(Richest countries)을 그룹으로 묶어 비교한 결과이다. 이러한 분석은 행복과 소득의 관계에 대한 팽팽한 논쟁의 연장선이라 할 수 있다. 이 그림에서 볼 수 있는 것은 북유럽 국가들이 GDP 점수에서 비교적 낮게 나타났으나, 다른 모든 지표에서는 부유한 국가 그룹에 비하여 보다 긍정적 결과를 보

[그림 3-3] 북유럽 국가와 부유한 국가의 행복 점수 비교

Table 7.1: The factors influencing happiness in Nordic and richest countries

Country	Life evaluation		Log GDP per capita		Social support		Healthy life expectancy		Freedom		Generosity		Corruption	
	Average	Ranking	Average	Ranking	Average	Ranking	Average	Ranking	Average	Ranking	Average	Ranking	Average	Ranking
Finland	7.77	1	10.61	21	0.96	2	71.80	27	0.95	5	−0.06	91	0.21	4
Denmark	7.60	2	10.75	13	0.95	4	72.10	24	0.95	6	0.10	34	0.18	3
Norway	7.54	3	11.08	6	0.96	3	73.10	13	0.96	3	0.14	23	0.31	8
Iceland	7.49	4	10.72	16	0.98	1	73.00	14	0.94	7	0.27	6	0.69	36
Netherlands	7.49	5	10.79	11	0.93	15	72.20	20	0.92	18	0.21	11	0.39	12
Switzerland	7.48	6	10.96	7	0.94	12	73.80	3	0.93	11	0.12	27	0.31	7
Sweden	7.34	7	10.76	12	0.92	25	72.50	18	0.93	10	0.12	26	0.25	6
Luxembourg	7.09	14	11.46	1	0.92	28	72.60	17	0.89	27	0.01	62	0.36	9
Ireland	7.02	17	11.11	5	0.95	6	72.20	19	0.88	32	0.17	15	0.37	10
United States	6.89	19	10.90	9	0.91	35	68.40	40	0.82	64	0.14	20	0.71	39
United Arab Emirates	6.82	21	11.12	3	0.85	69	66.90	57	0.95	4	0.12	29		–
Saudi Arabia	6.37	28	10.81	10	0.87	61	66.00	74	0.81	65	−0.17	127		–
Singapore	6.26	34	11.34	2	0.91	34	76.50	1	0.92	19	0.13	24	0.10	1
Kuwait	6.06	49	11.12	4	0.84	71	66.30	71	0.85	47	−0.03	78		–
Hong Kong	5.44	75	10.90	8	0.83	75	75.86	2	0.82	57	0.14	21	0.41	14
Nordic average	7.55		10.78		0.95		72.50		0.95		0.12		0.33	
Richest average	6.69		11.05		0.89		71.08		0.88		0.08		0.38	
World average	5.45		9.26		0.81		64.20		0.77		−0.01		0.74	

Source: Calculations based upon data from WHP, 2019

출처: 세계행복보고서(2020) p.184

여주고 있다. 이는 경제성장이 곧 행복으로 이어진다는 논리를 반박할 수 있는 강력한 근거이면서도, 행복도가 높은 국가들은 GDP에서도 비교적 높은 수준을 유지하고 있음을 복합적으로 보여주는 결과이다. 즉 소득의 문제를 배제할 수는 없으나 그것이 지상과제가 되어서는 안 된다는 점을 명확하게 주지하여야 한다.

[그림 3-4]는 2020년에 발간된 OECD '더 나은 삶 지수(Better Life Index)' 보고서를 토대로 국가별 웰빙 지표에 대한 순위를 보여주는 그

[그림 3-4] 2020 OECD '더 나은 삶 지수'의 국가별 순위

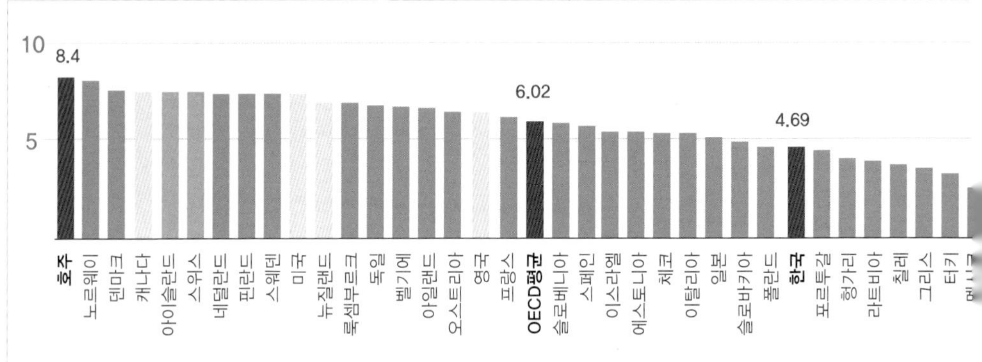

출처: https://naeclee.wixsite.com/bftalk/post/oecd-더-나은-삶의-지표-better-life-index-2020-공표-한국은-35개국-중-28위

림이다. 2011년부터 매년 발표되는 OECD '더 나은 삶 지수'는 11개 영역(주거, 소득, 직업, 커뮤니티, 교육, 환경, 시민참여, 건강, 삶 만족도, 안전, 일·생활 균형)에서 23개의 지표를 토대로 측정되며, 각 지표를 10점 척도로 환산한 후 전체 평균을 토대로 도출된 것이다(이내찬 홈페이지, 2021. 1.31 접속, https://naeclee.wixsite.com). 그림에 따르면 한국의 행복순위는 35개국 중 28위이며 23개 지표의 평균점수는 4.69이다. 이는 OECD 국가들의 평균 행복점수인 6.02점과 비교해도 다소 낮은 수치이며, 1위인 호주는 8.4점에 달할 정도로 한국과의 차이가 크다. 이 '더 나은 삶 지수'에서도 북유럽 국가들이 상위에 랭크되어 있음을 알 수 있다(좌측에 몰려있는 에메랄드 색 그래프).

[그림 3-5]는 '더 나은 삶 지수' 11개 영역별 평균점수(10점 만점으로 환산)를 보여준다. 한국의 경우에 영역별로 보았을 때 대부분 OECD 평균에 미치지 못하지만, 그중에 OECD 평균보다 높은 영역은 주거, 직업, 교육, 시민참여였다. 소득, 커뮤니티, 환경, 건강, 삶 만족, 안전,

[그림 3-5] 2020 OECD '더 나은 삶 지수'의 영역별 점수

	OECD 평균	주거	소득	직업	커뮤니티	교육	환경	시민참여	건강	삶 만족도	안전	워라벨
호주	8.4	10.00	8.00	6.50	6.50	6.20	6.80	7.10	6.80	6.80	5.60	5.20
노르웨이	8.23	8.35	6.96	8.23	8.00	7.02	9.45	6.02	8.15	10.00	9.94	8.38
덴마크	7.7	6.05	5.01	8.01	8.50	7.64	8.21	6.43	6.75	10.00	9.21	8.89
캐나다	7.67	7.85	5.4	7.66	7.50	7.55	8.02	6.64	8.83	9.09	8.87	6.93
아이슬란드	7.66	5.19	5.2	9.90	10.00	6.44	10.00	5.89	7.95	9.55	9.49	4.6
스위스	7.58	6.41	7.51	9.14	7.50	6.99	7.01	2.3	8.88	9.55	9.39	8.06
네덜란드	7.57	7.32	4.9	8.07	6.50	7.13	6.92	7.48	7.58	9.09	9.05	9.23
핀란드	7.55	6.05	5.1	7.16	8.50	8.79	8.81	4.77	6.98	10.00	9.18	7.72
스웨덴	7.51	6.91	5.54	7.87	6.50	7.41	8.96	6.43	7.91	8.64	8.30	8.16
미국	7.16	8.36	10.00	7.99	6.50	6.47	6.25	6.80	7.07	8.82	6.84	5.62
뉴질랜드	7.09	6.21	3.1	7.68	9.00	6.56	8.13	7.00	8.72	8.64	7.17	5.57
룩셈부르크	7.03	6.66	8.08	8.07	7.50	4.3	5.99	6.25	7.58	6.82	8.41	7.70
독일	6.9	6.79	6.50	7.97	6.00	7.33	6.62	4.80	6.31	7.27	8.09	8.26
벨기에	6.84	7.10	5.2	6.79	6.50	7.26	5.39	6.77	7.34	6.82	7.71	8.29
아일랜드	6.75	7.31	3.2	6.68	8.50	7.06	7.14	2.1	8.32	7.27	8.39	7.65
오스트리아	6.7	5.98	6.26	7.78	7.00	6.11	6.37	4.01	7.09	7.73	8.93	6.45
영국	6.67	5.17	4.7	7.68	8.00	6.39	6.19	7.25	6.73	6.36	8.72	6.10
프랑스	6.29	6.45	5.5	6.22	6.00	5.53	5.35	5.43	7.10	5.01	7.89	8.72
OECD 평균	6.02	5.94	4.32	6.66	6.16	6.15	5.77	5.08	6.45	5.62	7.67	6.74
슬로베니아	5.91	6.75	2.1	6.34	7.00	7.53	6.08	3.9	6.33	2.1	9.47	7.07
스페인	5.9	6.71	3.2	3.1	7.50	5.04	4.43	4.1	8.17	4.2	9.06	8.71
이스라엘	5.59	4.99	3.1	6.91	5.0	4.8	1.69	6.09	8.79	8.18	7.45	4.2
에스토니아	5.58	6.40	1.2	6.52	7.00	7.69	6.79	5.68	3.47	1.36	7.01	7.58
체코	5.54	5.68	2	6.78	6.50	7.13	4.84	2.1	4.79	5.91	8.07	7.29
이탈리아	5.52	5.98	4.6	4.5	7.00	4.2	2.88	6.20	8.03	2.1	6.61	9.42
일본	5.35	5.58	5.02	7.81	5.5	7.40	6.04	1.18	5.27	2	8.18	4.5
슬로바키아	5.06	4.29	2.1	4.9	6.50	4.94	4.34	5.98	4.38	3.1	7.08	7.46
폴란드	4.79	4.36	1.35	5.98	4.00	7.22	3.70	4.4	4.03	3.4	7.50	6.39
한국	4.69	7.38	2.55	6.98	0.00	7.26	1.62	7.66	4.10	2.27	7.34	4.45
포르투갈	4.61	6.18	2.1	5.2	5.0	4.04	6.69	1.1	4.82	0.00	8.05	6.66
헝가리	4.1	5.26	0.93	5.95	4.6	5.13	3.56	2.5	3.25	0.91	6.28	7.70
라트비아	4.0	2.84	0.76	5.4	4.6	6.71	5.46	3.8	1.27	2.1	5.85	6.32
칠레	3.9	4.95	0.86	5.3	3.1	3.7	3.28	0.25	4.95	5.02	4.51	6.45
그리스	3.6	4.59	1.21	0.64	1.00	5.53	2.59	3.4	7.34	0.00	6.72	6.65
터키	3.2	4.11	1.01	4.6	4.6	2.1	1.60	5.18	5.03	0.45	6.53	2.1
멕시코	2	1.82	0.00	5.2	1.50	0.06	2.84	6.82	3.37	5.03	0.00	0.61

출처:https://naeclee.wixsite.com/bftalk/post/oecd-더-나은-삶의-지표-better-life-index-2020-공표-한국은-35개국-중-28위

[그림 3-6] '더 나은 삶 지수'에 나타난 한국의 행복

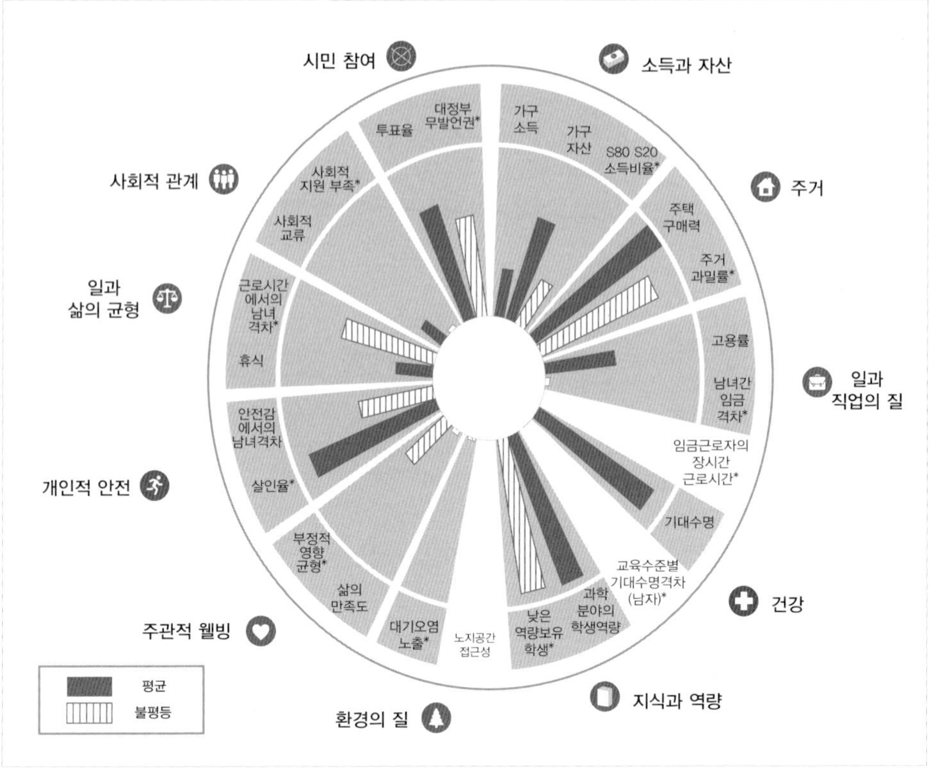

출처: oecd-ilibrary(2021. 1. 4일 접속)

일·생활균형 영역은 OECD 평균에 미치지 못하는 것으로 나타났다.

OECD '더 나은 삶 지수'에서는 각 국가별로 보다 구체적인 분석 결과를 제시해주고 있다. 한국만 따로이 추출하여 보다 세부적으로 제시된 결과, 특히 '사회적 관계', '일과 삶의 균형', '주관적 웰빙', '일과 직업의 질' 영역에 있어서는 매우 낮은 수준을 보이고 있다.

'더 나은 삶 지수' 홈페이지에서는 국가별로 성별, 연령대, 학력별로 구분하여 행복의 지표 영역별로 비교하여 제시하기도 하였다. 한국

[그림 3-7] '더 나은 삶 지수' 지표의 남녀 비교

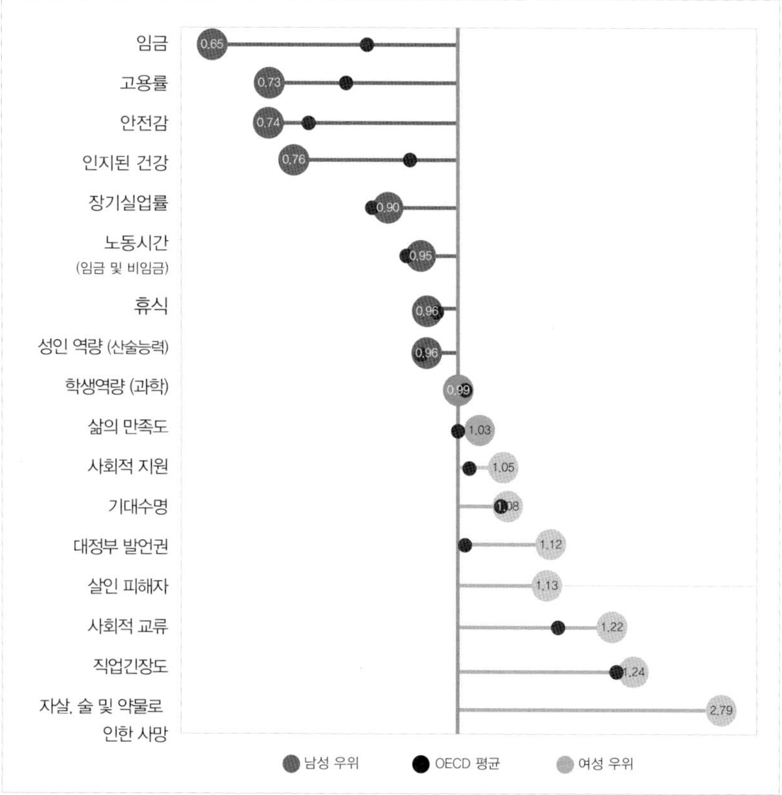

임금 0.65
고용률 0.73
안전감 0.74
인지된 건강 0.76
장기실업률 0.90
노동시간 (임금 및 비임금) 0.95
휴식 0.96
성인 역량 (산술능력) 0.96
학생역량 (과학) 0.99
삶의 만족도 1.03
사회적 지원 1.05
기대수명 1.08
대정부 발언권 1.12
살인 피해자 1.13
사회적 교류 1.22
직업긴장도 1.24
자살, 술 및 약물로 인한 사망 2.79

남성 우위 / OECD 평균 / 여성 우위

출처: oecd-ilibrary(2021. 1. 4일 접속)

에 대한 분석을 살펴보면, 우선 성별의 경우에 가장 뚜렷한 차이를 보이는 부문은 '임금'으로 남성이 큰 우위를 보였고, '자살, 술 및 약물로 인한 사망'에 있어서 여성이 큰 우위를 보이는 것으로 나타났다. 또한 '고용률'이나 '안전감'의 영역에서 남성 우위가 보이는 반면, '직업긴장도'나 '살인피해자'의 영역에서는 여성의 점수가 더 높았다. 여성이 남성에 비해 우위를 보이는 영역은 '사회적 교류', '대정부 발언권', '기대수명' 등이었고, '삶의 만족도'에서도 다소 높은 우위를 보이는 것으

[그림 3-8] '더 나은 삶 지수' 지표의 연령대별 비교

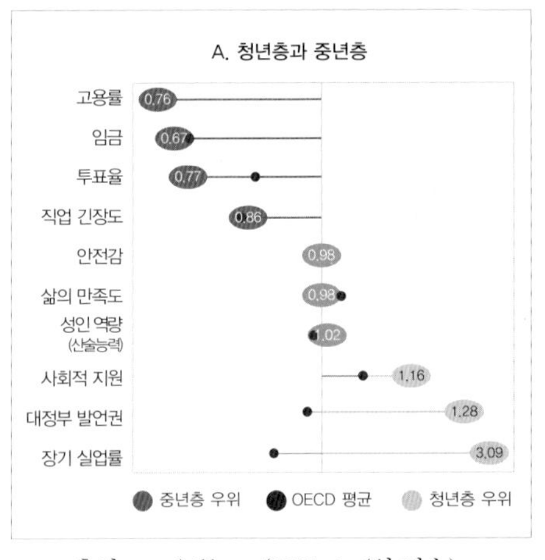

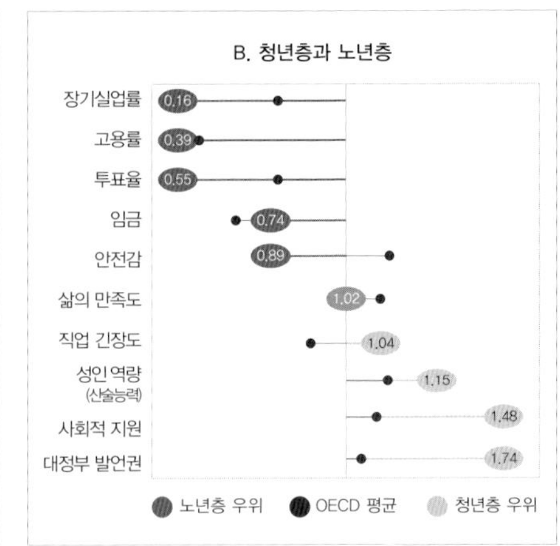

출처: oecd-ilibrary(2021. 1. 4일 접속)

로 나타났다.

[그림 3-7]에서 검은 점은 OECD 평균을 나타낸다. 남성의 경우에 임금, 고용률, 안전감, 인지된 건강에 있어서 OECD 평균보다 높은 수준이었다. 여성의 경우 삶의 만족도, 사회적 지원, 대정부 발언권, 사회적 교류 측면에서 OECD 평균보다 높은 것으로 나타났다.

[그림 3-8]은 연령대별 비교 결과로서, 청년층과 중년층, 청년층과 노년층으로 그룹 비교를 한 결과이다. 청년층은 중년층에 비해 장기 실업률이 높았고, 대정부 발언권이나 사회적 지원에서 우위를 보였다. 안전감이나 삶의 만족도, 성인역량 측면에서는 청년층과 중년층 간에 차이를 보이지 않았다. 중년층은 청년층에 비해 고용률, 임금, 투표율에서 우위를 보였고, 직업긴장도가 더 높았다.

청년층과 노년층의 비교에서는 청년층이 노년층에 비해 대정부 발언권과 사회적 지원, 성인역량에서 우위를 보였고, 직업긴장도가 높았

[그림 3-9] '더 나은 삶 지수' 지표의 학력별 비교

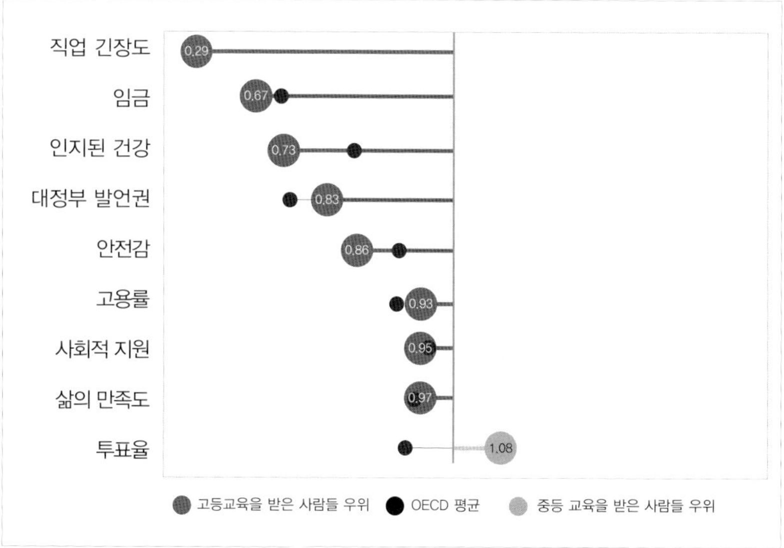

직업 긴장도 0.29
임금 0.67
인지된 건강 0.73
대정부 발언권 0.83
안전감 0.86
고용률 0.93
사회적 지원 0.95
삶의 만족도 0.97
투표율 1.08

고등교육을 받은 사람들 우위 / OECD 평균 / 중등 교육을 받은 사람들 우위

출처: oecd-ilibrary(2021. 1. 4일 접속)

다. 반면 노년층의 장기실업률이 높았고, 고용률, 투표율, 임금, 안전감에서 노년층이 우위를 보였다. 삶의 만족도에서는 차이를 보이지 않았다.

두드러지는 부분은 OECD 평균과의 비교에서 나타난 청년층이 겪는 어려움이라 할 수 있다. 특히 삶의 만족도가 OECD 평균에 비해 낮다는 점과 장기실업률에 있어서 청년층이 훨씬 높은 것으로 미루어 청년층에 대한 정책적 배려가 중요한 부분임을 알 수 있다.

[그림 3-9]의 학력별 비교 결과를 살펴보면, 고등교육을 받은 그룹이 임금, 인지된 건강, 대정부 발언권, 안전감, 고용률, 사회적 지원, 삶의 만족도 측면에서 모두 우위를 보였고, 직업긴장도가 높았다. 반면 투표율에 있어서는 중등교육을 받은 그룹이 우위를 보였다. OECD 평균과 비교했을 때, 고학력층의 임금, 인지된 건강, 안전감은 OECD 평

균에 비해 높은 수준이었다. 대정부 발언권이나 고용률은 낮은 수준이었고, 사회적 지원이나 삶의 만족도에서는 OECD 평균과 비슷한 수준이었다. 투표율에 있어서 OECD 평균은 고학력층의 우위로 나타나나 한국의 경우 중등교육 이하의 저학력층에서 높게 나타나는데, 이는 한국 노년층의 투표 참여가 높은 것을 반영한 결과로 볼 수 있다.

OECD '더 나은 삶 지수'의 결과를 보면 한국의 행복 지표에 있어서 '사회적 관계', '일과 삶의 균형', '주관적 웰빙', '일과 직업의 질' 영역에 대한 정책적 관심이 요청된다. 아울러 여성, 청년, 저학력 그룹에 대한 정책적 배려가 필요하다. 여성의 경우 '자살, 술 및 약물로 인한 사망'이나 '직업긴장도', '살인피해'와 같은 사회적 안전감에서 남성에 비해 매우 열악한 것으로 분석되었다. 반면 삶에 대한 만족도는 남성에 비해 높았는데, 이러한 다소 모순적인 결과는 행복에 있어서 성별 분리된 접근의 필요성을 요청하는 것이다. 청년의 경우 중년층과 노년층에 비해 고용률이 낮다는 점에서 청년 일자리에 대한 정책이 꾸준하게 이루어져야 함을 보여주고 있다. 한편 학력에 따른 분석에서는 모든 면에서 고등교육 이상의 그룹이 우위를 보이고 있어, 한국 사회의 행복이 학력에 따라 많은 부분이 결정된다는 것을 짐작할 수 있다.

다음은 세계가치조사(World Value Survey)의 7차 자료를 활용하여 행복감(Feeling of Happiness), 생활에서 선택의 자유(How much freedom of choice and control), 삶의 만족도(Satisfaction with your life) 항목의 평균을 국가별로 비교해 보았다. 세계가치조사는 1981년에 시작된 국제조사로서 현재 거의 40만 명의 응답자를 통하여 자료를 수집하고 있다. 세계가치조사에서는 다양한 영역의 학자들이 모여 경제발전, 민주화, 종교, 성평등, 행복 등의 주제로 데이터를 수집하고 국가 간, 시계열 분석이 가능하도록 무료로 데이터를 공표한다.

세계가치조사를 통하여 행복과 관련된 여러 영역의 지표들을 선정할 수 있으나, 이 연구에서는 행복감과 관련된 직접적인 질문 세 가지에 초점을 맞추었다. 첫 번째 항목인 '행복감'의 평균에서 한국은 2.93점으로 비교 대상 국가들 중에서 가장 낮은 순위였다.[2] '선택의 자유'에 있어서는 평균 6.98점으로 나타나 9위를 기록했으며, 마지막으로 '삶 만족'에서는 6.73점으로 나타나 10위에 랭크되었다. 이 자료에서 가장 높은 평균점수를 보인 국가는 멕시코로, 행복감과 선택의 자유, 삶 만족 모두에서 1위를 기록하였다(〈표 3-1〉 참조).

〈표 3-1〉 세계가치조사의 행복감, 선택의 자유, 삶 만족 평균값

순위	국가	행복감 (4점)	국가	선택의 자유 (10점)	국가	삶 만족 (10점)
1	멕시코	3.50	멕시코	8.16	멕시코	8.14
2	인도네시아	3.37	아르헨티나	7.77	독일	7.74
3	호주	3.22	미국	7.71	아르헨티나	7.70
4	일본	3.20	인도네시아	7.68	브라질	7.56
5	아르헨티나	3.19	호주	7.67	인도네시아	7.56
6	브라질	3.17	브라질	7.56	호주	7.53
7	독일	3.16	독일	7.13	중국	7.42
8	중국	3.15	중국	7.1	미국	7.22
9	미국	3.12	한국	6.98	일본	6.76
10	러시아	2.98	러시아	6.65	한국	6.73
11	한국	2.93	일본	6.05	러시아	6.55

출처: 세계가치조사 7차 데이터 원자료를 분석하였음.

2 세계가치조사는 총 37개국을 대상으로 실시되며, 이 분석에서는 G20에 해당하는 국가들 중에서 세계가치조사에 포함된 11개 국가만을 대상으로 행복에 대한 평균을 살펴보았다.

앞서 살펴본 OECD '더 나은 삶 지수'에서 1위를 보였던 호주의 경우 행복감 3위(3.22점), 선택의 자유 5위(7.67점), 삶 만족 6위(7.53점)로 나타났으며, 흥미롭게도 독일의 경우에 행복감 7위(3.16점), 선택의 자유 7위(7.13)였으나 삶 만족 2위(7.74점)로 나타나 각 항목별로 큰 차이를 보였다. 이는 행복에 대한 개념 정의나 측정방식, 국가별 문화적 차이가 행복, 삶 만족에 있어서 상당히 다른 해석의 여지를 가질 수 있음을 의미한다.

세계행복보고서나 더 나은 삶 지수, 세계가치조사를 통해 살펴본 한국의 행복 수준은 국제적인 비교에서 상대적으로 '낮다'는 결론에 다다른다. 세계행복보고서에서는 한국의 행복 순위가 하락하는 추세였고, 더 나은 삶 지수에서도 하위권이었다. 두 보고서를 통해 나타난 것은 한국 사회 전체의 소득이나 물질적 삶의 여건은 어느 정도 높은 수준에 다다랐으나, 경제적 성장만큼 사회적 성숙이 함께 진행되지 못한 것을 다시 한번 보여준다. 아울러 세계가치조사에서 비교 대상을 G20 국가 중 가용한 데이터가 있는 국가들만으로 한정하였을 때도 최하위권이었다. 어느 결과로 보나 한국의 행복 수준은 낮다.

국제적 수준에서 행복을 파악하는 것이 절대적 기준이 아님에도 일관되게 나타나는 결과들에 대해서는 보다 구체적인 연구와 정책 대안으로 이어지는 노력이 필요하다. 특히 사회적 영역으로 볼 수 있는 사회적 관계(커뮤니티)나 일-생활 균형 등에서는 제도적 차원의 개선이 보다 강력하게 추진될 필요가 있다. 성별이나 세대별, 학력별 차이에 대해서도 적극적인 개선에 힘을 실을 필요가 있다. 이미 이에 대한 진단과 진전된 논의들이 상당히 진행되고 있음에도 이러한 개선들이 국민의 행복에 중요한 배경이 된다는 것을 강조하는 것은 "국민이 행복해지기 위하여 국가와 공동체는 무엇을 하여야 하는가" 라는 근본적인 질문으로 돌아갈 수 있을 것이다.

제2장 행복에 영향을 주는 '시간' 변화 추이

행복에 대한 연구는 행복을 어떤 맥락의 질문을 하느냐, 또는 어떤 지표들로 측정하느냐에 따라 여러 가지 차이를 보이게 마련이다. 행복은 보통 삶의 만족, 주관적 안녕, 심리적 안녕, 웰빙 등의 개념으로 혼용되며(김병섭·강혜진·김현정, 2015: 100), 그중 삶의 질을 측정하는 명백한 하나의 지표로서 삶의 만족(life satisfaction)은 보편적이면서도 좋은 삶(Good life)을 보여주는 중요한 개념이다(veenhoven, 1996: 2).

한국에서 행복을 실증적으로 살펴볼 수 있는 데이터는 한국노동패널이나 한국복지패널과 같이 '전반적 삶의 만족도'를 리커트 척도로 조사한 경우이다. 이러한 연구들은 삶의 만족도에 영향을 미치는 요인들, 성별이나 연령대, 소득과 같은 인구사회학적 특성을 중심으로 누가 행복한가? 어떠한 요인이 행복에 영향을 미치는가 등을 규명하는데 주안점을 두고 있으며, 집단별 행복의 변화 추이를 종단적으로 살펴보기도 한다.

한편 최근 들어 '시간'과 관련된 연구가 활성화됨에 따라 모두에게 동일한 자원인 시간을 중심으로 행복과의 관계를 살펴보려는 연구가 증가하고 있다. 이를 위하여 대표적으로 사용되는 데이터가 통계청의 '생활시간조사' 자료이다. 생활시간조사 자료는 1999년부터 공표가 시작되어 5년 주기로 생산된다. 즉 1999년, 2004년, 2009년, 2014

년, 2019년 데이터까지 총 20년간의 한국인의 생활시간이 나타나 있다. 통계청에서는 한국인의 생활시간을 필수시간, 의무시간, 여가시간으로 크게 분류하고 조사 데이터에 대한 기초적인 분석결과를 제공하고 있다.

필수시간은 수면시간과 식사, 개인 건강관리 등과 같이 개인의 생활 유지를 위해 필수적으로 필요한 시간이다. 의무시간은 일, 학습 등 일반적으로 하여야 하는 의무가 부여된 시간이며, 여가시간은 필수, 의무시간을 제외한 개인이 자유롭게 사용 가능한 시간이다.

행복과 관련하여 중요한 시간은 여가시간이다. 여가시간은 삶의 질과 행복의 증진에 있어서 중요한 의미를 가진다. 그러나 여가와 같이 개인이 자유롭게 사용 가능한 시간은 사회경제적 지위에 따른 구조적 조건 하에서 현실화 된다(신종화, 2005). 특히 시장에서의 경쟁이 심화되고 시간이 곧 자본으로 이어지는 현대사회에서 시간에 대한 재량권 또는 자결권의 중요성이 더욱 강조되고 있다. 여가시간의 양이 곧 행복으로 직결되는 것은 아니지만, 여가시간의 확보와 관련된 개인과 그를 둘러싼 환경 요인들은 행복으로 이어질 수 있는 구조적 조건을 가진다고 할 수 있다. 이제까지의 연구 동향을 살펴보았을 때 대부분의 결과에서 여가시간은 행복에 긍정적 영향을 미친다는 점을 보여주거나(김경식, 이루지, 2011; 박민정, 2015; 이우재, 2006; Juster & Frank, 1991; Robinson & Godbey, 1997) 여가시간의 증가는 곧 행복지수의 증가로 나타났다(이유진, 황선환, 2018).

여가시간이 필수시간과 의무시간을 뺀 나머지라는 관점에서, 필수시간과 의무시간의 비중은 결국 제로섬의 관계를 가진다. 특히 한국은 노동시간이 긴 나라로 알려져 있으며, 노동시간의 길이가 길수록 육체적·정신적 스트레스를 유발하여 개인의 삶의 만족을 낮추는 것으로 알려져 있다(Virtanen et al,. 2012). 또한 노동시간이라는 것은 근본적으로 일과 생활의 균형과 밀접하게 연관되어 있다. 노동은 그 자체로 보면 행복의 필요요소로 주장된다. 그러나 타율적이고 의무화된 노동, 생계를 위해 매여있는 노동은 '피로사회론' 및 '일중독사회론'의 논의로 이어진다. 이러한 논의들은 공통적으로 노동의 성격을 노동자의 주체적인 선택 영역이 아닌, 사회적으로 권장되는 노동에 대한 주류의 규범을 노동자가 내면화시켜 스스로 종속되는 것으로 보고 있다.

나아가 피로사회나 시간빈곤과 같은 용어는 시간 압박감, 즉 장시간 노동으로 인하여 수면, 여가 등과 같은 일상적 시간의 부족 또는 압박감을 느끼는 것을 의미하며, 이로 인해 생활상의 소진이 발생하는 것으로 연결된다. 노동시간이 길어질수록 생체리듬의 파괴나 수면장애, 만성피로와 같은 비교적 가벼운 수준의 신체적·정신적 문제가 발생하며, 심각하게는 암이나 심혈관계 질환의 발생 가능성이 증가하는 등 생명을 위협하는 수준의 문제를 야기시킨다.

흔히 시간은 누구에게나 하루 24시간이 동일하게 주어진다고 생각하지만, 주어진 시간을 어떻게 활용하는지는 삶의 모양과 우선순위 등에서 달라지게 되며, 일상적인 행복의 수준도 달라진다(Hektner, Schmidt, & Csikszentmihalyi, 2007). 특히 한국과 같이 유급노동의 시간이 긴 경우에는 건강관리하는 시간이나 여가시간 등 삶의 만족과 밀접하게 관련 있는 시간이 줄어들 수밖에 없다. 효용이론에 따르면 노동시간의 증가가 소득 증가의 효과가 있기 때문에 오히려 삶의 만족도가 상승하는 것으로 설명하기도 한다. 그러나 국내의 연구에서는 행복에 영향을 미치는 인구사회학적 요인을 통제하더라도 노동시간이 길어지고 휴가 수준이 낮을수록 삶의 만족도가 낮아진다는 연구결과가 존재한다(주은선, 2016).

앞선 많은 연구들에서 유급노동시간과 여가시간을 중심으로 행복과의 관계를 밝혀왔지만, 생활시간에 있어서 필수시간으로 분류되는 수면시간 및 자기관리시간(식사, 개인위생, 의료서비스 받기 등)도 중요한 요소로 고려될 필요가 있다. 이는 시간 데이터의 한계상 시간의 양적 부분만을 살펴볼 수밖에 없으며, 시간의 양을 가지고 행복을 종합적으로 파악하기 어렵기 때문이다. 즉 노동시간과 행복에 관련된 논의만 하더라도 유급노동시간의 증가는 소득 증가로 이어져 삶의 만족을 올릴 것이라는 주장과 그 반대의 입장이 공존하고 있다. 여가시간의 경우에도 단지 여가시간의 양이 충분하다는 것만으로는 행복의 수준을 제대로 설명하기 어려운 부분이 많다. 따라서 노동시간이나 여가시간이라는 구분된 성격의 변수뿐 아니라 하루 24시간의 중요한 구성요소라는 측면에서 필수시간을 함께 고려할 것이다. 이는 일과 생활의 균형 및 삶의 만족에 영향을 미치는 요인으로도 볼 수 있다.

이 절에서는 개인의 필수시간이라고 할 수 있는 수면시간과 자기관리시간, 유급노동시간 및 여가시간의 변화 추이를 살펴보고 삶의 만족의 변화를 가늠하고자 하였다. 이러한 접근은 기존의 연구에서 많이 다루어지지 못하였기 때문에 보다 새로운 관점의 정책적 함의를 도출할 것으로 보인다. 보다 구체적으로 정리하자면, 통계청 생활시간조사자료를 활용하여 1999년부터 2019년까지 20년 간의 시간 변화 추이를 성별, 연령대별, 학력별로 구분하여 분석함으로써 일상의 변화를 실증적으로 파악하고, 행복에 어떠한 의미를 가지는지를 논의하고자 한다.

1. 전체 대상자의 시간 변화 추이

생활시간조사 데이터에 대한 분석은 통상 평일과 주말로 구분하여 이루어진다. 이는 평일과 주말의 일상적인 시간사용 패턴이 다름에 기인한다. 생활시간조사 자료에서는 조사 대상자를 만 10세 이상 국민으로 정했으며, 이러한 전체 대상자의 수면시간, 자기관리시간, 유급노동시간, 여가시간의 1999년부터 2019년까지의 변화 추이는 〈표 3-2〉 및 [그림 3-10]과 같다.

〈표 3-2〉 전체 대상자의 수면, 자기관리, 유급노동, 여가시간의 변화 추이

전체	평일					주말				
	1999	2004	2009	2014	2019	1999	2004	2009	2014	2019
수면시간	7:39	7:37	7:35	7:44	7:56	8:07	8:19	8:26	8:36	8:54
자기관리	2:30	2:44	3:01	3:13	3:22	2:32	2:47	3:07	3:19	3:25
유급노동	4:02	3:54	3:48	3:52	3:44	2:54	2:17	1:54	1:48	1:35
여가시간	4:29	4:35	4:32	4:21	4:21	5:52	6:06	6:13	5:59	5:57

출처: 생활시간조사 1999~2019년 데이터 원자료

수면시간과 자기관리시간에 있어서 평일과 주말의 증가 양상이 뚜렷하게 보이며, 유급노동시간의 감소, 여가시간의 큰 변화가 없는 양상이 관찰된다. 특히 주말의 유급노동시간은 감소 폭이 비교적 큰 편이며, 전반적으로 수면시간과 자기관리시간의 증가가 이루어짐에 따라 개인의 필수시간에 대한 시간적 안배가 커지는 변화가 지난 20년간 있어 온 것으로 나타났다.

[그림 3-10] 전체 대상자의 수면, 자기관리, 유급노동, 여가시간의 변화 추이

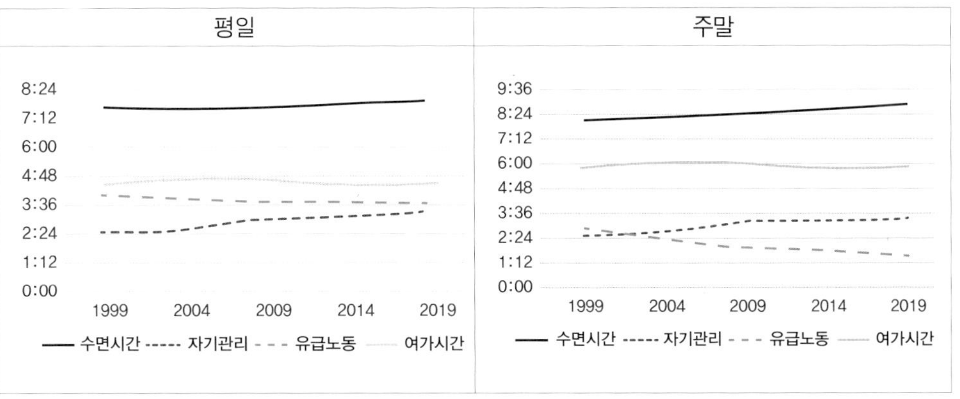

출처: 생활시간조사 1999~2019년 데이터 원자료

2. 수면시간의 변화 추이

수면시간을 중심으로 성별, 연령대별, 학력별 변화 추이를 살펴본 결과, 성별 수면시간은 남성과 여성 모두 큰 차이 없이 증가하는 모습을 보이고 있다. 수면시간에서 성별로 다른 특성을 보이는 것은 아니었다. 연령대별로 살펴본 결과, 노년의 수면시간은 큰 변화 없이 유지되었으나, 청소년(10~18세), 청년(19~34세), 중장년(35~64세)의 수면시간은 지속적인 상승 패턴을 보이고 있었다. 마지막으로 학력별로 살펴보면, 학력 계층별로 평일의 수면시간은 뚜렷한 계층 차이를 보이고 있었다. 가장 수면시간이 짧은 계층은 대학원 이상의 고학력이었고, 다음으로 전문대+4년제 대학 졸업 계층이었다. 고졸 이하의 학력 집단의 수면시간이 가장 길었으며, 전체적으로 수면시간이 증가하는 패턴을 동일하게 보였다. 주말의 경우에는 학력 계층별로 큰 차이 없이 증가하고 있었다.

[그림 3-11] 성별, 연령대별, 학력별 수면시간의 변화

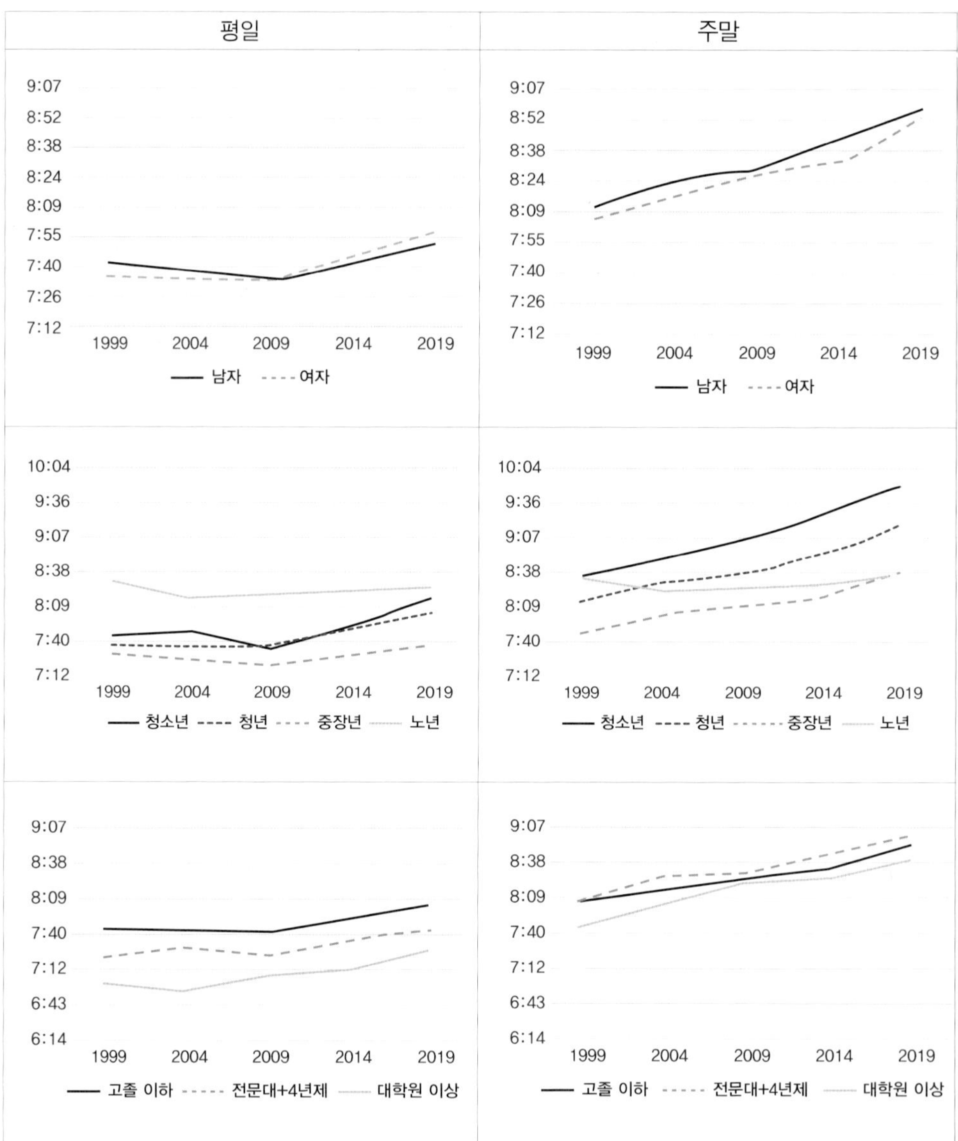

출처: 생활시간조사 1999~2019년 데이터 원자료

〈표 3-3〉 성별, 연령대별, 학력별 수면시간의 변화

수면시간	평일					주말				
	1999	2004	2009	2014	2019	1999	2004	2009	2014	2019
남자	7:43	7:39	7:35	7:42	7:52	8:10	8:22	8:28	8:40	8:56
여자	7:36	7:36	7:35	7:46	7:58	8:05	8:16	8:25	8:32	8:53
청소년	7:44	7:48	7:35	7:51	8:16	8:36	8:47	9:04	9:27	9:50
청년	7:36	7:37	7:38	7:51	8:04	8:13	8:30	8:38	8:53	9:18
중장년	7:29	7:26	7:23	7:29	7:38	7:48	8:03	8:10	8:18	8:39
노년	8:29	8:17	8:19	8:20	8:24	8:34	8:23	8:23	8:30	8:38
고졸 이하	7:45	7:43	7:42	7:52	8:05	8:08	8:17	8:25	8:33	8:52
전문대+4년제	7:22	7:29	7:24	7:36	7:45	8:07	8:26	8:29	8:41	8:58
대학원 이상	7:01	6:55	7:06	7:12	7:27	7:46	8:03	8:21	8:25	8:41

출처: 생활시간조사 1999~2019년 데이터 원자료

3. 자기관리시간의 변화 추이

자기관리시간을 성별, 연령대별, 학력별로 살펴본 결과, 집단별 구분에 따른 차이는 크게 발견되지 않았으며, 전반적으로 자기관리시간이 증가하는 우상향 추이를 발견할 수 있었다. 특히 연령대 구분에서도 이러한 자기관리시간은 집단별로 평행하게 지속적으로 증가하는 모습을 보여, 최근으로 올수록 자기관리의 중요성이 일상에서 나타나고 있는 것을 알 수 있었다.

[그림 3-12] 성별, 연령대별, 학력별 자기관리 시간의 변화

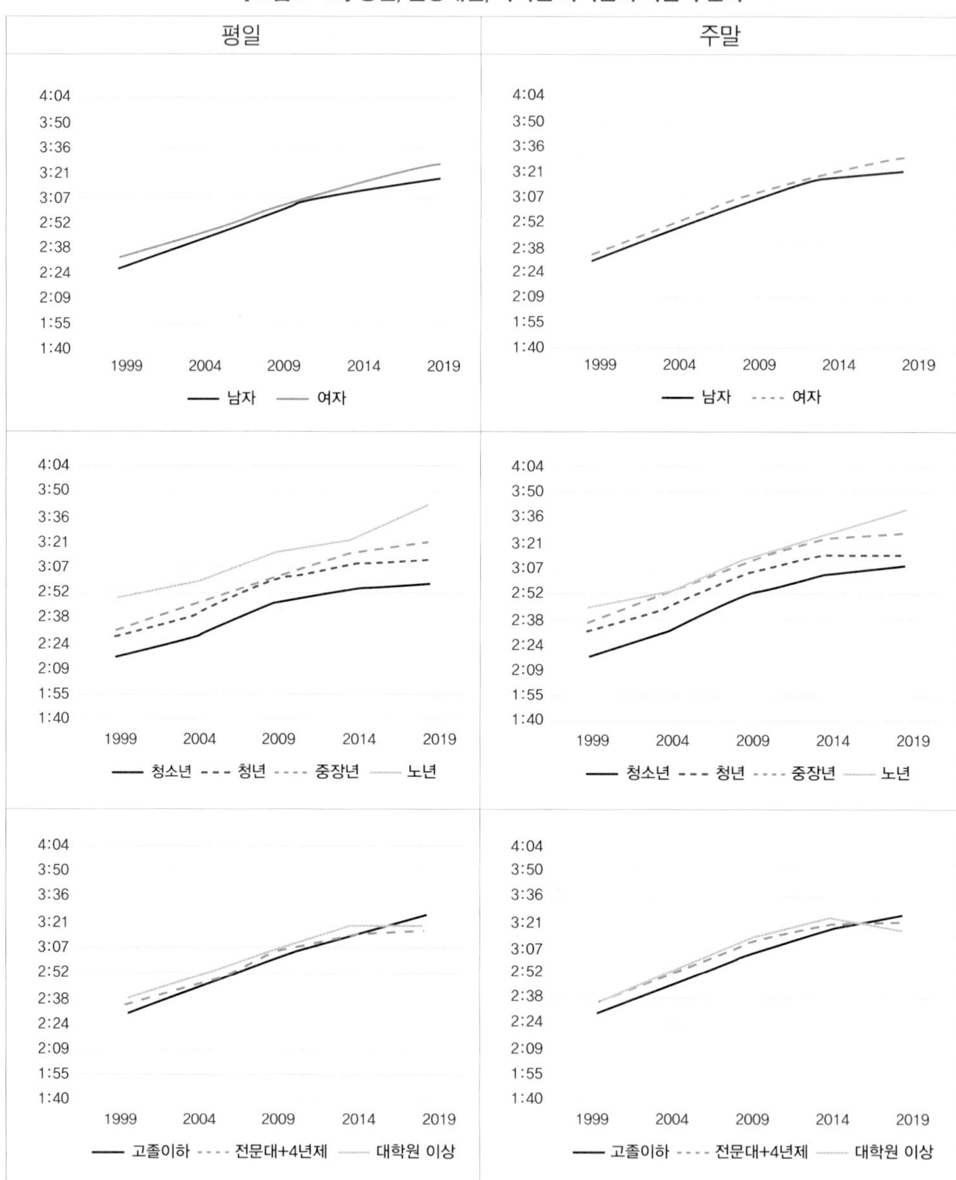

출처: 생활시간조사 1999~2019년 데이터 원자료

〈표 3-4〉 성별, 연령대별, 학력별 자기관리 시간의 변화

자기관리	평일					주말				
	1999	2004	2009	2014	2019	1999	2004	2009	2014	2019
남자	2:27	2:42	3:01	3:11	3:18	2:30	2:46	3:05	3:18	3:20
여자	2:33	2:45	3:01	3:15	3:25	2:35	2:49	3:09	3:21	3:30
청소년	2:18	2:29	2:47	2:55	2:59	2:18	2:32	2:53	3:04	3:08
청년	2:28	2:41	3:00	3:9	3:12	2:32	2:45	3:04	3:15	3:16
중장년	2:32	2:47	3:02	3:16	3:22	2:35	2:53	3:11	3:23	3:27
노년	2:50	2:59	3:15	3:23	3:43	2:45	2:53	3:12	3:25	3:40
고졸 이하	2:29	2:44	3:00	3:13	3:25	2:31	2:46	3:05	3:18	3:27
전문대+4년제	2:32	2:43	3:02	3:12	3:16	2:37	2:50	3:09	3:21	3:22
대학원 이상	2:35	2:48	3:04	3:17	3:19	2:37	2:53	3:13	3:25	3:19

출처: 생활시간조사 1999~2019년 데이터 원자료

4. 유급노동시간의 변화 추이

행복 또는 삶의 만족의 맥락에서 유급노동을 바라보는 시각은 부정적이라 할 수 있다. 이러한 면에서 유급노동시간의 감소는 전반적으로 삶의 만족을 높이는 일상의 구조가 재편되고 있음을 시사한다.

성별로 살펴보면, 남성과 여성의 유급노동시간이 줄어들고는 있으나 평행하게 일정한 간극을 유지한 채로 아주 조금씩 줄어들고 있다. 고무적인 것은 주말의 유급노동시간이 가파르게 감소하면서 주말의 일상에 있어서 의무시간이 줄어든다는 점이다. 이러한 변화 추이는 연령대별, 학력별 구분에서도 동일하다. 연령대별로 보았을 때, 당연스럽게도 중장년, 청년, 노년의 유급노동시간의 격차가 벌어져 있고, 줄어드는 기울기도 비슷한 편이다. 학력별 분석에서도 고학력자의 유급노동시간이 가장 길고 저학력자의 유급노동시간이 가장 짧은데, 비교적 일정한 형태로 유급노동 시간이 줄어듦을 알 수 있다.

[그림 3-13] 성별, 연령대별, 학력별 유급노동시간의 변화

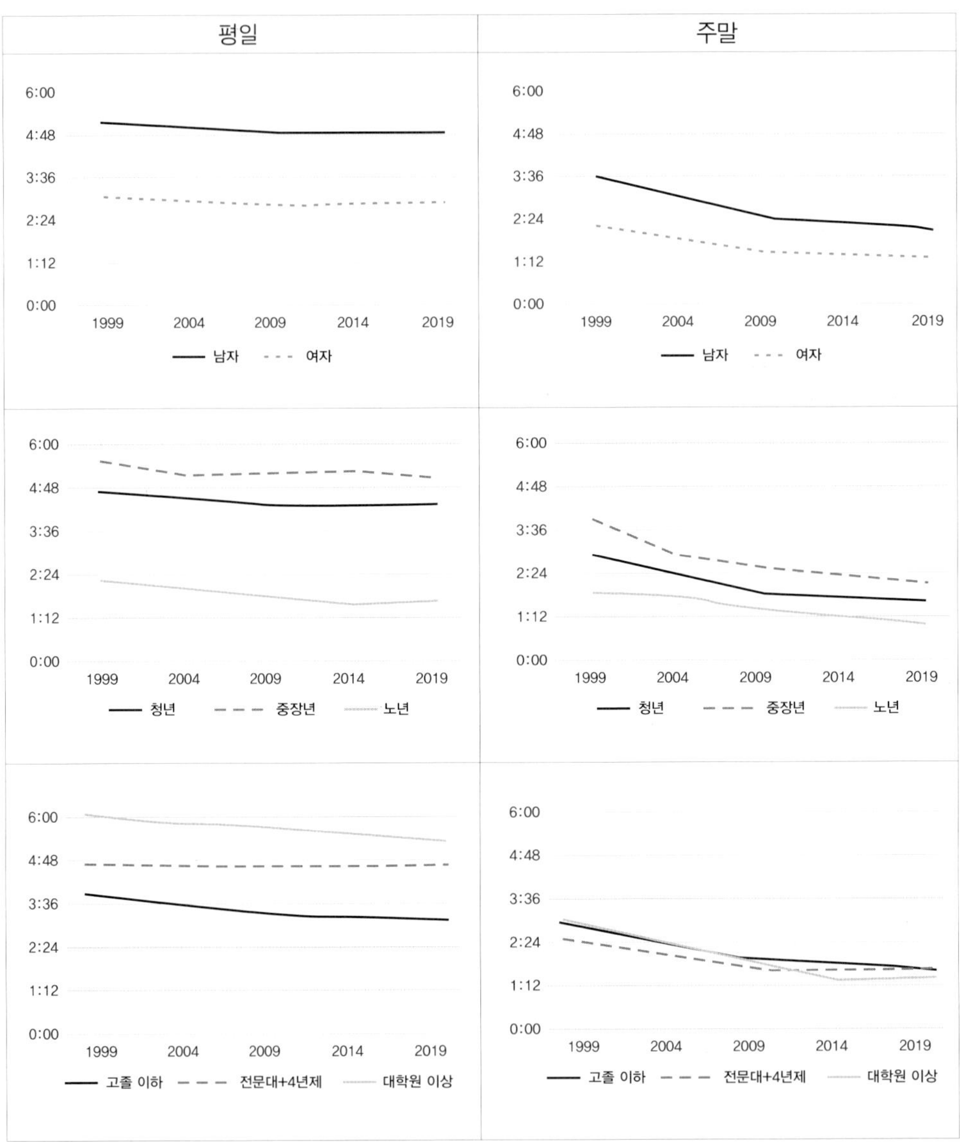

출처: 생활시간조사 1999~2019년 데이터 원자료

〈표 3-5〉 성별, 연령대별, 학력별 유급노동시간의 변화

유급노동	평일					주말				
	1999	2004	2009	2014	2019	1999	2004	2009	2014	2019
남자	5:04	4:56	4:48	4:52	4:52	3:36	2:51	2:23	2:18	2:04
여자	3:01	2:54	2:50	2:53	2:52	2:13	1:43	1:26	1:20	1:13
청년	4:42	4:35	4:19	4:19	4:18	3:00	2:21	1:53	1:45	1:40
중장년	5:26	5:05	5:07	5:12	5:03	3:58	3:02	2:33	2:22	2:06
노년	2:12	1:57	1:45	1:33	1:38	1:57	1:45	1:23	1:10	1:00
고졸 이하	3:49	3:30	3:18	3:12	3:06	3:00	2:21	2:00	1:55	1:39
전문대+4년제	4:39	4:40	4:36	4:38	4:39	2:32	2:06	1:42	1:40	1:39
대학원 이상	6:04	5:48	5:45	5:33	5:19	3:02	2:23	1:46	1:22	1:25

출처: 생활시간조사 1999~2019년 데이터 원자료

5. 여가시간의 변화 추이

행복에 있어서 가장 중요한 역할을 할 것으로 논의되는 여가시간에 대한 분석결과 성별, 연령대, 학력별 여가시간의 변화 추이는 1999년~2019년 동안 큰 변화를 보이지 않은 것으로 나타났다. 성별에 있어서 평일에는 남녀가 거의 비슷한 여가시간을 사용하고 있었고, 주말에는 남성이 좀 더 많은 여가시간을 가지는 것으로 나타났다. 연령대별로는 노년기의 여가시간이 가장 많았으나, 시간에 따라 크게 변화하지는 않았으며 주말에도 마찬가지였다. 평일의 경우 청소년의 여가시간이 2009년부터 증가하는 모습을 보였고, 청년과 중장년의 여가시간은 2009년을 기점으로 조금씩 감소하고 있었다. 학력별로 여가시간은 거의 비슷하였고 시간이 지나도 유지되는 것으로 나타났다.

[그림 3-14] 성별, 연령대별, 학력별 여가시간의 변화

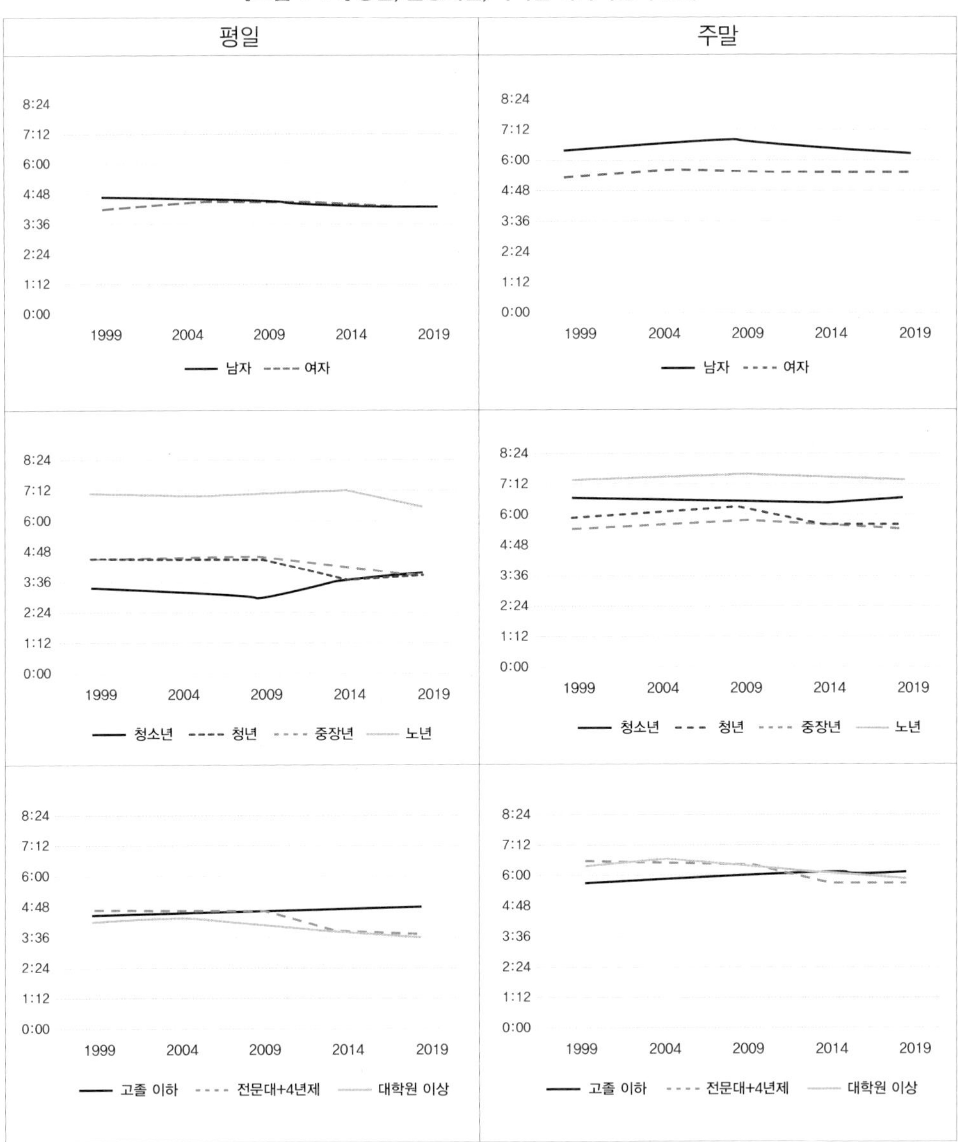

출처: 생활시간조사 1999~2019년 데이터 원자료

〈표 3-6〉 성별, 연령대별, 학력별 여가시간의 변화

자기관리	평일					주말				
	1999	2004	2009	2014	2019	1999	2004	2009	2014	2019
남자	4:38	4:41	4:34	4:22	4:19	6:22	6:36	6:45	6:28	6:20
여자	4:20	4:30	4:30	4:19	4:17	5:24	5:37	5:41	5:32	5:31
청소년	3:21	3:15	2:54	3:36	3:59	6:40	6:37	6:32	6:25	6:36
청년	4:22	4:32	4:31	3:43	3:47	5:46	6:07	6:18	5:39	5:38
중장년	4:28	4:31	4:23	4:01	3:49	5:23	5:39	5:45	5:38	5:29
노년	7:00	6:57	7:40	7:11	6:37	7:20	7:24	7:30	7:27	7:19
고졸 이하	4:26	4:34	4:33	4:44	4:45	5:41	5:55	6:04	6:05	6:08
전문대+4년제	4:39	4:40	4:31	3:51	3:48	6:32	6:30	6:28	5:49	5:40
대학원 이상	4:14	4:23	4:11	3:44	3:44	6:22	6:40	6:23	6:11	5:51

출처: 생활시간조사 1999~2019년 데이터 원자료

이 절에서는 행복에 대한 논의에 있어서 시간적 차원에서 주요하게 다루어져야 할 수면시간, 자기관리시간, 유급노동시간, 여가시간의 변화 추이를 살펴보았고, 지난 20년간의 몇 가지 변화를 포착하여 행복과 관련한 논의를 다음과 같이 할 수 있다.

첫 번째는 자기관리시간의 증가세가 뚜렷하다는 점이다. 이 분석에서는 통계청 생활시간조사의 분류 중 필수시간, 즉 수면시간과 식사, 개인 용모 관리 등의 자기관리시간이 지속적으로 증가하고 있는 양상을 발견하였다. 이에 대한 구체적인 원인을 찾는 분석을 실시하지는 않았으나, 수면시간을 포함한 자기관리시간의 증가는 크게 두 가지로 의미를 둘 수 있다. 일단 수면시간을 포함한 자기관리시간은 개인의 행복 또는 주관적 만족감의 차원에서 여가시간으로 볼 수도 있다는 점에서(Biddle and Hamermesh, 1990), 개인의 만족을 높이는 시간량의 증가를 의미한다고 할 수 있다. 이 절의 분석에서는 여가시간의 의미를

생활시간조사 자료의 분류 기준에 맞추었으나, 자기관리시간은 개인의 효용을 높이고 상황에 따라 주관적으로 선택 가능한 시간이기 때문에 삶의 만족도를 올리는 성격으로도 이해될 수 있다.

한편, 한국 사회의 세태를 보았을 때 자기관리시간이 경쟁에 대한 일종의 수단이나 외모지상주의에 영향을 받은 시간 사용이라는 해석도 충분히 가능하다. 자기관리시간 중 개인위생과 용모 관리의 경우에 국가 및 문화권별 차이가 존재한다(Goodin et al., 2008). 즉 개인의 외모관리가 중요하게 여겨지는 사회문화적 분위기 속에서는 자연스럽게 자기관리시간이 늘어난다는 것이며, 이는 한국 사회에 만연해 있는 외모지상주의적 분위기와 무관하지 않을 것이다.

두 번째로 유급노동시간의 감소를 들 수 있다. 기본적으로 장시간 노동이 근로자의 육체적·정신적 피로감을 가중시키고 삶에 대한 만족을 떨어뜨린다는 점에서 유급노동시간이 줄어드는 것이 바람직하다. 하지만 한국 사회에서 노동할 수 있는 권리를 안정적으로 보장받는 계층이 줄어들고 있다는 점에서 유급노동시간의 감소는 그 질적인 부분까지 고려할 필요가 있다. 유급노동시간과 행복의 관계에서 유급노동시간의 양보다는 노동에 대한 가치를 어디에 두느냐에 따라 달라진다는 주은선(2016)의 논의를 생각한다면, 유급노동시간의 감소만큼이나 중요한 것은 시간의 감소에 따른 소득의 감소나 유급노동을 할 수 있는 일자리 감소로 인한 전체적인 유급노동시간의 감소가 나타나지 않도록 하는 것이 근본적으로 중요한 부분이라 하겠다.

최근 한국 사회에서는 일부 기업이 주4일 근무제를 시행하고 있으며, 이에 대한 긍정적 평가가 많이 나타나고 있다. 코로나19로 인해 반강제적으로 시행된 재택근무제 역시 생산성이 떨어질 것이라는 부정적 우려에 반대되는 결과들이 보고되고 있다. 즉 유급노동시간의 증가나 유지가 생산성 증가에 직결되는 것이 아니라, 일하는 '사람'이 내적으로 가지는 효용감이나 만족도를 높이는 수준의 시간을 일상의 의무시간으로 두는 것이 보다 중요한 부분이라 하겠다.

유급노동시간을 줄이고 개인의 수면이나 자기관리시간까지의 넓은 개념의 여가시간을 늘리는 것이 행복과 어떠한 관련성이 있는지는 이후의 절에서 보다 구체적으로 살펴볼 것이다. 다만 이 절에서 논의할 수 있는 정책적 함의는 국민들이 재량적으로 사용할 수 있는 '시간'을 확보해주는 것과, 이를 현실화 시킬 수 있도록 소득을 보장하고 특히 성별, 학력 계층별로 평행하게 달리고 있는 시간의 양과 그 간극을 어떻게 조정할 것인가에 초점을 맞추어야 한다는 것으로 귀결된다.

제3장 2019년 생활시간조사 데이터로 본 한국인의 행복

이 절에서는 생활시간조사의 가장 최근 데이터인 2019년 자료를 중심으로 한국인의 행복과 관련하여 주요하게 다루어야 하는 유급노동시간 및 여가시간을 보다 세밀하게 분석하였다. 또한 생활시간조사에서 가용한 행복 관련 지표인 '시간 압박감'과 '삶의 만족도', '여가시간 만족도'를 하나의 변수로 합쳐 행복을 측정하는 지표로서 다중회귀분석을 진행하였다. 이를 통해 시간 변수의 효용성을 규명하고, 어떠한 변인들을 통해 한국인의 행복감을 높일 수 있는지를 논의하고자 하였다.

다음의 표와 그림들은 인구사회학적 특성에 따른 행복(삶의 만족도) 차이를 분석하여 제시한 내용이다. 〈표 3-7〉은 성별로 삶의 만족도 평균의 차이를 분석한 표이며, 분석결과로 남성과 여성의 삶의 만족도 차이에서 대체적으로 유의미한 결과가 나타났다. 2014년에 비해 2019년에 삶의 만족도는 모두 증가하였고, 여성의 삶의 만족도가 남성에 비해 높았다. t검정 결과 2014년 주말을 제외하고는 모두 통계적 유의미성이 발견되었다.

〈표 3-7〉 성별 삶 만족도 차이

구 분	평일		주말	
	2014	2019	2014	2019
남 성	3.13	3.22	3.16	3.22
여 성	3.17	3.29	3.19	3.27
t	-3.539***	-5.802***	-1.805	-3.711***

출처: 생활시간조사 1999~2019년 데이터 원자료

[그림 3-15] 성별 삶의 만족도 차이

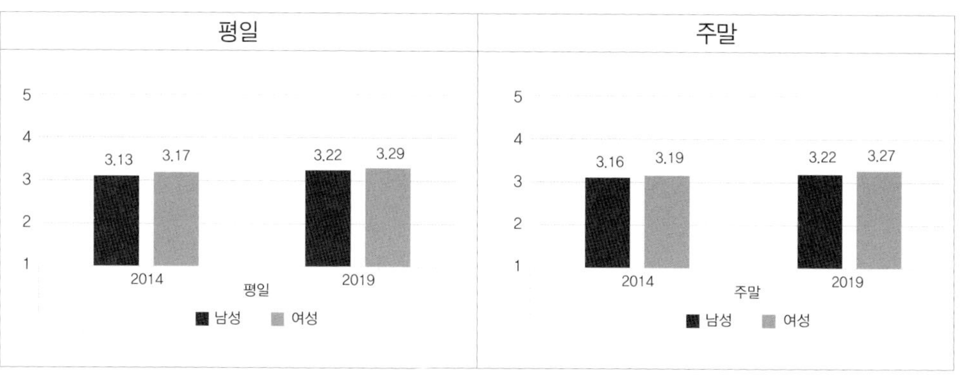

출처: 생활시간조사 2014~2019년 데이터 원자료

〈표 3-8〉은 연령대별 삶의 만족도 평균의 차이를 분석한 표이며, 분석결과로 연령대가 높아질수록 삶의 만족도가 떨어지는 것으로 나타났다. 2014년에 비해 2019년에 삶의 만족도는 모든 그룹에서 증가된 수치를 보였으며, 사후검정 결과 2014년과 2019년의 평일, 2014년의 주말에서는 청소년〉청년〉중장년〉노년 순으로 삶의 만족도가 높았다. 2019년 주말의 경우에만 청소년〉청년·중장년〉노년 순으로 나타나, 2019년의 주말 데이터에서는 청년과 중장년의 삶의 만족도에 통계적 유의미성이 발견되지는 않았다.

〈표 3-8〉 연령대별 삶 만족도 차이

구분	평일		주말	
	2014	2019	2014	2019
청소년(a)	3.48	3.62	3.47	3.61
청년(b)	3.21	3.30	3.22	3.25
중장년(c)	3.12	3.24	3.15	3.24
노년(d)	2.99	3.08	2.99	3.10
F (scheffe)	247.29*** (a〉b〉c〉d)	256.92*** (a〉b〉c〉d)	153.37*** (a〉b〉c〉d)	152.41*** (a〉b,c〉d)

출처: 생활시간조사 1999~2019년 데이터 원자료

[그림 3-16] 연령별 삶의 만족도 차이

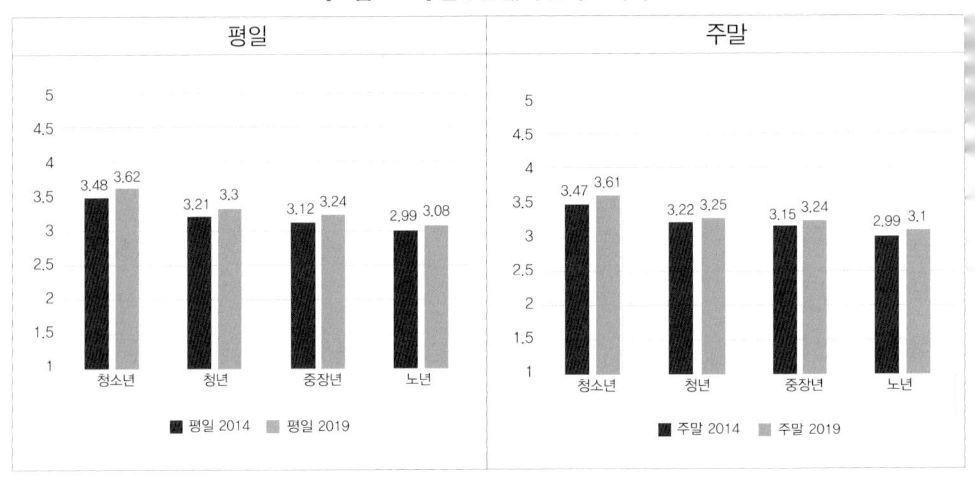

출처: 생활시간조사 2014~2019년 데이터 원자료

학력별 삶의 만족도 평균의 차이를 분석한 결과, 학력 계층별 삶의 만족도는 대학원 이상〉대학교(전문대 포함)〉고졸 이하 순으로 나타났으며, 평균차이 검정에서도 동일하게 통계적 유의미성이 나타났다. 2014년에 비해 2019년에 삶의 만족도는 높아진 것으로 나타났다.

〈표 3-9〉 학력별 삶 만족도 차이

구분	평일		주말	
	2014	2019	2014	2019
고졸 이하(a)	2.98	3.06	3.01	3.06
대졸(전문대)(b)	3.25	3.34	3.28	3.32
대졸(전문대)(b)	3.59	3.73	3.62	3.72
F (scheffe)	380.72*** (c〉b〉a)	414.55*** (c〉b〉a)	256.48*** (c〉b〉a)	260.90*** (c〉b〉a)

출처: 생활시간조사 1999~2019년 데이터 원자료

[그림 3-17] 학력별 삶의 만족도 차이

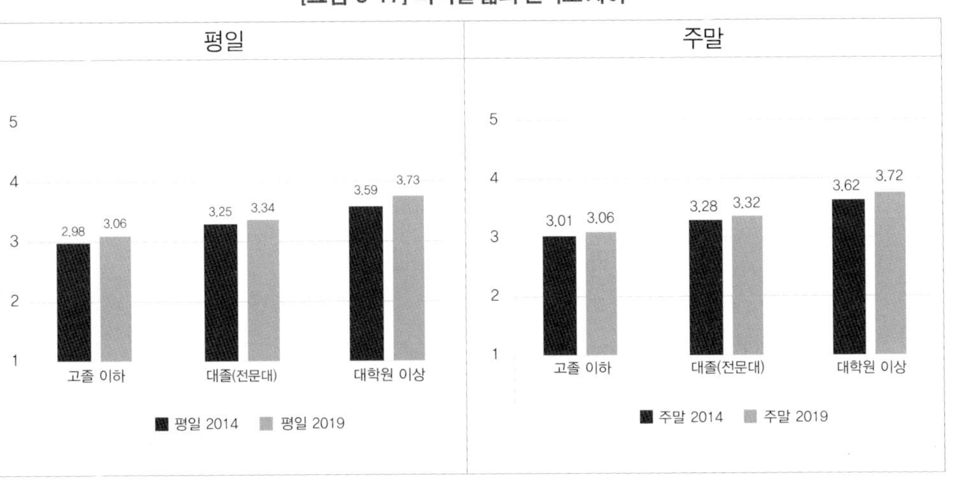

출처: 생활시간조사 2014~2019년 데이터 원자료

성별, 연령대별, 학력별 삶의 만족도 평균차이 검정 결과를 정리하면 다음과 같다. 삶의 만족도는 2014년에 비해 2019년에 다소 상승하였다. 이는 평일과 주말 모두에서 동일하였으며, 대체적으로 주말의 삶의 만족도 평균점수가 평일에 비해 높았다. 성별로는 여성의 삶의

〈표 3-10〉 행복에 영향을 미치는 요인에 대한 다중회귀분석 결과

구분	Coef.	Std. Err.	t	P>t
성별	.115	.045	2.54	0.011
연령	.012	.002	5.91	0.000
가구원수	-.227	.021	-10.83	0.000
학력	.306	.022	13.88	0.000
배우자	.169	.057	2.95	0.003
가구소득	.120	.012	9.91	0.000
거주 형태	.261	.044	5.9	0.000
근로 지위	.137	.047	2.95	0.003
수면	.001	.000	4.23	0.000
자기관리	.001	.000	2.05	0.041
유급	-.001	.000	-5.67	0.000
여가	.003	.000	12.92	0.000
_cons	5.988	0.257	12.92	0.000
R2= .084, adj R2=.083, F=126.84, p=.000				

출처: 생활시간조사 2019년 데이터 원자료

만족도가 높았고, 연령대로는 어릴수록 삶의 만족도가 높았으며, 학력이 높을수록 삶의 만족도가 높았다.

〈표 3-10〉은 생활시간조사 2019년 데이터의 삶의 만족도, 여가 만족도, 시간 부족감을 하나로 합쳐 행복을 측정하는 지표로 구성, 기존의 논의들에서 제시된 인구사회학적 변수들과 이 연구에서 주로 살펴본 시간 변수(수면, 자기관리, 유급노동, 여가)를 투입한 다중회귀 분석 모델에 대한 분석 결과이다.

독립변수로는 기존의 행복을 밝히는 요인으로 지목된 성별(남성=1, 여성=2), 연령(연속변수), 가구원수(연속변수), 학력(서열변수), 배우자 유무(배우자 있음=1, 없음=0), 가구소득(서열변수), 주거 점유형태(자가=1, 그 외=0), 근로 지위(상용직=1, 그 외=0)를 투입하였고, 시간변수로 수면시간,

자기관리시간, 유급노동시간, 여가시간을 투입하였다. 분석결과는 <표 3-10>과 같다.

다중회귀분석 모델은 F=126.84였고 p<.001 수준에서 유의하였다. 수정된 R2 값이 .083으로 나타나 모델의 설명력은 8.3% 정도였다. 분석결과, 투입한 모든 변수의 통계적 유의미성이 발견되었다. 변수별로 살펴보면 여성이 남성에 비해 연령대가 높을수록, 가구원수가 적을수록, 학력이 높을수록, 배우자가 있는 경우, 가구소득이 높을수록, 자가 주택을 소유했을 경우, 상용직일 경우에 행복 수준이 높아졌다. 시간 변수에 있어서는 수면시간과 자기관리시간이 많고 여가시간이 많을수록 행복감이 높아졌고, 유급노동시간이 적을수록 행복감이 높아졌다. 효과성의 크기로 보았을 때 시간 변수들의 효과성은 미미하였고, 가장 영향력이 큰 변수는 '학력', '거주 형태', '가구원수' 순이었다.

제4장 소결

이 장에서는 UN에서 발간하는 '세계행복보고서'와 OECD의 '더 나은 삶 지수' 지수를 통하여 한국의 행복 수준에 대한 국제적 비교를 실시하였다. 세계행복보고서에서는 행복지수 10점 만점 중 5.872점으로 61위를 기록하였고, 2015년 47위였던 반면 계속 하향세를 그리고 있었다. 영역별로 구분해 보았을 때 1인당 국내총생산, 건강 기대수명에 있어서는 비교적 높은 수준이었으나, '삶에 대한 선택의 자유'나 '사회적 지원', '부정부패', '기부'의 영역에서는 낮은 수치를 보였다. 특히 '삶에 대한 선택의 자유'에는 140위에 해당할 정도로 낮은 수준이었다. OECD의 '더 나은 삶 지수'에서도 상황은 크게 다르지 않았다. 2020년에 공표된 자료에 따르면 한국은 35개국 중 28위를 기록하였고, 커뮤니티, 환경, 삶 만족, 일·생활 균형과 같은 영역에서는 OECD 평균에 미치지 못하는 저조한 수준을 보였다. 실증적인 차원에서 세계가치조사를 분석한 결과, 분석 대상으로 삼은 11개국 중에서 행복감은 11위, 선택의 자유는 9위, 삶 만족은 10위로 나타나 최하위의 수준을 보였다.

OECD의 '더 나은 삶 지수'에서 각 지표들을 한국의 성별, 연령대별, 학력별로 비교한 결과에서는 여성의 삶의 조건들이 열악하였고, 청년의 고용률과 같은 부분에 개선이 필요한 것으로 나타났다. 또한 학력별 차이에 있어서 고등교육 이상의 학력 그룹에서 대부분의 긍정적 우위가 나타나 학력 차이가 중요한 기준이 됨을 알 수 있었다.

국제 비교를 통해 한국의 행복수준이 낮은 것으로 파악되고, 특히 사회적 영역인 커뮤니티나 일·생활 균형과 같은 부분은 앞으로 개선해야 할 부분이 많은 것을 알 수 있었다. 다만 이러한 것들이 개인의 미시적인 단위에서 해결할 수 있는 부분이 아니기 때문에 정책적이고 제도적인 노력이 핵심적으로 필요하다.

생활시간조사를 통해 지난 20년간의 시간사용 추이를 보면, 유급노동시간이 줄어들면서 수면 및 자기관리시간의 증가가 뚜렷하게 나타났다. 가장 눈에 띄는 부분이 자기관리(식사, 의료서비스 받기, 외모관리 등) 시간의 증가인데, 자기관리시간을 개인의 필수적 시간으로 볼 수도 있으면서 개인의 선택 영역이기 때문에 여가시간으로도 볼 수 있다는 관점을 적용한다면 크게 보아 여가시간, 즉 일상의 삶에서 자유롭게 사용할 수 있는 재량적 시간의 증가라고 보여진다. 이러한 여가시간의 증가는 행복의 증진에 긍정적 영향력을 미칠 것으로 판단되며, 3절의 다중회귀분석 결과에서도 여가시간은 행복에 통계적으로 유의미한 정적(+) 효과성을 보이는 것으로 나타났다.

이 장에서 결론적으로 제시할 수 있는 것은 크게 두 가지로 압축할 수 있다.

첫 번째는 행복이 다차원적으로 정의되고 측정되는데 국제비교의 맥락에서 특히 사회적 행복이라 할 수 있는 커뮤니티, 일·가정 양립과 같은 영역에 대한 정책적 지원이 집중될 필요가 있다. 북유럽 국가들이 지난 10년간 행복순위 상위권에 랭크된 이유는 사회적 행복의 크기가 컸기 때문이다. 보편적이고 접근하기 쉬운 복지제도를 기반으로 사회 전체가 공유하는 의식이 안정감 있고 일관되게 흐르는 분위기에서 공동체 구성원들의 행복감은 단단해진다. 순위로 매겼을 때 고순위이긴 하지만, 당장 내년이나 내후년이 되어도 순위가 흔들릴 것 같지 않은 이유는 국가 전체가 가진 시스템과 사회 분위기가 큰 벽처럼 둘러쌓여 공고한 메커니즘을 구성하고 있기 때문이다. 한편 경제발전을 최우선으로 쉼 없이 달려온 한국은 개인과 가족의 행복을 팽창시키는데 주력해왔다. 잘먹고 잘사는 것의 범위가 점점 좁아져 무한 이기주의에 빠져 있는 원자화 된 개인이 모여 사회를 구성하고 부대끼며 산다는 것 자체가 어떤 의미에서는 모순된 상황이다. 이러한 상황에서 행복 정책의 설계는 개인이 커뮤니티 안에서 누리고자 하는 행복감, 일과 가정의 양립을 선택할 수 있는 분위기 조성에 보다 많은 에너지를 쏟아야 할 것이다.

두 번째는 개인의 삶에서 자유롭게 선택하고 통제할 수 있는 '시간'을 사회구조적으로 만들어줄 수 있는 정책적 관점이 필요하다는 것이다. 이제까지 한국 사회는 '소득'에 집중해온 경향이 있다. '시간은 곧 돈'이라는 자본주의 격언에서 돈만 강조되고 시간은 덜 주목받은 측면이 있다. 일정 소득 이상이 되면 행복감이 더 이상 증가하지 않는다는 이스털린의 역설은 일정 소득 이상의 사람들이 겪는 재량 시간의 부족을 말하는 것은 아닐까? 특히 한국 사회에서 고학력자들이 유급노동시간이 길고, 고학력 고스펙이라 하더라도 언제든 빈곤의 늪에 빠질 수 있는 불안정한 사회구조라면 소득의 보장이라는 한 축만으로는 행복에 다가가지 못할 가능성이 크다. 정책이 국민의 행복감을 증진시키기 위한 관점으로 논의되고 설계됨에 있어서 개인이 자유롭게 사용할 수 있는 '가처분 시간'이 늘어날 수 있도록 소득의 보장 및 사회구조의 변화에 보다 적극적인 노력이 필요하다.

| 제4부 |

한국의 행복정책 : 현황과 평가

제1장 행복과 적극적 시민

개인의 행복 수준은 다양한 원인들에 의해 결정된다. 건강이든 물질이든 혹은 우정이든 한 가지가 상당 수준 확보되어 있다고 행복하게 되는 것은 아니다. 여러 요인들의 결합이 필요한 것이다. 그러한 '여러 요인'들을 정리해보면 몇 가지 핵심적 개념들을 찾아낼 수 있다.

첫째는 안정이다. 안정은 거시적으로 경제성장이라는 요인으로 행복 관련 문헌에서 논의된 바 있다. 하지만 행복은 거시적 개념이 아니다. 개인들이 실제 행복을 느끼는가라는 현실적이며 미시적 개념이다. 행복에 있어서 의식주의 중요성은 누구도 부인할 수 없으며, 경제성장은 그러한 의식주의 걱정을 덜어주는 핵심적 역할을 한다고 평가되어 왔다. 하지만 최근 경제성장은 개인의 행복을 설명하는데 한계가 있다고 종종 비판을 받고 있다. 가장 핵심적인 원인은 경제성장의 혜택이 소수에게 집중될 수 있다는 점이다. 이는 불평등의 증가와 직접적 관련을 맺고 있다. 즉 전체 사회의 부(wealth)가 증가한다 해도 만일 다수가 안정적이지 않다고 생각한다면 그러한 성장은 국민행복과 연결될 수 없다.

또한 일정 수준 이상의 부는 더 이상 개인의 행복을 증가시키지 못하는 효과를 가질 수 있다(Bok, 2010). 한계체감의 법칙이 그러한 것을 설명할 수 있다. 첫 번째로 먹는 초콜릿과 열 번째는 차이가 날 수밖에 없다. 그런 점에서 성장과 물질의 증가가 일정 부분 행복을 설명하는 것은 부인할 수 없지만, 그것이 전부일 수는 없다. 실제 경제성장을 보여주는 GDP는 불평등이나 환경위기, 혹은 개인에게 중요한 영향을 미치는 무급돌봄노동이나 공동체 등을 측정하지 못하는 한계가 있다. 그러한 점에서 경제성장이라는 요인은 실제 개인 차원에서는 안정적 삶을 사는가라는 좀 더 명시적 개념으로 좁혀질 필요가 있으며, 동시에 안정을 뒷받침하는 다른 개념들도 찾아낼 필요가 있다.

두 번째 핵심 개념은 자유 혹은 자율성이다. 이 개념은 자신의 삶에 대한 통제력으로 좁혀서 해석할 수 있으며 행복 연구에서 지속적으로 중요한 요인으로 제시되었다(마이클 부스, 2018; Haller and Hadler, 2006). Haller and Hadler는 행복이라는 개념 자체가 자기결정권과 자유에 대한 표현이라고 정의한 바 있다. 누군가에 의해 끊임없이 지시를 받는 상황에 놓인 개인보다 자신이 스스로 삶이나 일에 대한 결정을 내릴 수 있는 사람이 훨씬 행복하다는 것은 어렵지 않게 생각할 수 있다. Zigmunt Bauman은 안정 없는 자유는 혼돈이지만, 자유가 없는 안정상태는 노예와 같다고 말했다. 즉 물질적 안정만이 행복의 충분조건이 될 수 없음을 의미한다. 드라마에서 부자 집안에 결혼해서 들어간 사위나 며느리가 물질적 풍요에도 불구하고 느끼는 불행은 아마 여기에서 오는 것일지 모르겠다.

한국 사회에서는 경제성장이나 복지국가를 통한 안정이 핵심적인 행복과 안녕의 조건으로 논의된 바 있다. 그것은 성장을 강조한 보수에서도, 빈곤 등 물질적 조건에 집중했던 진보에서도 마찬가지였다. 그에 비해 자율성이나 개인의 자유에 대한 것은 상대적으로 간과되어져 왔다. 하지만 이는 행복에서 가장 중요한 요인 중 하나이다.

위의 두 조건이 개인을 중심으로 하는 조건이라면, 세 번째 영향력은 관계에 기반한 행복의 조건이다. 사회적 존재로서 인간은 관계를 통해 자신을 정의하고 행복을 얻는다. 물질적으로 풍요롭고 아무도 구속하지 않는 어떠한 개인을 가정해보자. 사회적 관계가 단절되어 있고, 자신의 영향력이 미칠 수 있는 곳이 없다면 행복하기 쉽지 않을 것이다. 아마도 권력을 갈구하는 누군가도 영향이나 관계를 가지려는 욕구에서 출발한 것일 수 있다. 이미 1967년 Phillip의 연구는 사회적 참여(social participation)가 행복에 중요한 조건임을 실증했으며, Powdthavee(2008)는 소득에 비해 사회적 관계(social relationship)가 실제 삶의 만족도를 높이는데 큰 효과가 있음을 화폐적 가치로 보여주었다. 이외에도 자아효능감(self-efficacy)과 행복에 대한 연구도 다수 존재한다. 여기에서 유의미한 참여나 관계는 수동적이고 권위적 조건은 아닐 것이다. 자신이 유의미하고 적극적으로 참여하고 관계를 맺는 '적극적'을 가정하고 있을 것이다. 이를 종합하면 사회적 영향력이라고 좁혀서 논의가 가능하다.

이외에도 연령이나 결혼상태 등 다양한 개인적 요인들이 행복에 영향을 미치지만 이 세 가지는 행복에 가장 영향을 미치는 핵심적 요인들이며, 동시에 정책적으로 주목받는 요인이라 할 수 있다. 안정과 자율은 헌법 제10조에서 함의하는 인간 존엄성을 핵심으로 하는 기본권의 기초이자 사회권과 직접적 연계를 가지고 있으며, 영향력은 민주주의 실현과 직접적 관련을 가지고 있다. 최영준 외(2019)의 연구에서는 세 가지 요인이 행복의 중요한 요인임을 실증하기도 하였다. 흥미롭게도 최근 연구에서는 세 가지 요인으로 '적극적 시민(active citizenship)'을 정의하기도 한다. 행복한 시민은 그런 의미에서 적극적 시민이기도 한다.

이 장에서는 행복의 세 가지 핵심 요인들을 소유한 적극적 시민 개념을 활용하여, 적극적 시민이 누구이며, 이들은 어떠한 성향을 가지고 있는지를 먼저 논의한다. 행복과 관련되어 적극적 시민의 중요성을 입증한 후에 적극적 시민을 육성할 수 있는 정책적 노력의 현황을 검토한다. 마지막으로는 정책적 함의를 제시한다.

제2장 적극적 시민은 누구이며, 어떤 성향을 가지고 있는가?

1. 적극적 시민 개념

적극적 시민성(active citizenship)은 이미 문헌을 통해 다양한 개념으로 사용된 바 있다. 가장 일반적으로 사용된 정의는 사회적 응집력을 높이고 민주주의를 활성화시키기 위해 사회나 정치 참여에 적극적인 시민을 일컫는 것으로 가장 자주 활용되었다. 참여와 이를 가능하게 하는 교육이 일반적으로 강조되었다. 이에 더 나아가 신자유주의 시기 영국에서는 국가에 의존적이지 않고 자신의 힘으로 독립적으로 살아가는 시민의 개념으로도 사용된 바 있다. 큰 국가를 비판하며, 독립적 개인을 강조한 개념이라 할 수 있다.

반면 독일의 저명학자 Pfau-Effinger와 Herregaard(2006)은 적극적 시민을 역량과 능력을 바탕으로 개인의 삶을 자율적으로 살아가는 시민이라고 일컬었다. 단순히 국가에 대한 독립을 넘어 시간과 공간적으로 유연성이 높고 이동성을 가지고 있는 개인이다. 이러한 유연성과 독립성을 갖추기 위해 자율성을 가지고 있고, 동시에 높은 숙련도를 소유한 이들을 적극적 시빈이라 지칭하였다. 특히 탈산업사회로의 이행 속에서 단순히 피고용인으로 일하는 것을 넘어 끊임없이 변화하는 사회경제적 환경 속에서 자신의 경력과 이력을 적극적으로 창출할 수 있는 개인이라는 것이다. 산업사회에 성인남성을 중심으로 했던 시민성 논의에서 나아가 Pfau-Effinger는 가부장 사회를 넘어 적극적 시민은 성인 모두가 일하고 돌보는 성인노동자모델(adult-worker model)에 기반함을 제시하기도 하였다.

Stivers(1990)는 아리스토텔레스 이래로 학자들에게 적극적 시민성은 무언가를 하기 위한 수단이 아닌 그 자체가 목적이었다고 주장하였다. 즉 적극적 시민이라는 개념 자체가 좋은 삶(good or virtuous life) 그리고 잘사는 것(live well)이기 때문에 궁극적인 목적이 된다는 것이다. Stivers의 관찰에 동의한다면 적극적 시민이 국가나 사회에게 무엇을 할 수 있는가라는 질문을 하기보다는 적극적 시민이 어떻게 가능할 수 있는가에 대한 질문이 더 중요함을 의미한다. 그렇다면 지금까지 논의되었던 독립적인 개인, 국가에 의존하지 않는 개인, 유연하게 살아갈 수 있는 개인, 참여를 많이 하는 개인이라는 의미보다 좋은 삶이라는 관점에서 적극적 시민을 명확하게 정의할 필요가 있다. 또한 그의 관점에서 적극적 시민에 대한 논의는 좋은 삶과 잘사는 삶이라는 관점에서 행복과 직접적으로 이어짐을 알 수 있다.

적극적 시민성을 구성하는 요인들에 대한 논의를 한 단계 더 발전시킨 것은 최근의 Lindqvist and Sepulchre(2016) 연구이다. 이들은 Hvinden et al.의 연구를 인용하면서 적극적 시민성의 세 가지 차원을 자율(autonomy), 안정(security), 영향(influence)으로 제시하였다. 보다 구체적으로 안정은 주요한 사회적 위험과 위해로부터 개인이 보호되는 상태이며, 자율은 스스로의 욕구를 정의할 수 있으며, 자신 삶의 가치를 적극적으로 추구할 수 있는 상태라 정의할 수 있다. 마지막으로 영향은 자신이 속한 사회와 공동체의 의사결정과 숙의에 참여할 수 있는 상태로 정의될 수 있다.

기존의 문헌들이 영향을 중심으로 적극적 시민성을 정의하면서 그것이 가능한 조건들에 대해서는 상대적으로 충분한 논의가 없었다면, 이들의 논의에서는 적극적 시민의 세 가지 조건을 제시함으로써 서로가 서로를 이루기 위한 상보적 조건들임을 암시한다. 한 예로 삶의 불안정이 심하고, 일터나 가족 내에서 자율성이 없는 이들이 적극적인 사회적 참여와 관계 형성을 할 수 있을 것이라 기대하기 어렵다. 동시에 안정이 없는 이들에게 자율성이 제한적일 수밖에 없으며, 앞서 논의한 바와 같이 자율성 없는 안정이나 관계가 없는 안정 역시 개인이 좋은 삶을 만들 수 있는 충분조건이 될 수 없다. 그에 비해 Lindqvist and Sepulchre의 논의는 적극적 시민의 개념들을 간결하면서도 포괄적으로 제시함으로써 적극적 시민의 충분조건을 제시하였다고 평가할 수 있다.

2. 한국사회에서 적극적 시민

Lindqvist and Sepulchre이 제시한 세 가지 개념을 바탕으로 이 절에서는 한국 사회에서 적극적 시민의 현황은 어떠하며, 이들이 누구인지, 그리고 이들의 성향은 어떠한지를 검토한다. 자료는 2018년 10월과 2020년 8월에 자유안정성에 대한 전국민 설문조사이다. 각 조사는 19세부터 69세 성인 약 1000명이 참여하였으며, 한국리서치를 통해 웹조사로 진행되었다. 2018년 조사한 이들 중 60% 정도가 패널로 2020 조사에도 참여하였다. 〈표 4-1〉은 조사한 두 해 동안의 적극적

〈표 4-1〉 시민유형의 변화(2018년과 2020년) 구분

구 분	2018	2020(패널)	2020(전체)
수동적 s*a*i	13.0	23.1	24.1
자유국한s*A*i	18.2	10.4	10.4
영향결핍S*A*i	24.5	16.6	17.1
적극적S*A*I	30.8	34.7	32.1
영향국한s*a*I	3.1	4.5	5.3
안정결핍s*A*I	7.5	6.5	6.4
안정국한S*a*i	2.4	2.4	2.6
자유결핍S*a*I	.5	1.8	2.1
전체	100.0	100.0	100.0

시민의 현황을 보여준다.

적극적 시민은 안정(S), 자율(A), 영향(I)이 모두 있다고 응답한 이들이며, 반대로 수동적 시민(s, a, i)은 셋 모두 없다고 응답한 이들이다. 여기에 어느 하나가 부족한 영향결핍, 자유결핍, 안정결핍 유형이 있고, 셋 중 둘이 부족한 자유국한, 영향국한, 안정국한 유형이 있다. 총 8가지 유형으로 분류해 2018년과 2020년에 어떠한 변화가 있는지를 살펴보았다.

세 요인을 측정하기 위해 각 10점 척도로 다음과 같은 질문을 했다. 안정은 "귀하의 현재의 삶은 전반적으로 어느 정도 안정적입니까?", 자율은 "귀하는 전반적으로 자신의 삶을 주체적이고 자율적으로 살고 있다고 생각하십니까?", 그리고 영향은 "귀하는 귀하의 노력이 지역공동체나 사회문제 해결에 어느 정도 영향력이 있다고 생각하십니까?"로 물었다. 적극적 시민을 측정하기 위해 각 문항마다 6점 이상이면 각 요인이 존재하는 것으로, 5점 이하는 부재하는 것으로 처리하였다.

이에 따르면 2018년 하반기에는 적극적 시민 유형이 가장 높은 비

중으로 약 31%였고, 수동적 시민 유형이 13%로 영향결핍 유형과 자유국한 유형에 이어 네 번째 비중을 차지했다. 적극적 시민 유형이 제일 높다는 것은 긍정적이지만, 세 가지 요인을 모두 갖춘 이들이 우리 사회에서 1/3에도 미치지 못하다는 것은 아쉬운 대목이다. 하지만 2020년에는 양극화가 뚜렷해졌다. 적극적 시민 유형은 32%로 거의 차이가 없었지만, 반면 세 가지 모두 결핍된 수동적 유형이 거의 두 배가 증가하여 24%로 높아졌다. 자유국한 유형과 영향결핍 유형이 대신 조금씩 줄어들었다.

세부적으로 내용을 보면, 전체적으로 안정성과 자유로움을 느끼는 시민들은 코로나19 이후로 전반적으로 줄어들었다. 안정성에서 58%에서 53%로 줄었으며, 삶이 자유롭다는 시민은 81%에서 66%로 급격히 줄어들었다. 코로나19의 위기는 직업의 안정성과 소득의 안정성을 상당히 감소시켰다. 직업과 소득의 감소는 노동자들의 협상력을 줄이고, 이는 안정성과 자율성 그리고 영향력까지 영향을 미칠 수 있다. 동시에 어린이집이나 학교가 문을 닫게 되면서 돌봄의 부담이 급격히 증가한 것도 자율성을 줄이는데 영향을 주었다. 반면 영향력이 신장되었다고 느끼는 시민은 46%로 2018년에 비해 소폭 증가하였다.

적극적 시민과 소극적 시민은 여러 차원에서 명백한 차이를 보인다. 다음의 표들은 2020년 서베이 자료를 분석한 것이며, 다만 행복에 관한 표는 2018년 LAB2050 서베이 결과 발표에서 추출한 자료이다.[1]

1 최영준, 김도균, 윤성열, 최정은, 유정민(2019). 자유와 안정에 대한 대국민 인식조사 결과보고서. LAB2050. 2020년 연구는 최영준, 최정은, 김지현, 조원희, 노혜상, 한선희가 참여하여 진행하였으며, 표 작업은 윤성열의 도움을 받았다.

〈표 4-2〉 적극적 시민과 소극적 시민의 삶의 만족도 분포(전국민, 청년세대)

구분		1 매우 불만족	2	3	4	5	6	7	8	9	10 매우 만족
전국민	적극	0.0%	0.0%	0.3%	0.3%	2.3%	14.0%	32.2%	33.2%	15.0%	2.7%
	수동	20.5%	8.6%	21.2%	25.2%	16.6%	6.0%	2.0%	0.0%	0.0%	0.0%
청년* (20대)	적극	0.0%	0.0%	0.0%	0.0%	3.2%	13.7%	30.5%	29.5%	16.8%	6.3%
	수동	16.7%	6.7%	23.3%	26.7%	16.7%	6.7%	3.3%	0.0%	0.0%	0.0%

*청년 통계 부분은 청년 과대표집 데이터를 사용하였음

첫 번째는 행복이다. 〈표 4-2〉에서 보는 바와 같이 적극적 시민의 삶의 만족도는 1~4에 해당하는 비중이 1%가 넘지 않는데 비해 대부분 6~10에 존재한다. 반면 소극적 시민은 6~10이 거의 없고 대체로 1~5에 집중되어 있다. 기본적으로 좋은 삶과 잘사는 것이 적극적 시민이며, 행복의 구성과 적극적 시민의 구성이 크게 차이 나지 않는다는 관점에서 다음 표는 이러한 주장을 잘 지지해 준다.

적극적 시민은 일에 대한 태도도 다른 시민 유형에 비해 월등히 긍정적이다. 기본적으로 현재 하고 있는 일에 대한 만족도가 높다. 수동적 유형에 비해 33% 정도가 높아, 그 차이가 압도적이다. 일이 돈을 벌기 위한 수단이 아니며, 더 많이 일하고 더 많이 소득을 올리는 것을 원하지 않는다. 수동적 시민이 더 일하고 더 많은 소득을 얻겠다는 응답이 60%가 넘는 반면 적극적 시민은 30% 수준이다. 적극적 시민에게서 탈물질주의의 모습이 엿보이는 대목이며, 동시에 쾌락적(hedonic) 속성보다는 유다이모닉(eudaimonic) 속성이 강함을 볼 수 있기도 하다. 이를 해석하면 적극적 시민과 수동적 시민이 단순히 행복의 양을 떠나 행복의 질적 차이를 보이게 되는 것은 매우 주목할 대목이다. 왜냐하면 일반적으로 유다이모닉 행복의 질이 헤도닉 행복의 질

〈표 4-3〉 적극적 시민과 수동적 시민의 일(work)에 대한 가치관 비교(동의)

구 분	나는 내가 원하는 일을 하고 있다	일은 단지 돈을 벌기 위한 수단일 뿐이다	비슷한 임금을 주는 직업을 쉽게 찾음	더 많이 일하고 더 많은 소득을 얻는다.	비반복적 업무(10점)	일의 재량 (10점)
전체	55.0%	55.1%	38.3%	47.6%	3.89	6.36
수동적 시민	40.0%	65.7%	30.9%	60.6%	3.10	5.45
적극적 시민	72.9%	50.8%	48.9%	33.5%	4.56	6.81

보다 높고, 더 오래 지속하는 속성이 있기 때문이다.

이뿐 아니라 일자리에 있어서도 반복적 업무보다는 창의적 업무를 할 가능성이 높고, 일에 대한 재량 수준도 높다. 물론 창의적 업무를 하기 때문에 자율성이 높은 것이기도 할 수 있다. 반복적 업무는 일에 대한 몰입과 흥미를 반감시킬 뿐 아니라 미래에 쉽게 인공지능에 의해 대체될 가능성이 높다고 알려져 있다. 반복적 업무는 일에 대한 스스로의 재량이 높기 어려우며, 일에 대한 재량이 낮게 되면 삶의 자율성이 낮게 보고될 가능성 또한 높다. 적극적 시민과 수동적 시민은 이러한 부분에서 차이가 크게 나며, 적극적 시민이 현재뿐 아니라 미래사회에서도 더 유연성과 적응력이 높을 수 있음을 암시하는 부분이기도 하다. 이러한 것이 가능한 이유는 Pfau-Effinger가 이야기했던 역량이 높기 때문이기도 하다. 적극적 시민은 비슷한 임금을 주는 다른 일을 쉽게 찾을 수 있다고 응답해 역량에 기반을 둔 유연성이 삶에서 가능함을 보여준다.

자신이 만족하는 일을 하고 있는 적극적 시민이 창업을 하겠다는 응답은 소극적 시민에 비해 낮다. 하지만 적극적 시민은 스스로 더 창의적이고 혁신적 아이디어를 추구하고 있다고 믿고 있다. 평균보다 12% 정도가 높고 수동적 시민에 비해 거의 23%가 높은 수치이다. 그

〈표4-4〉 적극적 시민과 수동적 시민의 창의성, 창업에 대한 인식

구분	나는 창의적/혁신적 아이디어 추구	창업 의향, 시도 여부			창업 고려 이유	
		창업의향이 있고 창업을 시도함	창업의향이 있으나 시도하지 않음	창업 의향이 없음	창업아이템	생계유지
전체	63.7%	11.7%	49.0%	39.3%	31.5%	68.5%
수동적 시민	52.5%	14.8%	53.7%	31.6%	21.6%	78.4%
적극적 시민	75.2%	10.1%	48.2%	41.7%	40.5%	59.5%

러한 창의성이 노동자로서 나타나기도 하고, 자영업자나 다른 일상에서 나타나는 것으로 보인다. 비록 창업 의향이 수동적 시민에 비해 낮은 것은 사실이지만, 수동적 시민이 대체로 생계형 창업을 하려는 것이라면(78.4%) 적극적 시민의 경우 생계유지가 여전히 높기는 하지만 창업 아이템이 좋아 창업을 한다는 응답이 40%가 넘어 수동적 시민의 두 배 정도 차이가 있다. 자유안정성이 있는 개인이 긍정적 기업가(entrepreneur)가 될 가능성을 보여주는 것이라 해석된다.

4차 산업혁명과 기술혁명에 대한 수용성을 묻는 질문에 대해서도 적극적 시민은 긍정적이었다. 기술혁명이 나의 삶을 좋게 만들 것이라고 79%가 응답하고, 나의 일자리에 부정적 영향을 미친다는 응답은 반대로 적극적 시민이 47%로 오히려 소극적 시민에 비해 낮았다. 즉 자유안정성과 영향력이 있는 개인들은 기술혁명에 대한 수용성이 높은 계층이다. 안정이 담보된 이들이 기술을 무서워하지 않는 반면 불안정하고 자율성과 영향력이 없는 이들은 기술에 대해 반감을 가지고있다.

이뿐 아니라 이들은 사회복지 확대에 대해서도 더 적극적이다. 수동적 계층이 세금을 더 내더라도 사회복지를 확대해야 한다는 지지가 평균보다 4% 정도 낮은데 비해 적극적 시민은 오히려 5% 정도 높다. 안

〈표 4-5〉 적극적 시민과 수동적 시민의 기술혁명, 공공정책, 가족에 대한 가치관(동의)

구 분	나의 삶이 좋아질 것	나의 일자리에 부정적 영향을 미칠 것	내가 세금을 더 내더라도 사회복지는 확대 필요	경제활성화와 기술발전을 위해 정부의 규제 완화 필요	정부는 위기에 놓여 있는 기업들을 적극적 구제 필요	결혼은 해야 한다	아이는 있어야 한다
전체	65.9%	53.7%	59.7%	78.3%	71.4%	54.9%	55.8%
수동적 시민	46.7%	60.7%	55.3%	79.1%	71.3%	53.7%	53.7%
적극적 시민	78.8%	47.5%	65.0%	79.8%	72.1%	62.3%	59.8%

정적이고 행복한 삶을 살기 때문에 조세와 복지에 대해 관심이 적을 것이라는 암묵적 가정에 반대되는 결과이다. 반면 결혼을 해야 한다거나 아이는 있어야 한다는 가족에 대한 가치관은 더 긍정적으로 나타난다.

보다 구체적으로 복지에 대한 지지도는 사회보험에 대한 태도에서도 나타난다. 국민연금과 건강보험에서 적극적 시민은 수동적 시민에 비해 더 많이 보험료를 내고, 더 많은 급여를 받겠다는 응답 비중이 높다. 반대로 소극적 시민은 더 적은 보험료를 내고, 더 적은 급여를 받겠다는 응답이 높다. 고용보험에 대한 적극적 시민의 지지도는 상대적으로 높지 않다. 다만, 역시 더 적게 내고 더 적게 받겠다는 응답은 수동적 유형에 비해 훨씬 더 낮다. 이뿐 아니라 청년수당에 대한 지지 행태 역시 적극적 시민이 더 보편주의를 지지하는 성향을 보인다. 청년 모두에게 지급하자는 의견이 15%인 반면 수동적 시민은 10.7%이며, 심지어 도입 불가를 지지하는 태도는 수동적 유형이 34%로 적극적 시민 26%에 비해 훨씬 더 높다. 수동적 시민이 더 불안정 계층이고 더 복지를 필요로 하는 계층임을 생각할 때 이는 매우 흥미로운 발견이라 할 수 있다.

〈표 4-6〉 적극적 시민과 수동적 시민의 사회보험 관련 인식

구분	국민연금			건강보험			고용보험		
	더적은 보험료, 급여	동일	더많은 보험료, 급여	더적은 보험료, 급여	동일	더많은 보험료, 급여	더적은 보험료, 급여	동일	더많은 보험료, 급여
전체	9.0%	66.0%	25.0%	10.9%	75.5%	13.5%	15.6%	67.6%	16.9%
수동적 시민	12.7%	67.2%	20.1%	14.3%	73.8%	11.9%	18.0%	65.2%	16.8%
적극적 시민	6.7%	64.7%	28.5%	7.4%	77.3%	15.3%	12.6%	70.9%	16.6%

〈표 4-7〉 적극적/수동적 시민의 신뢰와 차별인식 수준 비교(신뢰한다, 차별받는다)

구분	신뢰	여성	남성	노인	청년	장애인	동성애자	외국인
전체	21.8%	54.5%	36.0%	59.7%	30.7%	81.0%	76.6%	63.6%
수동적 시민	14.3%	54.1%	38.1%	63.5%	35.7%	77.0%	72.5%	59.0%
적극적 시민	30.1%	51.5%	31.3%	55.5%	27.9%	79.8%	75.8%	62.0%

사회에 대한 일반 신뢰 수준도 적극적 시민이 더 높다. 30%로서 수동적 시민 14%의 두 배가 넘는 수치이다. '계층이 차별받고 있느냐'는 응답에 대해서는 여성, 남성, 노인, 청년 등 주요 인구계층에 대해 적극적 시민은 차별을 받고 있다는 응답이 낮은 반면 수동적 시민은 오히려 더 높았다. 반면 장애인, 동성애자, 외국인 등 소수자 계층에 대해서는 적극적 시민이 차별을 받고 있다고 인지한 응답이 큰 차이가 나지는 않지만 오히려 더 높게 나타났다. 소수계층에 대한 인식 역시 적극적 시민이 더 민감함을 알 수 있는 대목이다.

3. 소결

지금까지 적극적 시민의 개념을 살펴보고 한국 사회에서 적극적 시민이 어느 정도 존재하고, 이들은 어떠한 성향을 가졌는지를 파악하였다. 특히 행복과의 연관성을 밝히고, 이들이 행복, 신뢰, 창의, 혁신, 복지, 일에 대해 어떤 성향과 태도를 가지고 있는지 살펴보았다.

지금까지의 분석을 통해 몇 가지 결과가 도출된다. 먼저 적극적 시민은 이타성을 가진 계층이다. 이들은 단순히 '안정'을 가지고 누리는 계층이 아니다. 기존의 일반적 인식이 안정적이면 더욱 이기적으로 사회를 바라보고, 자신의 것을 지키려 할 것이라는 생각이 잘못 되었음이 나타난다. 오히려 이들은 사회를 더욱 포용적으로 바라보고, 사회보험이나 새로운 형태의 수당에 대해서도 더 전향적인 태도를 보인다. 사회에 대한 신뢰감도 더욱 높다. 반면 수동적 유형의 시민들은 자신이 불안정에 시달리고 행복하지 않은 삶을 살지만, 복지국가의 지지자가 아니며 조세에 대한 저항도 더 높다. 서구 문헌에서 극우적 성향을 보이는 이들, 트럼피즘(Trumpism)의 지지자들, 브렉식(Brexiteers) 지지자들이 대체적으로 백인의 불안정 계층임을 지적한 바 있다.

둘째, 적극적 시민은 유다이모닉 성향을 가지고 있음도 나타났다. 안정, 자율, 영향이라는 세 가지 요인이 결합되어 나타났을 때 단순히 행복만이 증가하는 것이 아니라 삶의 대한 정향 자체의 변화가 보인다는 점이다. 탈물질적 태도와 여가에 대한 중시는 21세기 기후변화와 기술변화의 시대에 더욱 적합하다. 또한 불평등을 교정할 재분배에 대해서도 지지적이기 때문에 본인의 행복의 질뿐 아니라 적극적 시민이 사회적으로도 행복의 질을 높일 가능성을 보게 한다. 경쟁을 통한 성취로 얻어지는 헤도닉 행복이 아닌 자아실현과 공존을 기반으로 한 유다이모닉 행복에 대한 부분은 중요한 주제인 만큼 추후에 더 심도 깊은 논의를 필요로 한다.

마지막으로 적극적 시민은 4차 산업혁명과 디지털 자본주의를 맞이하는 현 시점에서도 매우 유의미하다. 생계형 창업이 아닌 기회형 창업에 관심을 가지는 계층이며, 스스로 더욱 혁신적이고 창의적이라고 생각하는 시민이다. 동시에 혁신에 대한 수용성이 월등히 높다. 즉 기술혁명이 자신의 삶과 고용에 도움이 될 것이라고 긍정적으로 응답하는 비율이 수동적 시민에 비해 높다. 디지털 자본주의는 기술로만 가능한 사회가 아니다. 기술이 발전되어도 기술에 대한 수용성이 낮으면 도입이 어렵다. 기술이 자신의 고용이나 소득에 부정적 영향을 미칠 것이라 생각되는 계층이 많으면 그러하다. 한국 사회에서 기술에 대한 저항이 높은 반면 북유럽에서 저항이 거의 발견되지 않는 것은 이러한 모습을 부분적으로 보여준다. 적극적 시민은 기술의 창출부터 수용까지 매우 긍정적인 모습을 보여준다.

반면 수동적 시민의 증가와 행복의 양과 질의 저하는 민주주의와 창의적 혁신, 연대성 높은 복지국가의 기반을 갉아먹을 수 있다. 그렇다면 정책의 목표는 분명해야 한다. 행복한 적극적 시민이 정책과 국가의 목적이 되어야 하며, 적극적 시민을 가능하게 하는 안정, 자율, 영향을 높이는 것이 구체적인 국가의 목적이 되어야 한다.

제3장 적극적 시민과 복지국가

1. 적극적 시민과 정책 환경

적극적 시민을 가능하게 하는 안정성, 자율성, 영향력은 어떻게 증진될 수 있을까? 안정성부터 논의해 보도록 하자. 개인은 홀로 존재하면서 자본주의 사회에서 안정성을 가질 수는 없다. 안정성을 주는 도구는 전통적으로 가족과 노동시장이었다. 가족은 태어나면서부터 노동시장에서 직업과 소득을 가지고 독립할 때까지 안정을 제공하는 역할을 한다. 이후 노동시장은 직업을 제공하고 소득을 발생시키기 때문에 개인이 가족의 의존을 줄이고 독립할 수 있는 기반을 마련한다. 하지만 노동시장에서 지속적으로 소득활동을 하는 것은 쉽지 않다. 실업상태에 놓이거나 무급노동을 해야 하는 상황에 처해지거나 퇴직을 하게 되기도 한다. 그렇게 되면 다시 가족이 안정을 부여하는 역할을 하게 된다.

가족과 같은 비공식 공동체나 노동시장은 그런 차원에서 개인에게 안정성을 주는데 핵심적 역할을 한다. 나아가 개인에게 삶의 의미와 자아실현을 하게 하는 장을 마련하기도 한다. 하지만 모두 긍정적 측면만 있는 것은 아니다. 안정성을 가족이나 고용주에게만 의존하게 될 경우 자율성은 오히려 줄어들 수 있다. 안정의 대가로 가부장이나 고용주에게 충성이나 위계에 대한 인정이 요구될 경우 개인은 충분히 자율성을 가지고 살아가거나 일을 하기 어렵게 된다. 자율성 없는 안정은 노예라고 하지 않았던가. 가족 내의 젠더 이슈나 노동자의 열악한 상황은 이러한 관계에서 출발한다고 볼 수 있다. 그렇기 때문에 안정성 보장이 가족과 노동시장에서만 이루어져서는 적극적 시민을 기대하기 어렵다. 그러한 차원에서 가족과 노동시장은 안정과 자율을 상충시킬 가능성을 가지고 있다.

그렇기 때문에 사회정책을 중심으로 하는 복지국가의 개입은 유의미하다. 물론 복지국가의 개입 이전에 노동시장에서 개인이 안정과 자율성을 동시에 확보할 수 있는 방안이 존재한다. 예를 들어, 국가가 노동조합을 제도화하여 노동자를 고용주로부터 보호하거나 이들의 고용을 적극적으로 격려하는 방안이다. 유럽의 역사에서 노동조합은 파편화된 노동자들이 자본의 도구적이고 구조적인 힘으로부터 보호될 수 있는 역할을 감당하게 하였다. 또한 일부 유럽 국가나 일본에서도 국가가 정규직 풀타임, 그리고 평생고용을 지지하면서 개인이 해고의 불확실성에서 벗어나 자율적으로 활동할 수 있도록 한 바 있다. 이러한 배경에는 산업화 시대에 증가하는 일자리와 부족한 숙련노동자가 존재했다.

하지만 이러한 맥락은 탈산업화 및 디지털 경제로 접어들면서 급속히 변화하고 있다. 노동조합은 대량생산-대량소비를 담당했던 포디즘 시대를 접으면서 급속히 약화되었고, 탈산업화 시대에서 풀타임 정규직 및 평생고용은 현실적으로 매우 어려운 옵션이 되고 있다. 동시에 안정적인 일자리가 더 이상 증가하지 않고 있고, 숙련노동자들은 오히려 증가하면서 노동자에 비해 고용주의 상대적 권력이 강해지고 있는 상황이다. 그렇기 때문에 노동시장이 안정과 자율성을 동시에 제공할 것이라고 기대하기 어렵다. 사회정책을 중심으로 하는 복지국가의 역할이 다시 주목받는 이유이다.

기존의 복지국가 이론들에서 핵심적으로 논의하는 개념들은 안정과 자유 그리고 영향과 밀접한 관계가 있다. 복지국가를 평가하는 핵심 개념인 탈상품화, 탈가족화, 고용가능성(역량화) 등은 직접적으로는 개인들의 안정을 도모하는 개념이지만, 동시에 자율과 영향과도 직간접적으로 영향을 가지고 있다. 먼저 자율성과 긴밀한 관계를 가지고 있다. 탈상품화는 개인에게 노동시장과 고용주로부터의 상대적인 물질적 자유를 얻는 의미를 가지고 있다. 탈가족화는 가족 부양이나 돌봄으로부터의 상대적 자율성을 얻는 것을 의미하며, 동시에 자신의 삶을 추구할 수 있는 기반을 마련한다는 점에서 자율성과 밀접하다.

마지막으로 교육이나 훈련을 통해 개인의 역량이 증가하고 고용가능성이 증가하는 것은 자신의 삶에서 자아실현을 할 수 있는 기반을 마련하고 자신이 하고 싶은 일을 가능하게 한다는 점에서 자본주의 사회에서 자율성 증진에 핵심적 역할을 한다. 그런 의미에서 복지국가는 안정과 자율성을 증진한다. 탈상품화, 탈가족화, 역량증진이 확보되면 보다 적극적으로 자신의 의견과 영향력을 발휘할 수 있는 기반이 될 수 있다. 소득상실 위험이나 가족에 매여 있어야 하는 이유들이 상대적으로 줄어들기 때문에 공동체와 사회에서 자신의 목소리를 낼 수 있는 가능성이 증대될 수 있는 것이다.

그렇다면 복지국가의 확대는 적극적 시민성의 증가와 직접적으로 비례 관계에 있을까? 역사적이고 이론적으로 보면 항상 그렇지는 않을 수 있다. 첫째, 안정은 대체로 복지국가와 직접적 연계성을 갖는다. 즉 복지국가가 확대될수록 안정이 확장될 수 있다는 것이다. 물론 이 역시 항상 그런 것은 아니다. 예를 들어, 이미 Esping-Andersen의 연구들을 통해서 지적된 것처럼 복지국가가 오히려 계층화를 강화시킬 수 있으며, 동아시아나 제3세계의 사례에서 보는 바와 같이 복지국가가 기존의 안정된 계층을 더욱 강화시키는 방식으로 발전될 수도 있다. 예를 들어 사회보험이 그러하다. 사회보험은 기여를 한 사람에게 혜택이 가고, 기여를 할 수 있는 사람은 이미 노동시장에서 안정된 이들일 가능성이 많다. 탈산업사회로 이전되면서 이러한 구분은 더욱 강해지고 있다. 그렇기 때문에 복지국가의 강화가(예를 들어 사회보험의 소득대체율 강화) 오히려 역진적 성격을 가지면서 공무원이나 군인과 같은 특수직업군이나 정규직과 같은 특정 계층의 지위 강화로 이어질 수도 있는 것이다. 만일 복지국가의 강화가 보편성을 띠고 모든 계층의 안정성 강화로 이어진다면 이는 안정성 강화 논리와 직접적 연계관계를 가지고 있다고 할 수 있다.

둘째, 자율성과 영향력은 복지국가와는 긍정적 관계로 일면 보이지만, 현실에서는 부정적으로 작용할 수 있다는 것이 이미 지적된 바 있다. 예를 들어 복지국가가 시민사회와 생활세계를 식민화하고 있다고 비판한 Habermas 등이 그러하다(홍성수, 2015; 한동우, 최혜지 2015). 원칙적으로 복지국가는 개인의 자유를 증진시키고, 개인의 자아효능감을 높이는 기제이다. 하지만 이것들이 법제화되고 관료화되기 시작하면서 획일화가 나타나기 시작하고, 개인과 시민사회가 숙의하고 소통하며 자율적으로 결정할 수 있는 공공의 장이 오히려 축소될 수 있다는 것이다. 즉 관성화되고 관료화된 복지국가는 개인들의 자율성과 자기결정권에 둔감하고, 관료는 재량 없이 매뉴얼에 따라 집행하며, 개인은 시혜를 받는 존재가 되면서 시민의 삶이 타율적으로 조직화 될 수 있다는 것이다. Habermas와 같은 비판자들은 이에 대한 대안이 시장이라고 판단하지는 않았다. 오히려 어떻게 하면 개인의 자율성을 회복하고 영향을 확대하며 시장과 획일화되는 권력에 대항할 수 있는 개인을 만들 것인지에 더 관심을 둔다(홍성수 2015).

그러한 점에서 복지국가가 더 많은 인력을 고용하였는지, 더 많은 예산을 사용하였는지가 단순히 적극적 시민을 지지하는 기반이 확충되었는지에 대한 평가기준이 될 수는 없다. 얼마나 복지국가가 모든 이들의 안정성을 높이는데 역할을 했는지를 꼼꼼히 검토할 필요가 있다. 동시에 복지국가가 시민사회와 양립하고 시민의 자율성과 정책의 영역에서 자율성이 증진되는 방식으로 제도를 발전시키는지를 동시에 검토해야 할 것이다. 한국 사회에서는 보수 혹은 자유주의적 시각을 가진 정치세력은 물론이고 진보적 정치세력 역시 주장하는 복지국가의 건설 방식이 얼마나 개인의 자유를 증진시키고 자발적 정치 주체로서 성장할 수 있는지에 대한 성찰과 고민은 적었다. 필요가 있는 계층에 대한 충족에만 관심이 있었지, 그것이 얼마나 한국 복지국가를 관료화 시키는지, 혹은 탈관료화 시키는지, 시민들의 자율성이 높이는지에 관심을 덜 가졌다. 또한 영향력을 확장시키기 위한 노력은 지속되었지만, 이 역시 시민과 시민사회가 얼마나 주체적인 관점에서 진행되는 것인지, 아니면 행정과 정치에 종속되거나 객체화되어 나타나는지에 대해서는 상대적으로 관심이 충분하지 않은 경우가 많았다.

이를 정리해보면 적극적 시민을 지지하는 국가 정책은 개인이 가족과 노동시장에서 의미있는 활동을 할 수 있도록 하되 종속되지 않도록 할 필요가 있다. 하지만 복지국가가 무조건 더 양적으로 커지는 것이 적극적 시민의 답이 될 수는 없다. 복지국가 역시 방향성이 잘못되면

관료화된 체계가 시민을 지속적으로 객체화하면서 적극적이 아닌 수동적 시민으로 만들 수 있다. 그런 차원에서 행복하고 적극적인 시민을 지지하는 정책체계를 평가하는 것은 획일적이고 단일한 지표로 측정하는 단순한 작업이 될 수 없다.

2. 적극적 시민을 위한 복지국가

적극적 시민을 위한 복지국가는 안정을 제공하는 것이 첫 번째 역할이다. 안정에 대한 제공은 우선 얼마나 양적으로 충분히 제공하는지를 통해 평가할 수 있다. 두 번째 역할은 자율성을 증진시켜주는 것이다. 자율성 증진은 단순히 양적 증가만으로 가능하지 않다. 복잡하게 가난을 증명한 이후에 충분한 안정을 제공하는 것이나 정규직 일자리에 고용되어 있어야만 안정을 제공받는 상황을 가정해보자. 전자의 경우 관료제에 개인이 자유롭기가 쉽지 않을 것이며, 후자의 경우 고용주에 대한 종속성이 더욱 강화될 수도 있다. 그렇기 때문에 얼마나 조건들(conditionalities)이 단순한지, 그리고 얼마나 고용연계성이 약한지가 양적인 투여만큼 토대를 제공한다. 실제 이러한 조건들은 Esping-Andersen이 탈상품화를 계산하는데 사용했던 지표들이기도 하다.

하지만 이러한 개념들은 탈가족화나 역량 증진을 위한 복지국가 역할에도 적용되어 논의할 수 있다. 일단 돌봄의 사회화를 통해 얼마나 개인들이 가족 돌봄 부담으로부터 일정 정도 자율성을 가질 수 있을 것인지, 그러면서 경제활동에 참여하면서 안정을 확보할 수 있을 것인지를 물을 수 있다. 교육기회나 직업훈련도 마찬가지로 훈련 받을 기회를 부여 받는가가 중요한 판단기준이 될 수 있다. 이것은 안정성과 함께 자율성에 영향을 줄 수 있다. 하지만 좀 더 나아가면 여기에서도 질적 요소들을 더 고려할 수 있다. 돌봄이나 훈련을 받는데 있어서 과도하게 까다로운 조건이 부여된 경우에는 안정성이나 자율성이 침해받을 수 있다. 이러한 선별성이 강화될 경우 행정의 권한이 많아지게 되고, 개인의 자율성은 제한되게 된다.

최근 영국 복지국가가 시민들의 삶의 변화를 이끌어내지 못함을 비판하면서 근본적인 변화를 주장한 힐러리 코텀(Hillary Cottam)의 『래디컬 헬프』(Radical Help)(2020)에서는 어떻게 행정적 칸막이와 매뉴얼에 의존하는 관료제적 복지국가가 영국 시민들을 수동적이고 의존적인 수혜자로 만들고 있는지에 대해 생생히 묘사하고 있다. 코텀은 이러한 상황을 다음과 같이 묘사하였다.

"갈수록 고비용의 복잡한 수혜 자격 심사와 서비스 배분에 투자를 하는 데는 음흉한 이유가 숨어 있다. 그것은 바로 통제이다. 나는 개방적인 것을 좋게 여길 거라 생각하는 치명적인 오류를 범했다".(p.117)

그녀가 생각하는 영국 복지국가는 자율성과 안정성을 직접 개인이나 공동체에게 부여해주는 것에 매우 인색하다. 즉 공간과 자원을 제공하면 개인들이 스스로 문제를 해결하려 할 것이라는 믿음이 없는 것이다. 그렇기 때문에 더욱 비싼 인력들과 행정시스템을 갖추고 까다로운 선별조건을 구축하게 되었음에도 문제는 해결되지 않는 것이라고 비판한다. 이의 해결을 위해 한편으로는 까다로운 조건이 붙지 않은 서비스가 중요하며, 동시에 과도하게 매뉴얼에 의존하지 않는 시스템이 중요하다. 특히 서비스가 일선에서 상황에 맞게 유연하게 적용되지 않고, 중앙에서 결정되는 것을 일선에서는 집행만 할 수 있다면, 자율성 증진의 목적은 달성되기가 더욱 어려울 것이다.

중앙집권적 구조가 다양한 상황에 맞는 서비스 제공을 어렵게 한다면 과도한 민영화와 상업화는 개인들이 공공성 높은 서비스를 받는 것을 제한한다. 민간의 역할은 복지국가에서 중요하다. 정부만의 결정이 아닌 정책을 시민들과 공동생산(co-production)하면서 함께 결정하고, 함께 증거를 생산하고, 함께 운영하는 것은 시민과 시민사회를 건강하게 하는 토양이 된다. 또한 민간이 다양한 형태로 서비스 제공에 참여하게 될 경우 다양성이 많아지고, 개인의 선택권이 증진되는 장점도 가지게 된다. 하지만 이윤이 서비스 제공의 원 목적을 앞서가기 시작할 때 개인의 자유와 안정이라는 목적은 후순위로 밀릴 수밖에 없다. 그렇기 때문에 사회서비스에서 시장이나 제3영역이 공공과 사회에 배태될 수 있도록 정책을 추진할 필요가 있다.

개인에게 안정성과 자율성이 주어지게 된다면 적극적 시민의 또 다른 성질은 영향력이 증가될 가능성이 높다. 〈표 4-1〉에서 본 것처럼 자유와 안정이 없는데 영향력이 있다고 응답한 시민은 2018년과 2020년 모두 5%를 넘지 않는다. 안정과 자율을 증진하는 환경과 영향력을 증진하는 환경은 일면 연계가 있다고 유추할 수 있다.

그럼에도 개인이 영향을 펼칠 수 있는 장을 마련하는 것은 별도의 노력이 필요하다. 최근에 이러한 노력은 사회혁신(social innovation)이라는 이름으로 논의되고 있다. 사회혁신은 사회문제 해결을 하기 위한 일련의 활동을 통해 사회적 목적을 달성함과 동시에 사회적 가치를 창출하는 과정을 일컫는다. 여전히 그 개념에 대해 혼란이 존재하고 주체나 목적이 불분명한 점이 있지만(조문영, 이승철, 2017), 사회문제 해결이 정부나 시장만의 주도로 이루어지는 것이 아닌 다양한 사회적 주체의 연대와 협력으로 이루어지는 것을 대체로 의미한다.

기본적으로 사회혁신이 제대로 작동하기 위해 개인의 영향력이 사회에서 확대될 필요가 있고, 이는 자율성 확대를 위해 중앙집권화된(centralized) 구조보다 분권화된(decentralized) 구조를 선호하는 것과 맥을 같이 한다. 마치 복지서비스에서 시민(클라이언트)에게 자원과 자율성을 주면서 스스로 문제해결의 역량을 높여주는 것과 유사한 원리이다. 사회문제 해결을 관료제 내부만의 것으로 가두지 않고, 적극적으로 시민들이 문제를 발굴하고 풀어내면서 역량을 강화시킬 수 있는 장을 만들어주는 것이다. 여기에서도 수많은 조건들을 주면서 충족시킬 때만 문제를 풀고, 해결할 수 있도록 지원하는 것보다는 가능한 더 많은 이들이 참여해서 자율적으로 풀어낼 수 있도록 지지하는 역할이 필요하다.

이러한 아이디어는 오바마(B. Obama) 대통령이 추진했던 사회혁신기금(Social Innovation Fund)에서 이러한 사회혁신의 핵심을 잘 보여준 바 있다. "Solutions to America's challenges are being developed every day at the grassroots. Government shouldn't be supplanting those efforts. It should be supporting those efforts."[2] 오바마 대통령은 시민이 직접 풀어낼 수 있는 것을 정부가 대신하는 것이 아니라 그러한 노력을 정부가 지지해줘야 한다고 지적했다.

적극적 시민을 국가의 목표로 하는 국가는 위에서 논의한 바와 같이 개인을 궁극적인 목표로 하는 국가이다. 인구 증가나 경제성장 자

2 https://obamawhitehouse.archives.gov/administration/eop/sicp/initiatives/social-innovation-fund (2021년 1월 23일 접속)

체가 목적이 아니라 개인이 행복하고, 자유와 안정을 누리며, 자신의 영향력을 발휘할 수 있는 국가이다. 동시에 건강한 시민과 시민사회가 국가가 과도하게 관료화되는 것을 견제할 수 있으면서 시장이 이윤만을 추구하는 공간이 아닌 사회적 가치 창출의 동반자가 될 수 있도록 제어할 수 있어야 한다. 즉 집단이 잘 되어야 개인이 잘 된다고 믿는 적하효과의 사회에서 개인이 행복해야 집단이 잘 된다는 분수효과의 사회로 전환이 필요하다.

Rothstein(2002)는 이러한 모습이 구현된 사회민주주의 원리를 조직화된 개인주의 혹은 연대화된 개인주의(solidaristic individualism)라고 표현했다. 그의 연대적 개인주의는 자아중심적 개인주의(egoistic individualism)와는 확연히 다르다. 개인주의에 기반하되, 행복하고 독립적인 개인이 협력하고 연대하는 사회를 의미한다. 앞선 논의에 근거하면 개인이 경쟁과 불안정에 노출되었을 때 더욱 자아중심적 개인주의나 파시즘적 집단주의를 추구할 가능성이 높고, 자유안정성을 가졌을 때 유다이모닉하고 신뢰와 연대적 사고를 할 가능성이 높다.

제4장 적극적 시민성을 증진하는 정부 역할 검토

1. 안정, 자율, 영향의 현황

지난 10여 년 동안 행복에 대한 정부와 정치권의 관심은 급속히 증가하였다. 정세균 전 국회의장은 국회의장 재임 동안 한국형 행복국가 자문위원회를 구성하여 활동했으며, 국민의 힘의 씽크탱크인 여의도 정책연구원은 매년 지방자치단체 행정정책 행복지수평가를 통해 우수 지방자치단체를 선정하고 있다.[3] 또한 2018년에는 행복실감지방정부 협의회 설립을 39명의 지방자치단체장이 참여하여 추진했다. 이는 현재 행복실현지방정부협의회라는 이름으로 지속적인 활동을 하고 있다.[4] 이외에도 국회에서 국민총행복정책포럼이 운영되는 등 행복에 대한 논의가 매우 활발하게 진행되고 있다.

하지만 정확히 행복정책이라는 것이 존재할 수 있는지, 공공정책이 행복을 추구한다는 것이 어떠한 방식으로 이루어져야 하는 것인지에 대해서는 여전히 모호하다. 대체로 국내에서 논의되는 행복지표들은 사회지표들과 큰 차이를 보이지 않는다. 예를 들어 여의도정책연구

3 https://www.e-newsp.com/news/article.html?no=37894 (2021년 1월 23일 접속)

4 http://gnhgov.org/home/history-2/ (2021년 1월 23일 접속)

원의 경우에도 주거, 교육, 문화여가, 경제, 사회, 의료, 복지, 환경, 안전 등의 지표를 가지고 평가하고 있다. 다른 지표들도 유사하게 소득, 고용, 교육 등 전반적인 사회지표를 통해 평가를 한다. 이러한 방식으로 접근하면 행복정책은 실제적으로 모든 국가정책을 의미한다고 할 수 있으며, 행복정책을 구체화하는 것이 쉽지 않다고 볼 수 있다. 그렇기 때문에 우창빈(2013)의 경우 행복의 추구가 자칫 거대정부나 과보호국가(nanny state)로 나타날 수 있다고 우려하기도 한다.

이러한 우려는 앞서 논의한 적극적 시민성의 기반인 안정뿐 아니라 자율성이나 영향력을 감안하지 않고, 국가의 역할만을 강조하기 때문에 발생하는 문제들이다. 그렇기 때문에 행복을 증진시키는 국가의 역할은 정부의 역량 자체에만 초점을 두는 것이 아닌 궁극적으로 적극적 시민의 증진이라는 관점에서 평가되어야 할 것이다.

몇 가지 지표로 시민들의 안정-자율-영향의 현황을 파악할 수 있다. 우선, 안정의 경우이다. 가장 빈번하게 논의되는 지표인 빈곤율은 16.8%로 OECD에서 코스타리카, 헝가리, 미국, 루마니아, 이스라엘 다음으로 높다.[5] 노인빈곤율은 2016년 43.8%로 OECD에서 가장 높으며, 소득불평등도 역시 2017년에 7번째로 높다. 건강은 안정에 있어서 또 다른 중요한 요인이다. 인식 지표이지만 건강은 OECD에서 가장 좋지 않다. '건강이 좋다고' 응답한 비중이 29.5%로 2017년에 가장 낮은 국가이다. 이러한 지표들은 빠르게 증가했던 한국의 1인당 GDP를 감안할 때 괴리가 있다.

자율성에 대한 지표들도 그다지 좋지는 않다. 안정성이 낮으면 자

5 https://data.oecd.org/inequality/poverty-rate.htm (2021년 1월 23일 접속)

[그림 4-1] 창조적 노동과 독립적 노동의 국제비교

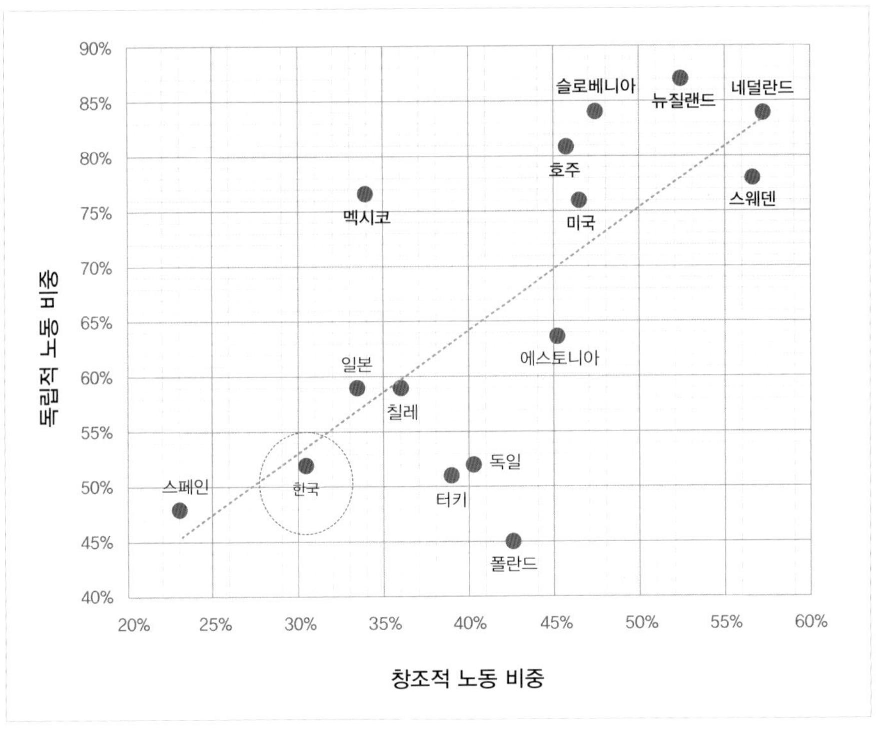

율성이 낮을 가능성이 높다. 이와 함께 시간적 차원으로 여전히 한국은 근로시간이 2018년 연간 1998시간으로 OECD에서 세 번째로 높다. 재량시간(discretionary time)이 적을 수 있다는 함의로 분석될 수 있다. [그림 4-1]은 직장 및 일터에서의 자율성이 낮음을 보여준다. 제6차 World Value Survey를 분석한 그림에서 창조적 노동을 하는지, 반복적 노동을 하는지를 묻고, 지시를 받으며 종속적 노동을 하는지, 독립적이고 자율적인 노동을 하는지를 물었다. 그 결과 한국은 창조적 노동을 하는 비중이나 독립적으로 노동을 한다는 비중이 OECD 국가에서 월등히 낮게 나타난다(최영준 외, 2019). 즉 직장 내에 자율성이 상

당히 부족하며, 고용주에 대한 의존이 높고 상품화가 높음을 간접적으로 보여준다.

유사하게 2018년 LAB2050에서 실시한 안정과 자유 서베이 분석자료에 따르면 '나는 창의적'이라고 응답한 비중이 4점 만점에 2점대로 전체적으로 낮았다. 특이한 점은 60대가 2.7로 가장 높고, 연령이 낮아질수록 점수가 함께 낮아졌다. 20대는 2.4대로 가장 낮게 나타났다. 여전히 젊은층들이 자율성과 재량을 발휘하여 '일하는 사회'라기보다는 온정주의, 권위주의가 작동하면서 '시키는 일을 해야 하는 사회 모습'임을 보여준다.

시민들의 영향을 파악하는 지표는 명확하지 않다. 가장 일반적으로 사회 및 정치참여 지표로 사용되는 선거 투표율은 최근에 서서히 증가하는 추세를 보이고 있다. 특히 21세기 초반에 낮았던 투표율이 2012년에 오르고 촛불혁명이 있었던 직후에 더욱 증가된 모습을 보인다. 온라인을 통한 참여를 통해 여러 이슈들에 대해 개인의 목소리를 활발하게 전달할 수 있게 되면서 참여에 대한 개인의 효능감이 증진되었을 수 있다.

하지만 모든 참여가 증가된 것은 아니다. 오히려 자원봉사자 1인당 연간 평균봉사시간은 2007년 25.6시간에서 꾸준히 줄어들어 2017년 24.3시간, 2019년에는 23.6시간이 되었다.[6] 20세 이상 자원봉사 참여 비중 역시 2016년에 6.4%에서 2019년 4.9%로 오히려 줄어들었다. 전체적으로 낮은 참여는 높은 근로시간이 영향을 미쳤다고 할 수 있

6 https://kosis.kr/statHtml/statHtml.do?orgId=117&tblId=TX_117_2009_H7027 (2021년 1월 23일 접속)

〈표 4-8〉 선거 투표율 추이[7]

구분		대통령선거 투표율			국회의원선거 투표율				지방선거 투표율		
		2007	2012	2017	2008	2012	2016	2020	2010	2014	2018
전체		63	75.8	77.2	46.1	54.2	58	66.2	54.5	56.8	60.2
성	남자	63.3	74.8	76.2	48.4	55.7	58.8	66.3	55.1	57.2	59.9
	여자	63.1	76.4	77.3	44.3	53.1	57.4	66.7	54.7	57.2	61.2
연령집단	19세	54.2	74	77.7	33.2	47.2	53.6	68	47.4	52.2	54.1
	20대 전반	51.1	71.1	77.1	32.9	45.4	55.3	60.9	45.8	51.4	52.9
	20대 후반	42.9	65.7	74.9	24.2	37.9	49.8	56.7	37.1	45.1	51
	30대 전반	51.3	67.7	74.3	31	41.8	48.9	56.5	41.9	45.1	53
	30대 후반	58.5	72.3	74.1	39.4	49.1	52	57.6	50	49.9	55.4
	40대	66.3	75.6	74.9	47.9	52.6	54.3	63.5	55	53.3	58.6
	50대	76.6	82	78.6	60.3	62.4	60.8	71.2	64.1	63.2	63.3
	60대	-	-	84.1	-	-	71.7	80	-	74.4	72.5
	60세 이상	76.3	80.9	-	65.5	68.6	-	-	69.3	-	-
	70대	-	-	81.8	-	-	73.3	78.5	-	-	74.5
	70세 이상	-	-	-	-	-	-	-	-	67.3	-
	80세 이상	-	-	56.2	-	-	48.3	51	-	-	50.8

다. 하지만 근로시간이 여전히 높지만, 서서히 줄어들고 있는 경향을 볼 때 최근의 참여 비중이 줄어드는 것은 다른 원인이 있을 가능성이

높다. 최근 노동시장의 변화와 함께 개인의 불안정성이나 불확실성이 증가한 것은 일부 영향을 미쳤을 가능성이 있다.

200년대 이후 정부는 마을 만들기나 지역공동체 관련 사업, 사회적 경제, 주민참여예산제도 등 주민들이 직접 참여할 수 있는 여러 통로들을 만들고 있다. 하지만 여전히 관주도의 사회혁신, 관주도의 시

7 https://www.index.go.kr/unify/idx-info.do?idxCd=4268&clasCd=7 (2021년 1월 23일 접속)

민참여라는 비판이 제기되고 있다. 또한 시민이 관의 목적을 달성하기 위한 동원 대상이 되었다는 비판이나 종속적 대행자로서의 제3영역에 대한 비판도 지난 20년 동안 꾸준히 제기되어 오고 있다. 즉 자율성과 독립적 영향력을 가지고 정부나 시장을 견제하는 역할보다는 사회문제를 해결하기 위해 영역을 확장하고 있는 정부의 종속적 파트너라는 우려가 제기되고 있는 것이다.

소수의 몇 가지 지표들을 볼 때 자유, 안정, 영향 모두 긍정적이라기보다는 부정적 모습이 크고, 일부 우려스러운 모습도 발견되고 있는 것이 현실이다.

2. 적극적 시민을 지지하는 한국 복지국가 평가

이 절에서는 적극적 시민을 지지하는 한국 복지국가의 역할에 대해 검토한다. 먼저 안정을 확보하는 복지국가 역할을 살펴보자. 안정에서 중요한 첫 번째 요소는 얼마나 양적 투입을 하고 있는가이다. 한국은 2017년에도 여전히 GDP 대비 11%가 되지 않는 수준으로 OECD의 절반을 조금 상회하고 있다.

교과서에서 지목하는 복지국가들인 서구 유럽 국가들은 대체로 핀란드나 프랑스 등 30%를 넘는 국가들부터 스웨덴이나 독일 등 25% 정도를 지출하는 국가들까지 한국의 두 배를 훌쩍 넘는다. GDP의 10%를 더 지출한다는 것은 한국 기준으로 180조 원을 더 지출하는 것이며, 20%를 더 지출하는 것은 거의 360조 원에 이른다. 이는 전 국민에게 60만원씩 매달 기본소득을 줄 수 있는 양이라 할 수 있다. 그

〈표 4-9〉 복지국가 지출에 대한 국제비교(2015년, OECD SOCX 참조)

국가/지출 영역	노령	유족	장애	보건	가족	ALMP	실업	주거	기타	총합
호주	5.2	0.1	2.5	6.4	2.7	0.2	0.7	0.4	0.4	18.5
오스트리아	12.2	1.7	2.1	6.5	2.6	0.7	1.1	0.1	0.6	27.7
벨기에	9.1	1.8	2.9	7.9	2.8	0.7	2.9	0.2	0.7	29.2
캐나다	4.4	0.3	0.8	7.3	1.6	0.2	0.6	0.3	2.2	17.6
칠레	2.3	0.6	0.7	4.0	1.7	0.2	0.1	0.8	0.4	10.8
체코	7.7	0.6	1.7	6.0	2.0	0.4	0.5	0.3	0.2	19.4
덴마크	10.2	0.0	4.4	6.7	3.4	2.1	0.0	0.7	1.5	29.0
에스토니아	7.0	0.1	2.3	4.8	2.8	0.2	0.3	0.0	0.1	17.7
핀란드	12.2	0.8	3.6	5.7	3.1	1.0	2.4	0.7	0.9	30.4
프랑스	12.7	1.7	1.7	8.8	2.9	1.0	1.6	0.8	0.8	32.0
독일	8.3	1.8	2.1	8.1	2.2	0.6	0.9	0.6	0.3	24.9
그리스	14.3	2.7	1.9	4.8	1.0	0.3	0.5	0.0	0.1	25.4
헝가리	8.6	1.1	1.9	4.8	3.0	0.9	0.3	0.3	0.1	20.9
아이슬란드	2.5	0.0	2.8	5.0	3.4	0.0	0.5	0.6	0.7	15.5
아일랜드	3.6	0.3	1.4	5.3	2.2	0.6	1.5	0.5	0.1	15.5
이스라엘	4.7	0.6	2.5	4.6	1.9	0.1	0.3	0.0	0.7	15.5
이탈리아	13.6	2.6	1.8	6.7	2.0	0.5	1.0	0.0	0.2	28.5
일본	9.9	1.3	1.0	7.7	1.3	0.1	0.2	0.1	0.3	21.9
대한민국	2.7/ 2.8 (4)	0.3/ 0.3 (11)	0.6/ 0.6 (3)	4.0/ 4.3 (7)	1.2/ 1.2 (5)	0.4/ 0.4 (18)	0.3/ 0.3 (8)	0.0/ 0.1 (5)	0.7/ 0.7 (25)	10.2/ 10.6 (2)
라트비아	7.2	0.2	2.1	3.3	2.1	0.1	0.5	0.1	0.1	15.7
리투아니아	6.5	0.4	2.0	4.3	1.7	0.3	0.2	0.0	0.3	15.8
룩셈부르크	6.7	1.7	2.4	5.1	3.4	0.7	1.4	0.3	0.5	22.1
멕시코	2.1	0.2	0.0	3.0	1.0	0.0	..	0.9	0.5	7.7
네덜란드	6.1	0.1	3.4	2.7	1.5	0.8	1.5	0.5	1.2	17.7
뉴질랜드	4.9	0.1	2.5	7.3	2.6	0.3	0.3	0.8	0.4	19.2
노르웨이	8.5	0.3	4.3	6.4	3.3	0.5	0.4	0.1	0.8	24.7
포르투갈	11.6	1.9	1.8	5.9	1.2	0.5	1.0	0.0	0.2	24.0
슬로바키아	6.8	0.9	1.9	5.5	2.0	0.2	0.4	0.0	0.3	17.8
슬로베니아	9.8	1.5	2.0	6.1	1.8	0.2	0.5	0.0	0.7	22.6

국가/지출 영역	노령	유족	장애	보건	가족	ALMP	실업	주거	기타	총합
스페인	9.3	2.3	2.4	6.5	1.2	0.6	2.0	0.1	0.2	24.7
스웨덴	9.1	0.3	4.1	6.3	3.5	1.3	0.3	0.4	0.9	26.3
스위스	6.3	0.5	2.2	3.0	1.7	0.6	0.8	0.1	0.7	15.9
터키	5.7	1.4	0.4	3.2	0.4	0.0	0.2	0.0	0.2	11.6
영국	6.5	0.1	1.9	7.7	3.5	0.2	0.2	1.5	0.1	21.6
미국	6.4	0.7	1.4	8.4	0.6	0.1	0.2	0.3	0.8	18.8
OECD	7.0	0.9	1.9	5.3	2.0	0.4	0.7	0.3	0.5	19.0

* OECD 국가는 2015년 자료이며, 한국은 2015년과 2017년을 병기하였음. 괄호 안의 숫자는 OECD 국가 중 하위 몇 번째인지를 보여주고 있음

렇기 때문에 단순히 서구 복지국가의 더욱 연대적이고 더욱 실질적 자유에 기반한 개인주의와 한국을 비교할 때 제도의 유무나 시민들의 참여 수준 등으로 환원하여 논의하기는 어렵다. 그 전에 서구 국가들과 한국 사이에 존재하는 막대한 재분배의 규모와 개인의 안정에 사용되는 복지의 양을 직시할 필요가 있다.

이러한 양적 규모에 대한 부분은 코로나19 이후 및 디지털 자본주의 도래를 고려할 때 더욱 유효하다. 코로나19 이후 비대면 경제의 빠른 확산과 함께 고용 불안과 미래의 불확실성이 크게 증가하고 있다. 불안과 불확실성은 기본적으로 행복과 안정에 반비례한다. 더욱이 디지털 자본주의와 인공지능의 확산은 불평등과 양극화를 더욱 심화시킬 것으로 예상되고 있다. 이러한 불확실성 시대에는 두터운 복지국가를 가지고 있는 곳과 그렇지 않는 곳에서 거주하는 개인들이 느끼는 행복감과 안정감은 막대한 차이가 있을 것이다.

복지에 대한 지출이 높다고 해도 이미 안정감을 확보한 이들이 중복해서 받게 되거나 역진적으로 지출된다면 이것이 적극적 시민을 증

진시키는데 도움이 되지 않을 것이다. 이러한 차원에서 지속적으로 비판받았던 한국 복지국가의 약점은 사각지대이며, 추가적으로 역진성과 까다로운 선별성이다.

사회보험은 한국 복지국가의 중추를 구성하고 있지만, 코로나19 위기에서 나타난 바와 같이 가장 위기에 필요로 하는 이들은 광범위하게 배제되어 있는 모습을 가지고 있다. 국민연금이나 고용보험은 출발부터 큰 기업 정규직부터 적용하기 시작하였고, 서서히 작은 사업으로 확장되었다. 하지만 작은 사업장에서 사각지대가 여전하고, 비정규직으로 일하기 때문에, 자영업자나 특수고용에 종사하는 이들이 광범위하게 사각지대에 남아 있다고 보고되고 있다. 고용보험의 경우 여전히 취업자의 50% 정도가 사각지대에 있다고 지적되고 있다.[8] 최근 다소 줄어들고는 있지만 국민연금 역시 지난 10년 동안 사각지대를 줄이려는 노력에 비해 큰 진전을 보이지 못하고 있다. 이러한 특징은 1) 안정을 필요로 하는 이들이 배제되어 안정되지 못하는 문제를 발생시키고, 2) 국민연금의 경우 안정적 계층을 위한 보험제도 성격이 강하게 부여할 수 있다.

[그림 4-2]에서 보는 바와 같이 근로연령인구 중 비경제활동이 36%에 이르고, 비정규직이나 비임금근로자, 실업자 등을 제외하면 실제 정규직은 50%에도 이르지 못한다. 이러한 현실에서 사회보장과 고용과의 강한 연계성은 다수를 배제할 수 있음을 알 수 있다.

사각지대는 사회보험에만 존재하는 것은 아니다. 국민기초생활보

8 https://kosis.kr/statHtml/statHtml.do?orgId=117&tblId=TX_117_2009_H7027 (2021년 1월 23일 접속)

[그림 4-2] 취약한 고용시장 구조

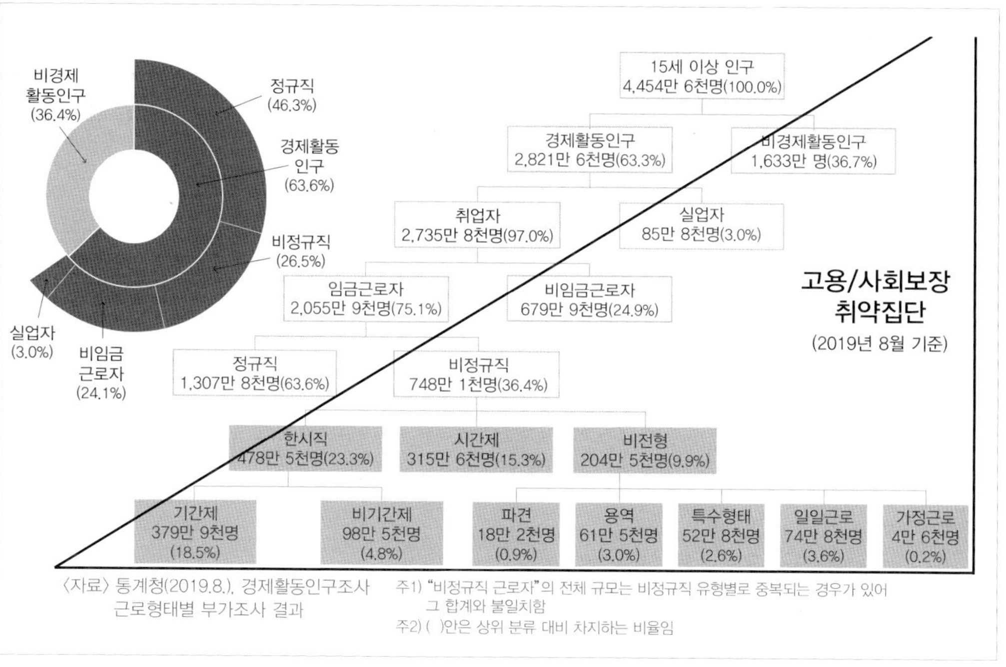

출처: 김용익(2021)

장제도 등 빈곤층에 관련한 제도에도 여전히 존재하고 있다. 국민기초생활보장제도에 신청을 하였지만, 자산이나 부양의무자 기준 등으로 인해 탈락하는 이들과 아예 신청을 하지 않으면서 수급 자격 조건을 얻지 못하는 이들도 존재한다. 또한 국민기초생활보장제도의 급여 수준이 너무 낮아 실질적으로 빈곤을 해결하지 못해 발생하는 실질적 사각지대도 있다. 사회보험 사각지대를 줄이기 위해 두루누리 사업 등 꾸준히 노력하는 것과 같이 국민기초생활보장제도의 사각지대를 줄이기 위해서도 문재인 정부 내에서 노력해왔다. 특히 부양의무자 기준이 점차 폐지되고 있고, 찾아가는 서비스를 통해 자격 조건이 있는 이들이 배제되지 않도록 하고 있다. 급여의 현실화 역시 꾸준히 논의되고 있다.

하지만 2014년 송파 세 모녀 사건 이후 생계가 곤란한 이들의 자살이나 아사가 꾸준히 발견되고 있다. 이러한 사건들이 지속되는 데에는 세 가지 이슈가 존재한다. 첫째는 앞서 논의한 국민기초생활보장제도의 사각지대이다. 다양한 방식으로 제도 사각지대로 밀려난 이들이다. 두 번째 이슈는 중앙집권화된 재량혼합(discretion mix)의 문제이다. 최영준과 최혜진(2018)은 복지서비스에 있어서 중앙정부-지자체-일선관료-공급자-개인 간의 재량분포를 분석하면서 문제점을 지적했다. 이에 따르면 한국의 경우 과도하게 중앙정부의 재량이 높고 다른 행위자들의 재량이 적어 일선에서 유연한 대처가 어려운 문제점이 있다. 이러한 문제점은 국민기초생활보장제도에서도 나타난다. 각 지자체마다 국민기초생활보장제도 등의 집행을 위해 사회복지전담 공무원 등 인력과 체계를 가지고 있다. 하지만 이들이 국가의 지원을 필요로 하는 대상을 발굴한다 해도 이미 중앙정부에 의해 정해진 규정에 벗어나면 재량을 발휘하여 도움을 제공하기가 쉽지 않다. 이를 해소하기 위하여 긴급복지지원 등이 마련되어 있지만, 기본적인 구조는 '전문적 견해'를 발휘하여 스스로 인적이나 물적 재량을 동원해서 도와줄 수 있는 법적, 행정적 여건이 마련되어 있지 않은 것이다. 구조의 유연함이 적어지면서 안정성이 더 유연하게 적용되지 못할 수 있다는 것이다.

마지막으로 한국 복지국가의 잔여적 성격이다. 공공부조를 제외한 사회보험이나 수당제도가 제대로 되어 있으면 상대적으로 공공부조의 하중이 약하다. 건강보험의 보장성이 높아 아프기 전에 치료가 가능하거나, 상병수당이 있어서 빈곤으로 추락을 막고, 보편적이고 사각지대가 없는 국민연금이나 실업보험 등은 공공부조의 하중을 약화시킨다. 하지만 건강보험 역시 보장률이 60%대 초반에 머무르고 있고, 상병수당은 여전히 도입을 위한 논의 중이며 전국민 고용보험 역시 갈 길이 멀다. 이러한 상황에서는 지속적으로 공공부조에 대한 하중이 증가할 수밖에 없다.

공공부조에 대한 하중의 증가는 공공부조 내에 더욱 까다로운 조건을 늘리게 하고 더욱 선별적이고 조건들을 강화하는 방향으로 움직이게 하는 경향이 있다. 이는 Korpi & Palme(1998)의 재분배 역설로 설명이 되곤 한다. 간단한 사고실험을 통해 생각하면 누진적 조세체계와 선별적 복지체제가 가장 불평등을 감소시키고 빈곤을 감소시킬 수 있다. 그리고 가장 효율적이기도 하다. 하지만 현실에서는 보편적 조세와 보편적 복지국가들이 선별적 복지국가에 비해 훨씬 불평등이나 빈곤 수준이 낮다. 일정 기준을 맞추어야만 안정을 받을 수 있게 되고, 노동시장에서 획득할 수 있는 소득이 한정적이면 개인에게 급여가 덫(trap)이 될 수 있다. 누군가는 지속적으로 기여를 하고, 누군가는 지속적으로 받아가는 구조가 고착될 경우 기여하는 이들이 복지제도가 관대하기보다는 더 까다로운 조건을 강화시키는 것을 선호할 점이라는 것은 어렵지 않게 예상할 수 있다.

최근 Claire Ainsley(2018)의 New Working Class는 점차 하나의 문화로 자리잡아가는 '복지계층'과 이들에 대한 비하와 조롱이 어떻게 사회에 나타나는지를 잘 보여준다. 'Benefits Street'와 같은 영국 TV 프로그램이 대표적인 예로 소개되기도 한다. 이러한 복지국가의 구조는 한편으로 모두에게 안정을 제공하지 못했기 때문에 발생하는 현상이기도 하지만, 동시에 더 많은 이들에게 안정을 제공하는 복지국가가 출현하는 것을 막는 요인이 되기도 한다. 동시에 까다로운 조건들은 개인이 자율적인 삶을 살아가는데 방해가 되기도 한다. 마지막으로 기여하는 자와 받는 자가 분리되어 있는 사회는 사회의 연대성이나 신뢰가 낮다. 결과적으로 모든 개인들이 영향력을 가지고 살아가는데 한계를 보일 가능성이 높다. 다양한 사회 신뢰에 대한 데이터에서 보편적이고 연대적 개인주의를 실현한 북유럽 국가들이 월등히 높은 수치를 보여주는 것은 이러한 논의에 대한 결과적 증거라 할 수 있다.[9]

정리하면, 적극적 시민을 지지하기 위한 복지국가의 첫 번째 역할은 안정이며, 안정은 다양한 사회적 위험으로부터 개인을 보호하고 동시에 불확실성을 낮추어 행복에 기반을 제공한다. 한국 복지국가는 여전히 안정을 시민들에게 제공하기에 부족하다는 것이 확인된다. 우선 양적으로 선진 복지국가에 비해 상당히 부족하며, 양적인 확대가 필요하다. 양적 확대는 사회보험제도가 성숙되고 노령화가 진행되면서 부분적으로 증가될 것으로 예상되고 있다. 하지만 단순히 양적 확장뿐 아니라 복지국가의 구조적 문제도 중요함이 확인된다. 한국의 경우 얇은 사회보험과 까다로운 공공부조로 구성되어 있다. 그나마 사회보험과 공공부조에는 사각지대가 상존하고 있으며, 이러한 사각지대는 사회보험의 역진성과 공공부조의 까다로운 선별성과 관련이 있다. 동시에 유연하게 개인의 안정과 자율성을 증진하는 사회보장제도가 시행되지 못하는 데에는 중앙집권적이며 경직된 사회보장제도의 재량 구조 역시 영향을 준다.

두 번째 자율성을 증진시키기 위해서 일터 내에서는 자율성 증진과

9 https://ourworldindata.org/trust (2021년 1월 24일 접속)

가족 내에서의 양성평등 등이 매우 중요하다. 하지만 정책적으로는 직접적 영향을 미치는 것은 한계가 있다. 간접적으로 앞서 논의한 대로 탈상품화, 탈가족화, 역량강화를 시키는 전략이 개인들의 자율성을 증진시키는데 도움이 될 수 있다. 탈상품화는 앞선 안정성에 대한 논의와 맥을 같이 한다. 현재 수준의 사회보장제도의 적용 범위와 급여수준, 그리고 고용과의 연계성 등을 볼 때 높은 수준으로 평가하기 어렵다. 이러한 상황이 앞서 보여준 바와 같이 서구 국가들에 비해 낮은 창의적 노동과 독립적 노동으로 귀결되고 있다고 판단된다.

탈가족화는 지난 약 10년 간 상당한 진전을 이루었다고 할 수 있다. 노인장기요양보험과 관련 서비스 그리고 무상보육이 도입되면서 돌봄의 사회화가 진행되었다. 이에 따라 기존에 돌봄을 제공했던 사람들의 자율성이 증진되는 효과를 가져왔다. 예를 들어 취학 전 아이들이 낮 동안 어린이집에 가게 되면서, 취학 후 아동들이 방과 후 돌봄을 받을 수 있게 됨으로써, 그리고 장애가족에게 장애인 활동보조가, 돌봄이 필요한 어르신들에게 장기요양서비스가 제공되면서 과거에 비해 주 돌봄자 역할을 했던 여성들의 자율성이 상당히 증진되었다. OECD 사회지출 데이터베이스(SOCX)에 따르면 한국의 가족지출은 2005년 GDP 대비 0.2%에서 2018년 1.2%로 10년 정도에 1%가 증진되었다.

하지만 이러한 탈가족화의 노력은 그 자체만으로 충분하게 개인에게 자율성을 높여주지 않는다. 실제로 지난 10년 동안 돌봄의 사회화는 대규모로 진행되었지만 여성의 고용 상황은 그다지 크게 개선되지 못했다. 고용률은 2011년 53%에서 2019년 57.8%로 일정 정도 유의미한 증가를 보였다. 하지만 가장 고용이 크게 증가한 연령대는 20대 후반과 50대이다. 20대 초반은 오히려 줄어들었지만, 20대 후반은

2000년과 2019년에 54%에서 71%로 증가했다. 50대 초반 고용률이 2000년 54%에서 2019년 68%로 크게 증가했고, 50대 후반 역시 동시기에 50%에서 62%로 증가했다. 반면 30대 후반은 58%에서 60%로 큰 변화가 없었다. 여전히 경력단절 이슈가 있음을 볼 수 있다. 최근 사회서비스 일자리가 중년 여성의 노동시장 유입을 촉진했음을 알 수 있다. 물론 고용이 되어야 자율성이 확보되었다고 볼 수는 없지만, 자신의 일자리를 가지고 소득을 가지는 것은 독립적이고 자율적 생활의 중요한 요인이 된다. 경력단절은(줄어들고 있지만) 여전히 남성과 여성의 임금격차를 OECD에서 가장 높게 하는 주요한 원인이 되고 있으며, 사회서비스 일자리는 여성 고용률을 높이는데 기여하였으나 여전히 저임금 불안정 노동이기 때문에 개인의 자율성에 제한적인 효과만을 가질 것으로 예측된다. 노인장기요양보험은 상당히 확장되었으나 그 지출 수준은 GDP 대비 0.4%로 추정되고 있다.[10] 효율적이라고 볼 수도 있지만, 반대로 많은 이들에게 저임금을 주면서 운영되고 있다는 반증이기도 하다.

또한 경력단절을 경험하거나 주된 일자리 이후 새로운 일자리를 찾는 이들의 숙련 수준을 높여줄 정책이 부족하다. 역량을 증진시키는 적극적 노동시장 지출은 그다지 큰 변화를 보이지 않았다. 여전히 평생교육과 직업훈련 등이 제한적으로만 제공되고 있다. OECD의 지출 통계에 따르면 2010년에 0.3%였으며, 2018년에도 0.3%로 큰 변화를 보이지 않고 있다. 직업훈련 비용은 0.1%조차 되지 않아, 공식적으로

10 http://www.bosa.co.kr/news/articleView.html?idxno=2109656 (2021년 1월 24일 접속)

[그림 4-3] 사회복지 시설에서 공공시설 비중

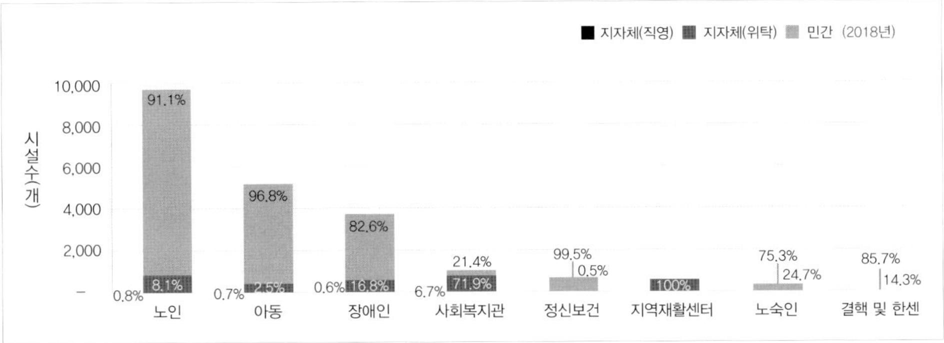

■ 지자체(직영) ■ 지자체(위탁) ■ 민간 (2018년)

시설수(개)
10,000
8,000
6,000
4,000
2,000
\-

노인: 91.1%, 8.1%, 0.8%
아동: 96.8%, 2.5%, 0.7%
장애인: 82.6%, 16.8%, 0.6%
사회복지관: 21.4%, 71.9%, 6.7%
정신보건: 99.5%, 0.5%
지역재활센터: 100%
노숙인: 75.3%, 24.7%
결핵 및 한센: 85.7%, 14.3%

출처: 김용익(2021)

는 0.0%로 표시되고 있다.[11] 그동안 직업훈련과 사회적 경제, 직업연계프로그램 등이 지속적으로 논의되었지만, 여전히 수사(rhetoric)에 비해 실제 지출은 매우 미미했음을 알 수 있다. 2020년 1월 1일부터 내일배움카드가 국민내일배움카드로 전환되면서 실업자와 재직자 모두가 매년 300~500만 원의 직업훈련 비용을 지원받을 수 있도록 하였다. 이 프로그램이 과거에서 진일보된 지원이 될 가능성이 있지만, 여전히 개인의 역량을 개발하는데 지원되는 국가의 역할은 매우 제한적임을 알 수 있다. 실제 저자가 코로나19 시기 동안 실직한 노동자들을 인터뷰했을 때 국민내일배움카드가 배움의 기회를 제공했다는 긍정적 측면을 발견하였다. 그러나 동시에 양질의 직업을 갖게 하기 위해서는 턱 없이 콘텐츠나 기간 등이 부족하다는 점도 나타났다.

보건서비스, 사회서비스, 직업훈련 등에서 발견되는 또 다른 문제점은 서비스 제공에 있어서 공공성이 약하다는 점이다. 여기에서 공공성

11 https://stats.oecd.org/Index.aspx?DataSetCode=SOCX_AGG(2021년 1월 24일 접속)

은 교과서적 의미로서 다수를 위한 공익을 추구하면서 그 과정이 투명하고 공개적인 상태를 의미한다. 주지된 바와 같이 한국의 보건 및 사회서비스는 시작부터 정부나 제3영역이 직접 제공자 역할을 하기보다는 국가는 규제자 역할을 하고 영리를 목적으로 하는 민간이 제공자 역할을 맡는 방식으로 발전되어 왔다. [그림 4-3]에서 보는 바와 같이 지자체 직영이나 위탁을 하는 기관들의 비중이 매우 낮음을 잘 알 수 있다. 보건서비스나 직업훈련도 예외는 아니다.

그렇기 때문에 이윤이 공공 서비스 제공에 있어서 가장 눈에 띄는 동기(motivation)가 되고 있고, 정부는 이를 규제하는 수준에 그치고 있다. 이렇게 될 경우 정책의 원 목적이 제대로 전달되지 않을 수 있고, 서비스의 제공에 있어서 투명하게 운영되면서 관련 이해당사자가 자신의 의견을 전달하면서 만들어가는 거버넌스 혹은 공동생산(co-production)이 어렵게 된다. 안정과 자율뿐 아니라 영향력까지 줄이는 효과를 줄 수 있기 때문에 공공성을 높이려는 시도가 서비스 시장에는 절대적으로 필요하다.

마지막으로 영향력이다. 영향력을 높이기 위한 정책은 상대적으로 주목을 받지 않았지만 최근 사회혁신이라는 어젠다로 계속 논의되고 있다. 우리 사회에서 사회혁신이라는 용어가 사용된 것은 상대적으로 최근이지만, 실제 시민사회와의 참여와 시민주도 문제해결은 꾸준히 논의되어온 주제이다. 특히 1990년대 정치의 정당성 위기와 IMF 경제위기, 관료제 및 시장의 위기를 겪으면서 시민사회의 위상은 급속히 증대된 바 있다. 이는 시민사회가 문제해결의 주체로 등장하게 된 배경에 있기도 하다. 하지만 IMF 위기 이후 시장이 다시 대기업 중심 경제로 돌아오고, 정부 및 국회가 자신들의 싱크탱크를 강화시키면서 시민사회가 가지고 있었던 전문성과 정당성은 급속히 축소되었다.

이러한 배경과 함께 다음의 두 가지 이유가 시민사회의 역할 축소에 기여하였다. 먼저 옹호자(advocate)로서의 시민사회의 경우 1997년 첫 정권교체와 함께 시민사회의 리더들이 지속적으로 정부나 정치권으로 진출되는 경우가 많았고, 역설적이게도 이는 시민사회의 영향력이 줄어드는 계기가 되었다. 경직적 관료제에 새로운 아이디어와 방향을 제시해주고, 보수적인 정치계에 시민사회의 어젠다를 실현하게 한다는 점에서 긍정적 측면이 상당히 많음에도 핵심 인력의 유출은 기존 시민운동의 힘을 약화시키는 계기가 되었다. 동시에 시민사회의 정파성을 나타내는 계기가 되면서 '시민의 대표성'이 약화되었다.

두 번째는 공급자(provider)로서의 시민사회이다. 시민사회는 1990년대와 2000년대 접어들 때까지 지속적으로 새로운 정책적 아이디어와 프로그램들을 자발적으로 실행하면서 사회문제 해결에 기여하였다. 예를 들어, 자활이나 사회적 경제, 드림스타트, 다양한 지역돌봄제공 등이 민간의 역량에서 출발하여 발전한 사례들이다. 이들의 국지적 성공이 전국적으로 논의되면서 중앙정부 프로그램으로 진화해갔다. 소수가 아닌 다수가 좋은 프로그램의 혜택을 본다는 차원에서 긍정적이지만, 정부의 프로그램이 되고 민간이 이러한 역할을 대행하는 기관이 되면서 민간은 중앙정부의 매뉴얼에 따라 움직이고, 재정을 지원받으며, 평가를 받는 대상으로 변모되었다. 이들이 지역이나 다양한 맥락적 변화에 따라 프로그램을 변형시키고, 새로운 아이디어를 시도해 볼 수 있는 여지는 급속히 줄어들었다. 이는 앞서 논의한 재량혼합 구조와 관계가 있다. 만일 공공서비스에서 재량이 일선이나 지자체 단위에 많다면 시민사회와 정부가 각자 독립적 정책 행위자로서 양립할 수 있었겠지만, 중앙정부 중심의 재량혼합 구조에서 시민사회는 정부의 종속적 대행자 모습을 띠게 된 것이다.

결과적으로 시민사회가 독립적으로 성장하기보다는 시민사회 리더들이 지자체나 중앙정부/국회로 진출하면서 여기에서 어젠다를 실행하는 구조로 발전하게 되었다. 그러면서 시민사회 어젠다가 현실에 더 적극적으로 적용되는 긍정적 효과도 있었지만, 시민사회와 시민들이 문제해결 자체에 독립적으로 중요한 행위자로 성장하는데는 지속적으로 한계를 보여왔다.

[그림 4-4] 재량혼합의 구조

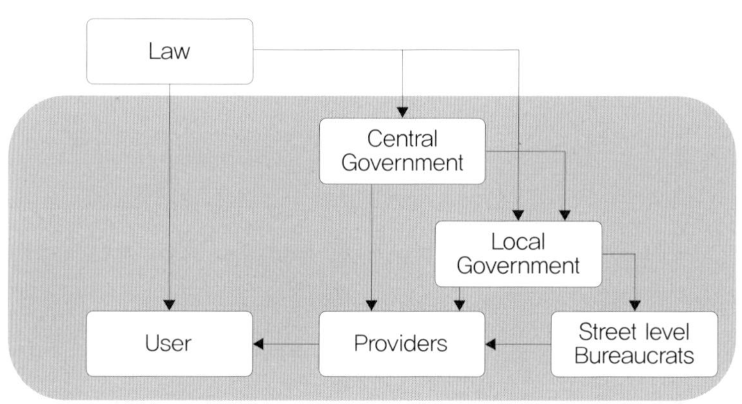

출처: Choi and Choi (2019)

이러한 배경에서 우리의 재량혼합은 법이 매우 추상적이면서 동시에 중앙정부에게 상당히 많은 재량을 넘겨주고, 중앙정부는 충분히 재량을 발휘하면서 제도를 구체화시키고 이외의 행위자들은 실행만을 담당하는 경향이 강해졌다. 이러한 재량혼합 구조는 개인의 자율성을 확대하기 위해 이제 더 분권화되고 더 자율성을 존중하는 구조로 변화가 필요하다. 일선 관료들이 정해진 제도 내에서 자율성을 발휘하여 시민들을 도울 수 있도록, 제3영역과 공급자들이 다양한 혁신적 아이디어를 가지고 시민들과 함께 문제를 해결하는 주체가 될 수 있도록, 개인들도 더 많은 참여와 재량을 통해 자신의 문제를 직접 풀어나갈 수 있도록 해야 할 것이다.

결국 사회혁신은 어떻게 개인과 지역의 문제해결 역량을 증진시킬 것인지에 다시 초점이 맞추어져 있다. 과거의 패턴과 차이를 보이는 부분들이 발견된다. 문제를 정부가 내고, 그 문제를 시민들이 풀며, 정부는 다시 그것을 감시하고 평가하는 역할을 했다면, 이제 문제를 내고 푸는 것까지 시민들이 보다 직접적 역할을 하는 방식이다. 예를 들어 최근 행정안전부에서 시작한 사회혁신 플랫폼인 '지역문제해결플랫폼'은 하나의 예이다. 의제의 제안과 실행 등을 자율적으로 민간에서 진행할 수 있도록 지원하고 있다.

또한 혁신활동이 지속적으로 국가에 의해 진흥되면서 사회문제 해결을 위한 사회혁신과 창업혁신의 구분도 모호해지고 있고 사회적 스타트-업(social start-up)이 증가하고 있다. 정부뿐 아니라 대학과 기업에서 사회혁신과 사회적 경제를 지지하는 정책과 노력이 지속되면서 향후 긍정적 전망이 예상된다. 하지만 얼마나 자유와 안정이 개인에게 주어질지, 어떻게 민과 관이 위계적 관계가 아닌 더욱 동등한 위치에서 사회혁신 활동이 진행될 것인지, 그리고 실패를 받아들이며 개인의 활동을 진흥할 수 있는 정책 환경이 관건이 될 것이다.

제5장 소결

행복이 공공정책의 가장 중요한 목표로 등장하고 있지만 실제 행복을 위해 무엇을 해야 하는가는 여전히 모호한 상황이다. 모든 것(everything)을 다해야 행복이 증진된다는 접근이 가장 많이 추진되고 있지만, 무조건 더 많이 하면 괜찮은 것인지 등에 대한 질문이 명확하지 않다. 이에 본 연구에서는 행복연구에서 가장 중요한 세 가지 개념을 안정성, 자율성, 영향력으로 정리하고, 이를 적극적 시민성 개념과 연결시켜 한국의 현황과 정책에 대한 평가를 진행하였다. 안정, 자율, 영향력이라는 세 가지 요인은 적극적 시민의 구성요소이자 동시에 행복한 개인의 핵심적 요인이다.

2018년과 2020년의 전국민 서베이 결과를 통해서 볼 때 세 요인을 모두 긍정적으로 응답한 적극적 시민은 전체의 30%를 조금 상회하는 수준이었으며, 세 요인을 모두 가지고 있지 않았던 소극적 시민이 지난 2년 동안 거의 두 배가 증가한 것으로 나타났다. 세 가지 요인을 다 가지고 있는 적극적 시민은 그렇지 않은 이들에 비해 행복뿐 아니라 사회에 대한 포용성, 신뢰, 혁신, 창의성, 복지제도에 대한 긍정적 태도를 보이고 있는 것으로 나타났다. 일과 삶에 대한 유다이모닉한 태도 역시 소극적 시민보다 더 높았다.

그렇다면 어떻게 안정, 자율성, 그리고 영향력을 높일 수 있을까?

가족과 노동시장은 이러한 세 가지 요인을 확보하고 실현할 수 있는 장을 마련한다. 다만 가족이나 노동시장에 대한 의존이 높아질 경우 안정을 위해 자율성을 희생해야 하는 상황이 발생할 수 있다. 그렇기 때문에 국가의 역할은 개인이 가족이나 노동시장으로부터 상대적인 자율성을 가지고 생활할 수 있도록 할 필요가 있다. 동시에 개인들이 직접 자신이 속한 공적 공간에서 참여하고, 문제를 해결하며 자신의 영향력을 발휘할 수 있는 장을 마련하는 것이 필요하다.

하지만 현재 우리는 복지국가에서 제공하는 탈상품화, 탈가족화, 역량화 수준이 서구 복지국가에 비해 상당히 낮다. 노동시장을 통해 안정적인 일자리가 꾸준히 생성되고 있지 않은 상황에서 복지국가는 상대적으로 매우 낮은 수준의 보장을 제공하고 있기 때문에 안정성에는 한계가 뚜렷하다. 사회보험은 급여수준이 낮을 뿐 아니라 사각지대가 광범위하게 존재하고, 특히 사회적 위험에 빈번하게 노출된 이들일수록 오히려 사각지대에 노출된 역진적 모습을 보인다. 이는 공공부조 역시 낮은 급여수준과 까다로운 선별조건으로 사각지대를 노출하고 있고, 동시에 안정성 제공에 한계를 보이고 있다.

탈가족화를 통한 개인의 자율성 증진은 상당 부분 진행되었다. 하지만 여전히 시장화로 인해 과도하게 이윤을 추구하는 구조, 제한된 예산 투자, 중앙집권화된 돌봄정책 구조, 그리고 역량을 증진시킬 수 있는 정책의 부재 등으로 탈가족화 정책이 자율성 증진으로 이어지는 데에는 한계를 보이고 있다. 상대적으로 안정성과 자율성이 제한되어 있기 때문에 영향력 역시 제한된 모습을 보인다. 정치 참여는 일부 증가하고 있지만 시민들의 사회 참여나 비영리단체들의 역할들은 전반적으로 축소되는 경향을 보이고 있다. 사회혁신이 개인의 영향력을 확대할 새로운 기회로 등장하고 있다.

이러한 전반적인 논의들은 행복과 복지국가에 관한 몇 가지 함의를 제공한다. 일단 행복을 증진시키기 위해서는 집단에 초점을 맞춘 정책과 논의보다는 개인에 집중하는 논의가 필요하다. 건강한 개인주의, 타인과 연대하는 개인주의가 중요하다. 즉 국민의 행복을 추구하는 것이 혹자가 이야기하는 개인의 모든 것을 국가가 책임져주는 'Nanny State'가 아니라는 것이다. 마치 부모의 역할과 유사하다. 자녀를 사랑한다는 것은 자녀에게 모든 것을 다 해주거나 무조건적 보호를 해주는 것이 아니라 안정을 제공하되 최대한 자신이 역량을 키우며 자신의 인생을 살아갈 수 있도록 해주는 것이다. 마찬가지로 국가 역시 무엇이 옳은 것인가를 제시하고 시민을 따라오게 하는 것이 아니라 개인의 불안정성과 불확실성을 줄여주고, 개인이 스스로 역량을 키우며 자신 및 공동체의 문제를 해결할 수 있도록 지지해주는 역할을 하는 것이 필요하다.

권위적 개발주의 국가에서 신자유주의가 결합하여 내려오면서 권위주의와 후견주의, 그리고 시장적 무한경쟁이 사람들의 삶을 옥죄어 왔다. 이러한 환경에서 개인은 행복할 수 없었다. 새로운 국가에서는 개인의 자유와 안정을 최우선으로 하고, 적극적 시민성을 발현할 수 있는 환경을 만드는 것을 목표로 한다. 적극적이고 행복한 개인이 새로운 사회경제 체제의 기반이 될 것이다.

| 제5부 |

결론 : 적극적 시민과 행복한 대한민국을 위한 정책 방향

인간의 존엄과 가치에 근거한 행복추구권의 핵심은 일반적 행동의 자유와 자기결정권이며, 헌법 제10조 시대란 국민의 기본권과 헌법 가치 및 민주주의가 실질적으로 실현되는 것이다. 인간의 존엄과 가치 및 행복추구권에 근거하는 자신의 삶을 스스로 결정할 수 있는 인격적 자율성은 적극적 시민성인 자율, 안정, 영향과 그 내용을 공유한다. 인격적 자율성은 공적·사적 자율성뿐 아니라 이를 가능하게 하는 최소한의 물질적 급부를 포함하기 때문이다.

적극적 시민은 복지국가에 의해 기본적인 삶의 수준을 보장받을 수 있어야 하지만(안정), 단지 수동적인 수급자 위치에 머무르지 않고 다양한 삶의 기회에서 자율적으로 선택하고 스스로의 개인적 행복을 추구하며(자율), 공적 영역에서의 적극적인 참여와 공동체에서 교류를 통하여 사회적 존재로서의 인간 본질을 실현해가는 주체이기도 하다(영향력). 안정된 물질적 조건이 보장되어 개인의 역량이 증진되고 자신의 삶에 대한 실질적 선택이 가능할 때 인간의 혁신과 창의의 본성이 발현될 수 있을 뿐 아니라 한 사회를 구성하는 민주시민으로 공적 영역에 적극적으로 참여하여 사회의 변화를 이끌어갈 수 있는 주체가 될 수 있다. 이러한 적극적 시민의 개념과 행복 패러다임은 〈표 5-1〉과 같이 요약될 수 있다. 이제 본 연구는 국민행복과 적극적 시민성을 증진시킬 정책 방향을 제시한다.

〈표 5-1〉 적극적 시민과 정책 방향

구분	안정 (Security)	자율 (Autonomy)	영향 (Influence)
기본권	사회권	자유권 자기결정권 (사적)	참정권 자기결정권 (공적)
정책 목표	복지(Welfare): 기본생활보장	역량(Capability): 개인역량 강화	참여(Participation)+ 혁신(Innovation)
정책 수단	집합적 사회보장	맞춤형 지원	네트워크 활성화
국가 역할	Welfare State	Enabling State	Participatory State

먼저, 가장 중요한 정책 방향의 전환은 정책 목표의 수준 또는 단위의 문제이다. 국가정책의 목표가 집단 수준에서 개인 수준으로 전환되어야 한다. 지금까지 대한민국의 정책 목표는 개인의 행복 증진이 아니라 국가 단위에서 집계되는 지표의 달성에 있었다. 경제성장, 저출산, 인구문제 등의 단어들은 가장 많이 사용되는 정책 언어이지만, 실제로 집단의 목표를 일컫는 단어이다. 사실 한국 사회를 살아가는 개인의 입장이라면 아이를 낳지 않는 것이 문제가 아니라 아이를 많이 낳는 것이 더 위험할 수 있다. 저출산과 인구문제를 미래 경제 때문에 풀어야 한다는 논리는 국민들의 마음을 움직일 수 없을 뿐 아니라 윤리적으로도 (개인의 행복추구권이라는 맥락에서) 옳지 않은 주장이다. 출산이나 결혼 여부는 개인이 판단할 사적 영역의 이슈이며, 개인에게 자유와 안정이 주어졌을 때 바람직한 판단을 내린다는 믿음을 가지고 정책에 접근하는 것이 마땅하다. 국가가 문제를 해결한다는 명목으로 사적 영역에 더 깊숙이 개입할수록 개인의 역량과 자기결정권은 더욱 위축될 수 있다.

이제 정책의 초점은 개인을 움직일 거시적이고 구체적인 계획을 세우는 것에서 벗어나 개인들 눈앞에 있는 불안정성을 해소하기 위한 적

[그림 5-1] 적극적 시민성을 위한 복지국가 전략

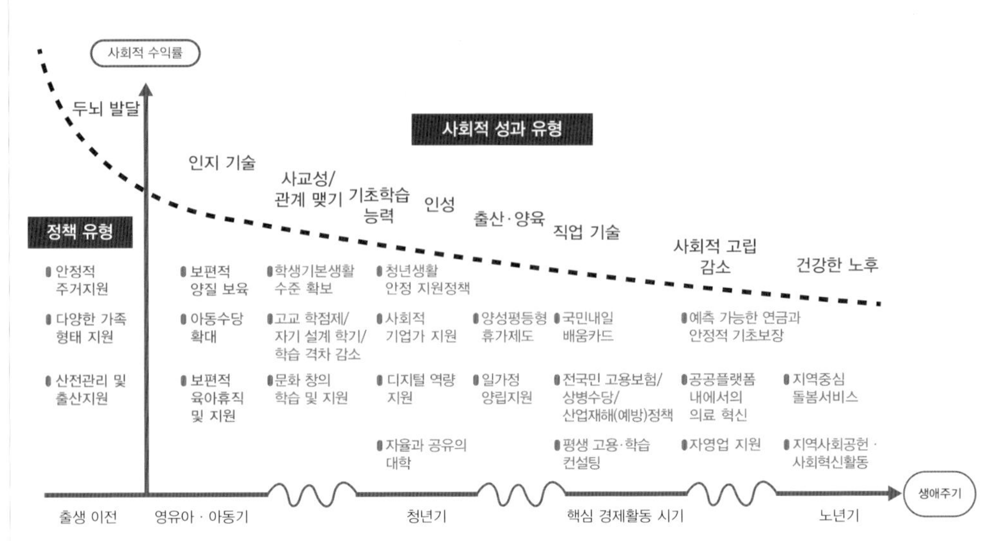

출처: 최영준 외, (2019)

극적 대책으로 옮겨져야 한다. 특히 비대면 디지털 경제가 빠르게 도래하면서 노동시장의 변화가 더욱 가시화될 것으로 예상되고 있다. 이러한 시기에는 복지국가의 기본으로 돌아가 더욱 탈상품화, 탈가족화, 역량강화를 촉진시켜야 한다.

[그림 5-1]은 적극적 시민성을 진흥시키기 위한 복지국가 전략을 생애주기에 따라 배치한 그림이다. 안정성의 보장은 '요람'에서부터 출발한다. 어떠한 아이라도 안정적으로 태어나고 자랄 수 있도록 다양한 가족 형태를 국가와 사회가 받아들이고, 주거지원 및 출산지원을 할 필요가 있다. 이후 아동기에 보편적 보육과 아동수당, 그리고 경력단절이 일어나지 않으면서도 아동이 부모로부터 충분한 보육을 받을 수 있도록 하는 양성평등적 휴가제도가 중요하다. 어린 시기에 불

안정한 환경은 아이의 잠재력에 부정적 영향을 미칠 수 있으므로 이러한 제도의 역할은 더욱 중요하다. 이것은 사회투자의 원리가 되기도 한다. 보육서비스는 공공성을 강화하면서 질을 높여나가야 하며, 아동수당은 수준을 향상시킬 필요가 있다. 육아휴직 등의 지원은 현재 고용보험에서 담당하기 때문에 비정규직이나 자영업자 등은 광범위하게 배제되어 있다. 휴직 관련된 급여를 건강보험으로 옮기거나 보편적 부모보험과 같은 새로운 형태의 제도로 대체하는 것을 고려하여야 한다.

이후 청소년 시기에 개인의 역량개발이 공적 영역에서 충족될 수 있도록 교육체계를 개편하여야 한다. 자신이 잘 할 수 있는 것을 발견하고 공적 공간에서 이를 배우며 자존감을 향상시킬 수 있도록 공교육의 질과 다양성을 대폭 확충할 필요가 있다. 자기 설계 학기나 고교 학점제 등을 확대하고, 이에 필요되는 인력을 다양한 방식으로 충원할 수 있어야 할 것이다. 학생들이 어린 시기부터 스스로 선택하여 자신의 진로를 결정하는 자율성을 증진하는 한편, 혁신과 창의력을 향상시켜 사회에 영향력을 확대하는 교육의 장으로 발전될 수 있어야 한다. 아동수당 역시 만 18세 이하의 학령기 아동 전체를 포괄하는 것으로 확대하여 양육의 사회적 책임성을 구체화하여야 한다.

청년 시기는 변화하는 노동시장을 주도해야 하는 중요한 시기이며, 성인기를 시작하는 출발점이다. 디지털 경제에 잘 적응할 수 있도록 다양한 교육적 지원을 해야 할 것이며, 동시에 청년들의 주거문제와 소득 때문에 자신의 숙련을 활용도 하지 못하고 노동시장 이력을 시작하지 않도록 주거와 소득 지원을 보편적으로 확대해야 한다. 정부에서 일자리를 만들어주고 혹은 일자리를 소개해주고 그것을 받아들이게 하는 것보다 청년들에게 안정을 제공하고 훈련 기회를 주어 스스로 고용의 기회를 창출하도록 하는 것이 더욱 바람직하다. 대학은 지식 전달자를 넘어 더욱 사회혁신을 주도하고 창출하는 문제해결자로 변환될 필요가 있다. 정부와 대학의 관계 역시 국가와 개인의 관계와 같이 안정성과 자율성을 동시에 촉진시키되 동시에 공공성을 증진시키려는 방안을 찾을 필요가 있다.

성인기에는 국민내일배움카드를 성공적으로 운영시키면서 전 국민이 직업훈련을 받을 수 있게 하고 전 국민 고용보험과 상병수당 실시로 소득상실이나 아픔이 빈곤으로 연결되지 않도록 할 필요가 있다. 이러한 프로그램들은 역시 '디테일'이 중요하다. 국민내일배움카드만이 중요한 것이 아니며 실제 인생 이모작을 가능하게 하는 콘텐츠를 국민들에게 제공할 수 있어야 하며, 교육과 훈련이 직업으로 이어질 수 있는 환경도 조성해야 한다. 마찬가지로 전 국민 고용보험이나 상병수당도 행정과 거버넌스 등의 완전한 준비가 되지 않으면 용두사미로 끝날 수 있다. 노후에는 빈곤 때문에 안정과 자율성이 침해받지 않도록 기초연금을 보편적으로 확대하며 급여수준을 올릴 필요가 있다. 동시에 공공성이 높은 돌봄서비스를 통해 국민들이 여전히 온존한 관계와 존엄성을 지키며 살아갈 수 있도록 해야 할 것이다.

추가적으로 고려해야 할 세 가지 정책적 방향은 사회혁신, 증세와 기본소득이다. 첫째, 사회혁신이 더욱 촉진되고 진흥되기 위해서는 사회혁신을 위한 '느슨하고 큰 기금'이 필요하다. 느슨하다는 의미는 평가와 결과로부터 자유로움을 의미한다. 감축의 시대(Era of austerity)를 살아가고 있기 때문에 모든 국가기금과 예산은 엄격하고 까다로운 평가를 받아야 한다. 그렇기 때문에 민간에 기금이 사용되면 동시에 민간에 대한 성과평가가 까다롭게 행해지고, 이러한 맥락 속에서 자연스럽게 민간은 공공에 종속되는 형태로 나타난다. 민간의 역량을 키우기 위해서는 자금을 지원해주되 실패에 대한 두려움이 적어야 가능하다. 성공을 통해서 뿐 아니라 실패를 통해서도 개인, 지역, 공동체는 성장하기 때문이다.

두 번째는 증세이다. 한국 복지국가는 양(quantity)적으로 상당히 부족하고 앞에서 논의된 정책적 방향을 실제 구현하기 위해서는 상당한 수준의 예산투입이 불가피하다. 증세를 하지 않는다면 지금처럼 프로그램의 개수만 증가하고 실제 내용이 부실하여 안정과 자율을 증진시키지 못할 가능성이 높다. 모든 소득에 일정 세율을 부과하여 걷는 복지국가 소득세를 고려할 필요가 있다.

마지막은 기본소득이다. 탈상품화는 보호의 수준이 높아야 하며 동시에 고용과의 관계가 너무 강해서는 안 된다. 특히 디지털 자본주의 하에서 비전형 노동자가 급증하게 되면 지금의 사각지대 문제는 더욱 풀리기 어려울 뿐 아니라 오히려 더 문제가 될 수도 있다. 또한 불안정성은 이제 아동이나 노인기에만 찾아오는 것이 아니다. 청년의 시기, 주된 일자리에서 퇴직하는 50대 등 모두가 불안정성에 노출될 수 있다. 기본소득은 모든 국민에게 최소한의 소득을 보장함으로써 최소한의 불안정성을 줄일 수 있도록 함으로 개인에게 예측가능성과 행복을 증진시키는 도구가 될 수 있다. 무엇보다 기본소득은 개인에게 일정시간 노동에 얽매이지 않는 자유를 제공하는 의미를 갖는다는 것을 이해하여야 한다. 기본소득을 통해 획득된 자유는 개인의 자율과 선택의 공간을 확장시키며 다양한 역량을 계발하여 창의와 혁신의 원동력이 되게 한다. 이에 대한 논의나 한국적 맥락에서의 실험 등이 필요한 이유이다.

| 참고문헌 |

강승식(2013), "인간존엄의 비교법적 고찰과 그 시사점", 홍익법학 14권 1호, pp. 111-140, 홍익대학교 법학연구소.

계희열(1996), "憲法上 人間의 尊嚴과 價値", 법학논집 32권 0호, pp. 301-327, 고려대학교 법학연구원.

고봉진(2007), "상호승인의 결과로서 인간존엄", 법철학연구 제10권 제2호, pp. 193-210, 한국법철학회.

구교준, 임재영, 최슬기(2015), "행복에 대한 이론적 고찰", 정부학연구, vol. 21, no. 2, pp. 95-130, 고려대학교 정부학연구소.

국가미래연구원(2020), 「국민행복지수」

김경식, 이루지(2011), "한국인의 여가활동과 여가만족 및 행복: 국가통계 자료 이용", 한국콘텐츠학회논문지, 제11권 제11호, pp. 424-433, 한국콘텐츠학회.

김남철(2018), "탈원전을 위한 공론화위원회의 공법적 과제 – 독일법제를 중심으로 참여와 숙의의 법제화의 관점에서", 공법연구 제47권 제3호, pp. 167-197, 한국공법학회.

김명식(2017), "행복추구권에 대한 헌법개정 논의", 홍익법학 18권 1호, pp. 195-222, 홍익대학교 법학연구소.

김명재(2010), "헌법재판소 판례에서의 인간존엄에 관한 논증", 법학논총 제30권 제3호, pp. 213-260, 전남대학교 법학연구소.

김미곤, 여유진, 김태완., 정해식, 우선희, 김성아(2014), "사회통합 실태진단 및 대응방안 연구: 사회통합과 국민행복을 중심으로", 한국보건사회연구원.

김미곤, 여유진, 정해식, 박이택, 김성아(2017), "행복지수 개발에 관한 연구", 한국보건사회연구원.
김민배(2010), "인간의 존엄과 그 개념에 대한 재검토", 토지공법연구, 제89권 제1호, pp. 213-236, 한국토지공법학회.
김병섭, 강혜진, 김현정(2015), "지방정부서비스가 주민행복에 미치는 영향: 주거영역 삶의 질의 조절효과에 대한 검증을 중심으로", 행정논총 53권 3호, pp. 29-56, 서울대학교 한국행정연구소.
김성수(2014), "인간존엄과 행정법 – 인간존엄 실현구조로서의 행정법질서 형성을 위한 시론", 공법연구 제43권 제1호, pp. 299-327, 한국공법학회.
김승권, 장영식, 조흥식, 차명숙(2008), "한국인의 행복결정요인과 행복지수에 관한 연구", 한국보건사회연구원.
김영환(2020), "인간의 존엄에 대한 논의의 재구성: '형이상학 없는 인간의 존엄'", 법철학연구 제23권 제1호, pp. 7-36, 한국법철학회.
김용익(2021), "포용적 복지를 위한 국가의 역할", 포용국가포럼 종합토론회(2021.01.25.), 한국보건사회연구원.
김은주(2020), "숙의 민주주의와 공론화위원회", 공법연구 제48권 제4호, pp. 231-255, 한국공법학회.
김종구(2019), "인간의 존엄과 형사사법개혁 – 새로운 형사제재수단과 관련하여", 법학논총 제26권 제2호, pp. 171-204, 조선대학교 법학연구원.
김하열(2017), "교정시설 내의 과밀수용과 인간의 존엄성 – 헌재 2016. 12. 29. 2013헌마142", 법조 66권 3호, pp. 599-624, 법조협회.
_____(2020), "헌법강의", 서울: 박영사.
문진영(2012), "이스털린 역설에 대한 연구", 한국사회복지학. 제64권 제1호, pp. 53-77, 한국사회복지학회.
문진영(2020) "행복학 연구: 행복을 돈으로 살 수 있는가?", 미발간저서(출간중)
박민정(2015), "중산층의 여가활동 특성 및 여가생활만족도와 행복수준에

미치는 영향 분석: 2012년 국민여가활동조사를 바탕으로", 한국가족자원경영학회지 제19권 3호, pp. 121-142, 한국가족자원경영학회.
박진완(2007), "유럽연합의 기본권으로서 인간의 존엄의 보장에 대한 검토", 공법연구 제35권 제3호, pp. 81-107, 한국공법학회.
방승주(2008), "배아와 인간존엄", 법학논총 25권 2호, pp. 1-37, 한양대학교 법학연구소.
변미리, 민보경, 박민진(2017), "서울형 행복지표 구축과 제도화 방안", 서울연구원 정책과제연구보고서, pp. 1-137, 서울연구원.
서종희(2011), "배아연구와 인간의 존엄과 가치-헌재 2010.5.27. 선고, 2005헌마346 전원재판부 결정에 대한 검토", 원광법학 제27집 제1호, pp. 243-270, 원광대학교 법학연구소.
송길웅(2004), "憲法裁判所 決定에 의한 幸福追求權의 具体化", 헌법학연구 제10권 제3호, pp. 173-219, 한국헌법학회.
신종화(2005), "현대성과 여가: '노동중심' 사회에서 '여가' 사회로의 관심의 이동", 한국학논집 제32집, pp. 275-303, 계명대학교 한국학연구원.
심재우(1998), "인간의 존엄과 사형폐지론", 법학논집 34권 0호, pp. 451-466, 고려대학교 법학연구원.
안주엽, 이경희, 길현종, 오선정, 김주영, 김종숙, 김난숙(2015), "일과 행복(Ⅰ)", 한국노동연구원.
안주엽, 길현종, 김주영, 김지경, 오선정, 정세은(2016), "일과 행복(Ⅱ)", 한국노동연구원.
안주엽, 이경희, 오선정, 강동우, 김주영, 정세은, 손호성, 박진, 이선연, Andrew Clark, Garry F. Barrett, Fumio Ohtake, Kadir Atalay (2017), "일과 행복(Ⅲ)", 한국노동연구원.
유은정(2016), "미국 헌법문서의 행복 및 안전에 관한 권리의 검토: 우리 헌법상 행복추구권의 새로운 해석 가능성", 법학논총 제35권, pp. 183-216, 숭실대학교 법학연구소.
윤현식(2017), "인간존엄이념의 노동정치화 과제", 민주법학 63권 0호,

pp. 37-76, 민주주의법학연구회.

이계수(2017), “인간존엄과 민주법학-노동, 젠더, 장애”, 민주법학 63권 0호, pp. 11-35, 민주주의법학연구회.

이부하(2014), “인간의 존엄 개념에 관한 헌법이론적 고찰: 독일 헌법학이론을 분석하며”, 성균관법학 제26권 제2호, pp. 1-22, 성균관대학교 법학연구원.

이상수(2019), “헌법재판소 결정문을 통해서 본 인간존엄의 의미: 존엄개념의 과용과 남용”, 서강법률논총 제8권 제1호, pp. 111-156, 서강대학교 법학연구소.

이승철, 조문영(2018), “한국 ‘사회혁신’의 지형도”, 경제와 사회 통권 제120호, pp. 268-312, 비판사회학회.

이유진, 황선환(2018), “가구소득과 여가시간에 따른 행복지수”, 한국여가레크리에이션학회지, 제42권 제1호, pp. 86-96, 한국여가레크리에이션학회.

이재명(2017), “인간의 존엄과 생명가치에 대한 법적 판단의 문제”, 중앙법학 제19집 제4호, pp. 115-149, 중앙법학회.

이재승(2008), “행복추구권의 기원과 본질”, 민주법학 38권 0호, pp. 99-135, 민주주의법학연구회.

이형석(2017), “미국 연방대법원의 인간 존엄성 보장에 관한 연구-연방대법원 판결을 중심으로”, 홍익법학 18권 1호, pp. 131-158, 홍익대학교 법학연구소.

이희철, 구교준(2019), “역량 중심의 국민행복지수: OECD 국가를 중심으로”, 정책분석평가학회보 제29권 제3호, pp. 115-140, 한국정책분석평가학회.

이희철, 구교준, 김지원, 박차늠(2020), “대한민국 행복지도: 한국형 행복지수의 개발과 응용”, 정책분석평가학회보 제30권 제1호, 한국정책분석평가학회.

임지봉(2003), “幸福追求条項의 基本権性”, 저스티스 71권, pp. 5-25, 한국

법학원.
장영수(2014), "헌법학", 서울: 홍문사.
______(2017), "헌법상 행복추구권의 의미와 실현구조", 고려법학 85권 0호, pp. 81-108, 고려대학교 법학연구원.
정영화(2009), "헌법의 인간의 존엄과 가치 해석론에 관한 비판적 고찰", 홍익법학 10권 2호, pp. 91-116, 홍익대학교 법학연구소.
______(2017), "'동성혼' 도입을 위한 헌법개정의 위헌성 - 미국 연방대법원 '동성혼' 판례의 '인간존엄' 해석의 분석", 홍익법학 18권 3호, pp. 121-150, 홍익대학교 법학연구소.
정해식, 권지성, 정선욱, 김성아, 전영섭, 권석만, 김석호, 신혜란, 이봉주, 채수홍, 홍석철, 구서정, 진예린, 유지수(2019), "한국인의 행복과 삶의 질에 관한 종합 연구 - 국제 비교 질적 연구를 중심으로", 한국보건사회연구원.
정해식, 김성아(2019), "한국인의 행복: 소득 및 자산 격차의 영향 분석", 사회복지정책 46권 1호, pp. 185-213, 한국사회복지정책학회.
조소영(2019), "기본권 규범구조에서의 '인간의 존엄성'의 지위 - 헌재 2016. 12.29. 2013헌마142 결정에 대하여", 공법연구 제48권 제1호, pp. 119-139, 한국공법학회.
주은선(2016), "노동시간이 삶 만족도에 미치는 영향", 한국콘텐츠학회논문지 제16권 제7호, pp. 750-759, 한국콘텐츠학회.
최민영(2016), "배아연구에서 나타나는 인간존엄의 보편성과 특수성 - 생명윤리안전법을 중심으로", 법철학연구 제19권 제3호, pp. 89-114, 한국법철학회.
최영준, 김명일, 유정민, 석진주, 송은주(2019), "행복과 복지국가: 사회적 위험과 복지국가는 우리의 행복에 어떠한 영향을 미치는가?", 국민시대 행복정책연구원 보고서 2019-01, 연세대학교 산학협력단.
최희수(2010), "인간의 존엄권과 생명권의 시기 - 헌법재판소 2010.5.27. 2005헌마346 결정에 대한 검토", 강원법학 제31권, pp. 1-33, 강원

대학교 비교법학연구소.
통계청(2019), "국민 삶의 질 2019", 통계청.
한동우, 최혜지(2015), "복지국가는 사적 공간을 어떻게 식민화하는가: 정치의 분절화와 탈정치화", 한국사회복지학 제67권 제2호, pp. 161-181, 한국사회복지학회.
한수웅(2007), "헌법 제10조의 인간의 존엄성", 헌법학연구 제13권 제2호, pp. 239-273, 한국헌법학회.
허영(2016), "한국헌법론", 서울: 박영사.
홍성방(2020), "헌법상 인간의 존엄에 대한 몇 가지 고찰", 인권법평론 제24호, pp. 205-275, 전남대학교 공익인권법센터.
홍성수(2015), "복지국가에서 법에 의한 자유의 보장과 박탈: 하버마스의 비판과 대안", 법철학연구 제18권 제1호, pp. 157-186, 한국법철학회.
황명진, 심수진(2008), "한국의 행복지수 개발", 조사연구 제9권 제3호, pp. 93-117, 한국조사연구학회.
힐러리 코텀(Cottam, Hilary)(2020), 「래디컬 헬프: 돌봄과 복지 제도의 근본적 전환」, 박경현 역, 착한책가게.
Ainsley, C.(2018), "The new working class: How to win hearts, minds and votes", Policy Press.
Biddle, J. & Harmermesh, D.(1990), "Sleep and the Allocation of Time", The Journal of Political Economy, 98(5), 922-943.
Bok, D.(2010), "The politics of happiness: What government can learn from the new research on well-being", Princeton University Press.
Choi, Y. J., & Choi, H.(2019), "Why the Discretion Mix Matters: Understanding the Transformation of Long-term Care Services", INQUIRY: The Journal of Health Care Organization, Provision, and Financing, 56, 0046958019871821.
Clark, A. E., & Oswald, A. J.(1994), "Unhappiness and Unemployment",

The Economic Journal, 104(424), pp. 648-659.

Diener, E.(1984), "Subjective well-being", *Psychological Bulletin*, 193(3), pp. 542-575.

Frey, B., & Stutzer, A.(2002), "Happiness and economics: how the economy and institutions affect well-being", Princeton: Princeton University Press.

GNS(2015), "2015 Gross Survey Report", Centre for Bhutan Studies & GNH Research.

Godbey, G., & Robinson, J.(1997), "The increasing prospects for leisure", Parks & Recreation 32(6): 74-82.

Goodin, R., Rice, j., Parpo, A., & Eriksson, L.(2008), "Discretionary time: A new measure of freedom", Cambridge: Cambridge University Press.

Haller, M., & Hadler, M.(2006), "How social relations and structures can produce happiness and unhappiness: An international comparative analysis", Social indicators research, 75(2), 169-216.

Hektner, JM., Schmidt, JA., & Csikszentmihalyi, M.(2007), "Experience sampling method: Measuring the quality of everyday life", Sage Publications, Inc.

Helliwell, John F., Richard Layard, Jeffrey Sachs, and Jan-Emmanuel De Neve, eds.(2020), "World Happiness Report 2020", New York: Sustainable Development Solutions Network.

Joachim Bauer, 전진만 역(2015), Warum Unser Gluck Von Ihr Abhangt Und Wie Sie Uns Krank Macht, 왜 우리는 행복을 일에서 찾고, 일을 하며 병들어갈까, 서울: 책세상.

Juster, F. T., Stafford, F. P.(1991), "The allocation of time: Empirical findings, behavioral models, and problems of measurement", Journal of Economic literature, 29(2), 471-522.

Lindqvist, R., & Sépulchre, M.(2016), "Active citizenship for persons with psychosocial disabilities in Sweden", ALTER-European Journal of Disability Research/Revue Européenne de Recherche sur le Handicap, 10(2), 124-136.

Maslow, A.(1970), "Motivation and Personality", New York: Harper and Row.

McMahon, D. M.(2006), "Happiness: A History", New York, NY: Atlactic Monthly Press.

OECD(2019), "Better Life Index: definitions and metadata", OECD Publishing.

OECD(2020), "How's Life? 2020: Measuring Well-being - Highlights".

ONS(2019), "Measuring national well-being in the UK: international comparisons", ONS.

Pfau-Effinger, B., & Herregaard, S. R.(2006), "Active citizenship: The new face of welfare", In International Conference: Welfare State Change Conceptualisation, measurement and interpretation. Store Restrup Herregaard (13-15 January 2006).

Phillips, D. L.(1967), "Social participation and happiness", American Journal of sociology, 72(5), 479-488.

Powdthavee, N.(2008), "Putting a price tag on friends, relatives, and neighbours: Using surveys of life satisfaction to value social relationships", The Journal of Socio-Economics, 37(4), 1459-1480.

Rothstein, B.(2002), "Sweden: social capital in the social democratic state", In Democracies in flux: the evolution of social capital in contemporary society, 289-331. R. Putnam, ed. New York: Oxford University Press.

Rubin, A. & Babbie, ER.(2014), 사회복지조사방법론, 서울: 센게이지러닝

코리아.
R. Weston, M. Gray, L. Qu, D. Stanton(2004), "Long work hours and the wellbeing of fathers and their families", Australian Journal of Labour Economics, 7(2), pp. 255-273.
Ryff, C. D., & Singer, B.(2000), "Interpersonal Flourishing: A Positive Health Agenda for the New Millennium", *Personality and Social Psychology Review*, 4: 30-44.
Stivers, C.(1990), "The public agency as polis: Active citizenship in the administrative state", Administration & Society, 22(1), 86-105.
UN(2020), "World Happiness Report", UN.
UNDP(2020), "Human Development Report 2020", UNDP.
Veenhoven, R.(1996), "Developments in satisfaction-research", Social Indicators Research, 37(1): 1-46.
____________.(2000), "Well-being in the welfare state: Level not higher, distribution not more equitable", Journal of Comparative Policy Analysis: Research and Practice, 2(1), pp. 91-125.
Virtanen, M., Stansfeld, S. A., Fuhrer, R., Ferrie, J. E., & Kivimäki(2012), "Overtime Work as a Predictor of Major Depressive Episode: A 5-Year Follow-Up of the Whitehall Ⅱ Study", PLoS ONE, 7(1), e30719.
Welsch, H.(2008), "The Welfare Costs of Corruption", *Applied Economics*, 40; 1839-1849.
White, K., & Lehman, D.(2005), "Culture and Social Comparison Seeking: The role of Self-motives", *Personality and Social Psychology Bulletin*, 31:232-242.
World Value Survey(2020), "World Values Survey Wave 7(2017-2020) Variables Report", The WORLD VALUES SURVEY ASSOCIATION.

이내찬 홈페이지, (https://naeclee.wixsite.com)

Happy Planet Index, http://happyplanetindex.org/

OECD Better Life Index, www.oecdbetterlifeindex.org.

Social Progress Index, https://www.socialprogress.org/

국정과제협의회 정책기획시리즈 05

행복의 정치: 헌법 제10조 시대를 위한 구상

발행일 2021년 10월 15일

발행인 조대엽

발행처 **대통령직속 정책기획위원회**
서울특별시 종로구 세종대로 209 정부서울청사 13층
대통령직속 정책기획위원회 (02-2100-1499)

판매가 18,000원

편집·인쇄 경인문화사 031-955-9300

ISBN 979-11-975858-0-7 93300